목사도 사람이다

Pastores de Carne y Hueso

Written by Alfonso Guevara
Translated by Ariel Kim

Copyright ⓒ 2016 by Alfonso Guevara
Originally published in Spanish under the title
Pastores de Carne y Hueso
by Alfonso Guevara
Translated and used by the permission of Alfonso Guevara
18831 SW 144th Court, Miami, FL 33177
All rights reserved.
Korean Edition Copyright ⓒ 2018 by Christian Literature Center, Seoul, Korea

목사도 사람이다

2018년 6월 30일 초판 1쇄 발행
지은이 알폰소 게바라
옮긴이 김아리엘

펴낸곳 (사)기독교문서선교회
등록 제16-25호(1980.1.18)
주소 서울특별시 서초구 방배로 68
전화 02-586-8761~3(본사) 031-942-8761(영업부)
팩스 02-523-0131(본사) 031-942-8763(영업부)
이메일 clckor@gmail.com
홈페이지 www.clcbook.com

ISBN 978-89-341-1815-2 (93230)

이 도서의 국립중앙도서관 출판시 도서목록(CIP)은
서지정보유통지원시스템 홈페이지(http://seoji.nl.go.kr)와 국가자료공동목록시스템
(http://www.nl.go.kr/kolisnet)에서 이용하실 수 있습니다. (CIP제어번호: CIP2018013152)

이 책의 저작권은 저자와 (사)기독교문서선교회가 소유합니다.
신저작권법에 의하여 한국 내에서 보호받는 저작물이므로 무단 전재와 무단 복제를 금합니다.

Pastores de Carne y Hueso

목사도 사람이다

알폰소 게바라 지음
김 아리엘 옮김

CLC

헌사

알폰소 게바라 목사

International Speaker for Pastors and Leaders

매일같이 주님의 포도원을 가꾸는 데 손에 흙을 묻히는 일을 꺼려하지 않고 오직 주님만을 바라보며 혼신의 힘을 아끼지 않는 모든 목사님들에게 본서를 헌정한다. 하나님의 일을 감당하기 위해 정글이나 도심이나 광야나 시골 읍내와 같은 열악하고 힘든 곳을 가리지 않고, 오늘도 아무도 알아주지 않는 자리에서 선한 싸움을 싸우며 전혀 포기할 줄 모르는 주의 종들에게 본서를 바친다.

세상이 알아주지 않는다 하더라도 하나님 나라에서는 유명할 믿음의 영웅들에게 본서를 바치고 싶다. 이들은 믿음이라고 하는 울타리에서 이탈할 줄도 모르고, 뒤로 물러서는 법도 없으며 끝까지 인내하는 이들이다.

큰 목자 되신 예수님께 진정으로 헌신함으로써 이 세상이 감당하지 못하는 이들에게 본서를 헌정한다. 이들이야말로 이 땅에서의 명예도 영광도 구하지 않고, 오직 부름의 상을 위해 사는 자들이다.

이 보잘것없는 졸저는 이들을 위한 나의 작은 선물이다.

추천사 1

김양일 박사

영남신학대학교 실천신학 교수

　자고나면 달라지는 급변하는 시대만큼 우리의 목회 환경도 이와 별로 다르지 않다. 그래서 한 세대를 예견하고 다가올 목회의 미래를 준비하라고 하지만 이제는 한 세대가 아니라 한 해의 변화를 감지하기도 어려운 현실 속에 우리는 서 있다. 더욱이 한때 타락한 세상을 걱정하고 기도하던 교회가 언젠가부터 오히려 세상에 걱정을 끼치는 대상이 되어 버렸다. 변화의 속도가 아니라 그 변화의 방향 때문에 걱정과 두려움이 앞선다.

　원래 스페인 출신으로 오랫동안 쿠바 이민자로 살다가 저자의 어린 시절 쿠바혁명으로 다시 스페인으로 건너와 선교사로 일생을 살았던 아버지의 영적 유산을 이어받아 올바른 기독교 리더십 정립에 관한 글을 오랫동안 써 온 알폰소 게바라의 이 시대와 교회를 바라보는 균형감이 녹아있는 글들과 이와 관련한 통찰력이 있는 평가들은 그래서 더욱 가치가 있다.

　특별히 게바라의 글은 어려운 현실 가운데 있는 교회의 상황을 히스패닉 교회와 히스패닉 교인들의 관점에서 바라보고 미국과 유럽 교회의 미래와 가능성을 조망하고 있다는 점에서 더 의미가 있다고 여겨진다. 이러한 평가는 오늘의 교회 공동체가 처한 복잡한 현실과 어려움을 극복하기 위한 새로운 대안으로 제시되었다는 점에서 의미가 있다.

게바라는 또한 본서에서 변화의 흐름 앞에 함께 병들어가고 있는 목회자의 현실을 냉철하게 직시하고, 그럼에도 불구하고 매 주일, 하나님의 대사의 역할을 감당하기 위해 사람들이 주목하지 않는 한적한 자리에서 최선을 다해, 그 역할을 감당하는 수많은 믿음의 영웅들을 주목하고 이 시대를 향한 희망의 끈을 놓지 않는다.

이처럼 다양하고 복잡한 오늘날의 목회상황을 비교적 짧은 글에 담아낸 저자의 탁월한 시각은 변화의 흐름에 노출된 이 시대의 목회자와 평신도들에게 매우 의미 있는 도전과 희망을 던져준다. 리더십과 교회를 중심으로 한 다양한 주제들을 묵상하는 가운데 새롭게 우리를 발견하고 해결의 가능성을 제시하는 책으로 오늘을 살아가며 목회자로, 또한 성도로 어떻게 이 땅에서 살아야 할 것인가를 고민하는 모든 하나님의 백성들에게 『목사도 사람이다』의 일독을 꼭 권하고 싶다.

추천사 2

최성훈 박사

한세대학교 신학부 교수

본서의 원제는 "*Pastores de Carne y Hueso*"이며, 영문명은 "*Pastors of Flesh and Blood*"이다. 우리 말로 직역을 하면 "육체와 피를 입은 목회자들" 정도가 될 것이다. 이는 목회자 역시 육체를 입은 연약함과 한계를 지닌 인간으로서 매일 그리스도의 십자가 앞에서 겸손히 무릎 꿇어야 하는 존재이며, 하나님의 말씀을 통해 하나님과 교제하며 삶의 중심을 잡아야 하는 존재라는 사실을 상기시킨다. 날마다 말씀을 전하며, 예수 그리스도의 복음을 전하는 최전선에 있는 목회자들이 오히려 익숙한 자신의 입술의 선포와 고백에 스스로 속아넘어가며 변질되는 현실을 직시하게 하는 것이다.

저자인 알폰소 게바라 목사는 "복음교회"(The Foursquare Church) 또는 "국제복음교회"(International Church of the Foursquare Gospel)로 알려진 오순절 계통의 교단에서 37년간 사역한 목회자이다. 복음교회는 1920년대에 에이미 셈플 맥퍼슨(Aimee Semple McPherson)이라는 캐나다 출신 미국 여성 사역자에 의해 설립된 교단으로서 구원자, 치유자, 성령의 세례를 베푸시는 이, 다시 오실 왕으로서 그리스도의 사중(foursquare) 복음적 측면을 강조하였다. 복음교회는 한편으로는 성경을 하나님의 무오한 말씀으로 받아들이는 확고한(foursquare) 믿음을 견지하였지만, 다른 한편으로는 오순절 역사의 초창기에 설립된 교단답게 성령의 사역, 비전, 치유 등에 대하여 다소 치우친 견해를 보이기도 하였다. 그러나 저자는 목회자로서 그가 경험한 목회 현실과 목회자의 마음가짐을 성경의 가르침에 입각하여 차분히 전개하였다.

미국에서 활동한 라틴계 목회자가 쓴 책임에도 불구하고 본서에서 드러나는 목회 현장의 상황이 우리나라의 그것과 크게 다르지 않음은, 결국 목회사역은 하나님의 뜻을 성경 말씀을 통해 드러내며, 독생자 예수 그리스도의 복음을 전파하는 것에 초점을 맞추고 있다는 사실을 새삼 일깨운다. 물론 직분과 역할, 책임의 차이는 있지만, 오늘날 모든 그리스도인들이 목회의 직분과 사명을 분담하여 동역하는 그리스도의 몸을 이루는 형제, 자매임을 고려할 때에 본서는 복음사역의 핵심에 대하여 잔잔한 깨우침과 도전의 소리로 울린다. 목회자의 삶과 정체성, 사명에 대하여 평이한 언어와 다채로운 예화들로 채운 본서가 모든 그리스도인들에게 쉽지만, 결코 가볍지 않은 지침이 되길 바란다.

해외 추천사

데이비드 라미레즈(David Ramirez) 박사
3rd Assistant General Overseer at Church of God

『균형 있는 목회자』의 저자 유진 피터슨(Eugene Peterson)과의 만남은 나로 하여금 80년대 미국 상황에서의 목회 현실에 대해 고민할 수 있는 계기가 되었다. 그의 글에 따르면, 미국의 개신교 목회자들이 지속적으로 사역을 포기하는 이탈 현상에 대해 경종을 울리지 않으면 안 된다. 좀 더 상세하게 설명하자면, 그의 고민은 세상 일을 하기 위해 목회사역을 포기하는 데 있었던 것이 아니라, 목회적 사명을 감당하지 못해 사역을 중단하는 데 있었다.

이뿐 아니라, 목회자라고 하는 신분을 가지고 있는 동시에 이른바 세상의 우상들을 좇아 달려가는 모습에 안타까움을 표명했다. 문제의 요지는 목회자들이 하나님의 임재를 경험하지 못하고 있는 동시에 선지자 노릇을 한다는 데 있다.

나는 미국 전역과 중남미를 자주 다니는 편이다. 그런데 여러 교회를 방문하면 방문할수록 목회자들은 목자의 본연의 모습을 보이기는커녕, 오히려 조그마한 동네마트를 운영하는 장사꾼과 유사하다는 안타까운 느낌을 금할 수 없다.

여기서 동네마트라고 하는 것은 교회라고 하는 간판은 걸려 있지만, 사실상 생계유지에 목적이 있기 때문에 목회자들의 관심은 어떻게 하면 고객 관리를 보다 효율적으로 할 수 있는지에 국한된다는 의미이다. 그도 그럴 것이 한 블록 떨어진 곳에 경쟁 교회가 존재하고, 성도들의 멤버십 카드에 포인트를 보다 많이 적립시켜주어야 생존할 수 있는 상황이며, 이웃 주민들에게 보다 나은 서비스를 제공해야 재정이 운영될 수 있기 때문이다. 아직 바알에게 무릎을 꿇지 않은 수천 명의 목회자들이 있다고 하는 사실을 알면서도 나는 이런 현상에 대해 거룩한 분노를 참을 수 없을 지경에 이르렀다.

오늘날 우리가 처한 목회 환경은 그 어느 때보다 더 도전적이라고 할 수 있다. 혼동과 절망이 난무한 세상이지만, 동시에 성공주의와 자아도취 그리고 거만이 하늘을 찌르고 있는 실정이다. 인정하기 싫은 대목이지만, 현대 목회자들은 경건이라고 하는 주제에 대해 별로 관심을 보이지 않을뿐더러 경건하면서도 신령하며, 검소하면서도 이타적인 목회적 패러다임보다는 세상의 기업과 같이 무분별한 실용주의와 성공지상주의에서 더 많은 힌트를 얻고자 하는 눈치이다. 다시 말해, 헌신보다는 행동이 중시되는 이 시점에서 지금 당장 눈에 보이며 측정될 수 있는 결과가 기타 모든 영적 요소들을 군림하는 듯하다.

오늘날의 목회자들은 하나님의 선교와 지상명령보다는 별로 중요하지 않는 사소한 일에 신경을 쏟아 붓는다는 느낌이 든다. 여기서 사소한 일이란, 기껏해야 성도들의 만족, 위로 그리고 관심사에 집중된 프로그램 위주의 교회 운영 방침을 가리킨다. 이와 같은 일에 에너지를 소비하다 보면, 어느새 정작 하나님의 이름을 높이는 중요한 일을 기획할 엄두를 내지 못하게 되어 있다. 이렇듯 사소한 일은 현실 감각을 떨어뜨리는 동시에 동떨어진 사역으로 교회를 전락시키고 만다.

현대 목회의 또 다른 유혹은 자족에 있다. 기름 부음 없이 사역에 임하는 것은 자살 행위이다. 사회과학에 지나치게 의존하면 하나님으로부터만 비롯되는 신령한 능력을 상실할 수밖에 없다.

한편으로는 오늘날의 교회는 외부 및 내부의 문제를 효율성 있게 다룰 수 있는 능력이 없어 보인다. 사회는 점점 다양한 개인, 건강, 부부, 가정, 구조, 환경, 정부, 경제 분야의 문제를 제시하는 동시에 여전히 영적, 육적, 정신적 질환을 앓고 있지만, 이에 대해 교회는 별다른 해결책을 제시하지 못하는 무기력한 낡은 공동체처럼 보인다.

목회자들은 목사도 인간이라는 사실을 망각한 채 문제 해결을 위해 최선을 다해 이리 뛰고 저리 뛰어보지만, 결국 남는 것이라고는 몸과 마음의 질병뿐이다.

이와 같이 많은 목회자들은 고독, 우울증, 고립 등 다양한 크고 작은 질병에 노출되어 있을 뿐만 아니라, 투자하는 것에 비해 결과물이 역부족이라고 생각한 나머지 매우 실망해 있는 상황이다. 심지어 인간의 기본 구실도 하지 못하고, 목회사역이라고 하는 미명하에 부부관계, 가족관계, 친구관계를 등한시하는 이들도 부지기수다. 이뿐 아니라, 대부분 건강관리 외에 모든 영역에서 무질서하고 균형이 깨진 생활을 한다.

요약하자면, 오늘날의 목회자들에게는 균형 잡힌 교육 및 양성과정이 결여될뿐더러 세상과 소통하는 기술이 턱없이 부족한 듯 보인다. 그럼에도 불구하고, 경영부문에서는 사회과학에 대해 중독에 가까운 의존성을 보인다.

독자의 입장에서는 내 글이 '목회사역에 대해 매우 부정적인 생각을 갖고 있는 양반이구만!' 하는 생각을 자아낼 수도 있음을 인정한다. 그러나 저자가 본서에서 발표하는 자료를 분석해 보면, 당신은 현실에 대해 눈을 뜨지 않을 수 없게 될 것이다.

알폰소 게바라는 객관적인 자료를 근거로 우리에게 경종을 울린다. 제자훈련을 중심으로 건강한 목회를 희망하는 이들에게는 지금 당장 개선되어야 할 부분이다.

저자는 현대 목회를 이 지경으로 끌고 간 요소들을 낱낱이 캐낸다. 그의 진솔함은 독자로 하여금 성경을 중심으로 우리의 인격, 사명, 목회에 대해 다시금 고심하게 만든다. 본서는 독자에게 사명을 재정립하고, 예수님의 부르심에 다시 한 번 응하게 만드는 충분한 자극제가 된다.

고린도 교인들을 향한 바울의 권면을 들어보자.

> 우리가 이 직분이 비방을 받지 않게 하려고 무엇에든지 아무에게도 거리끼지 않게 하고 오직 모든 일에 하나님의 일꾼으로 자천하여 많이 견디는 것과 환난과 궁핍과 고난과...(고후 6:3-4).

서문

알폰소 게바라 목사
International Speaker for Pastors and Leaders

혼동이 난무한 이 세대 가운데 보다 효율적인 목회자와 리더들이 될 수 있는 비결은 과연 무엇인가?

나의 이 질문은 복싱 경기에서 볼 수 있듯이 수건을 던지며 '항복'을 선언하고 싶어 하는 목회자들이 너무나도 많은 현실에서 비롯된다. 미국과 중남미 그리고 유럽 스페인을 비롯하여 내가 여행 중에 만나본 목회자들이 하나같이 목회사역에 대해 실망한 모습이었다.

탈진(burn out)상태에 빠진 이들은 어떻게 해서든 실의에서 빠져나오려고 안간 힘을 쏟아 붓지만 모든 게 헛수고이다. 대부분의 경우, 수십년간 목회만을 해온 이들이기 때문에 세상일을 한다는 것이 최소한 전통 목회를 고수하는 이들에게는 왠지 껄끄러운 신개념으로 다가선다. 물론 아무런 거리낌 없이 오로지 생계를 위해 두 가지 일(two jobs)을 하는 이들도 있다. 가면 갈수록 감소하는 교세 때문에 사례금에 더 이상 의존할 수도 없는 형편이기 때문이다.

솔직히 말해, 이중직 사역(bivocational ministry)이라는 개념도 알고 보면 모호한 개념이다. 천직이 무엇이든지 간에 결국 우리의 목적은 모든 나라와 족속을 제자로 삼는 데 있다. 한 마디로, 우리는 사역자(minister)이다. 이 때문에 우리가 하는 모든 일은 사역(ministry)에 국한되어야 한다.

아브라함은 목자였다. 모세도 목자였다. 느헤미야는 술 관원이었다. 다윗은 한때 목자였다가 왕이 되었다. 사무엘은 판사였다. 다니엘은 컨설턴트였다. 마리아는 주부였다. 누가는 의사였다. 바울은 천막을 판매하는 자영업자였다. 그리고 베드로는 어업회사의 최고경영자였다.

여러 가지 역할을 동시에 어떻게 감당하면서 균형 잡힌 삶을 영위할 수 있을까?

목사인 동시에 남편이고, 아버지인 동시에 아들이고, 직원인 동시에 컨설턴트이고, 경영자인 동시에 설교자이고, 교사인 동시에 슈퍼맨이 될 수 있단 말인가?

목사는 어떤 상황 속에서도 균형을 잃어서는 안 된다. 아니면 삶의 향방을 잃고 방황하게 되어 있다. 비교적으로 안정된 사역지에서 평생 동안 목회만 할 생각을 하고 있는 이들이 있는가 하면, 엄청난 포부를 안고 사역에 뛰어들었지만 여러 상황으로 인해 매일같이 악몽에 시달리는 이들도 있다.

이런 의미에서 목회사역을 한다는 것은 위험천만한 직업이 아닐 수 없다. 그리고 앞으로는 영적 박해는 두말할 것도 없고, 세계정부의 수많은 새로운 정책 때문에 목회사역은 더욱더 낙관적이지 못한 실정이다. 이런 상황에서 목회자는 의사, 변호사, 정치인, 교사보다 훨씬 더 극심한 스트레스에 노출되어 있다.

미국만 하더라도 목회자들의 형편을 객관적으로 조사하는 것이 쉬운 일은 아니다. 그러나 앞으로 나열할 목록은 조지바나연구소와 풀러신학대학원(Fuller seminary)에서 발표한 다소 신뢰성이 있는 자료이다. 본 조사는 미국 교회를 배경으로 하고 있지만, 이 가운데는 이민 교회도 다수 포함되어 있을 것으로 추정한다. 물론 한국 교회도 이와 같은 현실에서 크게 벗어나지 않을 것으로 생각한다.

- ✔ 한 달에 약 1,800명의 목회자들이 도덕적 문제, 영적 결핍, 혹은 내부 분쟁으로 인해 목회사역을 중단한다.
- ✔ 50%의 목회자 부부가 이혼한다.
- ✔ 80%의 목회자들은 자질의 문제를 스스로 거론한다.
- ✔ 50%의 목회자들은 할 수만 있다면 목회사역을 포기하고 싶지만, 딱히 다른 진로를 모색하지는 못하겠다고 털어놓는다.
- ✔ 15%의 목회자들은 월요일 아침마다 목회지를 사임할 것을 고민한다.
- ✔ 80%의 목회자들은 목회사역 때문에 가정이 타격을 받았다고 생각한다.
- ✔ 70%의 목회자들은 목회사역을 시작할 때보다 자신감이 떨어졌다고 고백한다.
- ✔ 89%의 목회자들은 지도력이 없다고 스스로 인정한다.
- ✔ 80%의 신학교 및 신학대학원 졸업생들은 5년 안에 목회를 포기한다.
- ✔ 70%의 목회자들은 만성우울증을 앓는다.
- ✔ 40%의 목회자들은 사역 초기부터 성적 외도를 한 적이 있다고 자백한다.
- ✔ 70%의 목회자들은 설교 준비를 위해서만 성경을 읽는다고 고백한다.
- ✔ 70%의 목회자들은 마음을 털어놓고 대화할 수 있는 친구가 없다고 한다.

다음으로는 들을 때마다 내 마음을 갈기갈기 찢어놓는 푸념을 정리해보았다.

> ✔ "우리 교회에서는 다른 리더와 매일 경쟁해야 하기 때문에 도저히 목회사역에 집중할 수가 없어요. 이런 식으로는 더 이상 목회를 못할 것 같아요."
> ✔ "매우 실망했어요. 더 이상 뭘 어떻게 해야 할지 모르겠어요."
> ✔ "성도들의 눈치를 보느라 진저리가 났어요."
> ✔ "우리 사모는 교회 성도라면 치를 떨어요."
> ✔ "성도 일부가 하는 일마다 트집을 잡아요. 이제는 지긋지긋해요."
> ✔ "목회 스트레스 때문에 건강이 매우 악화되었어요."

몇 년 전에 있었던 어느 한 목사님과의 대화를 나는 아직도 잊지 못한다.

"가끔은 내가 목회를 하고 있는 것인지, 황소몰이를 하고 있는 것이지 모르겠어요."

어쩌면 성도들의 눈치를 보는 것이 당신에게는 일상이 되어버렸을 수도 있다.

우리는 슈퍼맨이 아니다.

영화 슈퍼맨을 기억하는가?

로이스 레인(Lois Lane)이 고층빌딩에서 떨어지자 이를 알게 된 클라크 켄트(Clark Kent)는 전화 부스 안에 들어가 초고속으로 정장, 와이셔츠, 넥타이와 안경을 벗는다. 그리고 빨간 날개를 휘날리며 그녀를 향해 날아가 넓은 가슴으로 안는다.

"잡았어요!"(I've got you!)

슈퍼맨의 말에 그녀는 오히려 근심어린 표정으로 이렇게 묻는다.

"당신은 누가 잡아주지요?"(who has got you?)

이 영화 장면은 오늘날 이리 뛰고 저리 뛰는 목회자를 묘사한다. 어느 한 장소에서 화재를 진압하자마자 다른 장소로 이동해서 문제를 해결하고, 어느 한 가정의 불화를 해결한 후 사소한 일로 얼굴을 붉히고 있는 두 형제를 화해시키기 위해 다른 곳으로 직행한다. 동시에 교회 건물의 허름한 벽에 페인트를 칠하고 있을 때 응급실에 실려간 어느 한 성도의 가족에게 전화가 걸려온다.

전화를 또 다시 되돌릴 필요도 없이 사무실로 달려가서 양복으로 갈아입고 성경책을 손에 쥐고 병원으로 발걸음을 옮긴다. 성도들의 안녕을 유지하고 시험에 빠지지 않도록 목회자는 일인 다역을 해야 한다. 그러나 이 시점에서 우리가 던져야 할 질문은, 그렇다면 목회자는 '누가 붙잡아 주는가' 하는 것이다.

누가 목회자를 책임지는가?

목회자가 어려움에 처할 때 누가 도움의 손길을 뻗는가?

본서를 통해 나는 위의 질문을 놓고 곰곰이 생각할 것을 제안하고 싶다. 나는 지난 수년간 목회사역을 하면서 슈퍼맨 노릇을 해왔다. 물론 초능력은 없었지만 말이다. 목회 일정을 마치고 나의 삶의 자리에 돌아올 때면 나를 응원해주고, 죄와 사회적 불의와 영적 침체와의 투쟁에서 혼자가 아니라고 말해주는 사람이 없었다. 그럴 때면 거울에 비친 나의 지친 모습을 보면서 '목사도 인간이구나' 하는 사실을 깨달았다. 결국 나는 다른 이들과 별다를 것이 없는 평범한 인간이었다.

내가 본서에서 말하고자 하는 내용이 당신의 목회에 조금이나마 도움이 되었으면 좋겠다. 당신은 "왕 같은 제사장"(벧전 2:9) 그룹에 속한 매우 특별한 존재이다.

고려해봐야 할 또 다른 목록을 거론해 보자.

- ✔ 많은 목회자들은 습관을 따라 목회사역에 임한다.
- ✔ 많은 목회자들은 의무와 책임감 때문에 사역을 하지만, 마음은 목회지를 떠난 지 오래다.
- ✔ 많은 목회자들은 정신적으로 감당할 수 없음을 눈치챈 순간부터 교회의 무질서를 질서로 생각하기로 작정하고 현상 유지에 만족한다.
- ✔ 많은 목회자들은 목회사역이 평생 직장이라고 생각하고 자리를 지킨다. 결국 목회를 떠나서 할 줄 아는 것도 없고, 교회 사례비도 썩 부족한 것만은 아니라고 스스로 여긴다.
- ✔ 불을 끄러 사방으로 뛰어다니느라 새로운 리더들을 발굴할 겨를이 없다.

'다음 달에는 우리 가족을 챙기기 위해 반드시 시간을 내야 되겠다'고 다짐해보지만, 그 다음 달은 결코 다가오지 않는다. 결국 가족은 소속감을 상실해간다.

이 정도의 조사 결과 및 자료를 수집하다 보면, 이 땅에서 목회자로 살아간다는 것이 얼마나 서글픈 일인가 하는 생각을 떨칠 수가 없다.

하나님의 사람이라면 목회사역은 영원이라는 평행선에서 하나님의 사람이 할 수 있는 최상의 일이다. 신령한 관점에서 볼 때 이보다 더 소중한 일은 있을 수 없다. 당신과 같은 평범한 인간을 통해서도 수많은 사람들이 하나님의 말씀과 성령의 능력으로 변화되는 것을 목격하는 것보다 더 큰 보람은 없다.

하나님의 백성과 주님의 교회 가운데 스승 되시는 예수님의 대사 노릇을 하는 것은 그 어떤 말로도 형용할 수 없는 고귀하고 아름다운 일이다. 물론 목회자는 영원을 다루는 일에 종사하기 때문에 그에게 가중되는 영적 책임의식의 무게감은 상상을 초월한다.

본서는 매 주일마다 강단 뒤에서 하나님의 대사 노릇을 하는 수백 수천 명의 목회자들을 대상으로 집필되었다. 이들이야말로 하루도 쉬지 않고, 하나님의 백성을 섬기기 위해 애쓰며, 이름도 없이 빛도 없이 한적한 곳에서 섬기는 믿음의 영웅들이다. 나는 이혼, 무시, 질병, 고독 등의 위험을 무릅쓰고 우리 주 예수님께서 2천 년 전에 시작하신 일을 지속시키기 위해 하나님의 부르심에 응하는 이들에게 본서를 바친다.

이 땅의 명예와 영예를 추구하지 않고, 오로지 하나님의 나라 확장에 관심을 쏟아붓는 목회자들은 의심의 여지없이 매우 특별한 그룹에 속해 있다. 내가 이렇게 확신 있게 말할 수 있는 이유는 사회 각계각층의 대도시 한복판에서 혹은 광야와 같은 인디언촌에서 이 같은 종들을 수도 없이 만나왔기 때문이다.

나는 이 같은 목회자 군대에 합류한 이들 앞에서 겸손하게 모자를 벗고 싶다. 이들 대부분은 가족의 생계를 유지하기 위해 주중에는 다양한 일을 하는 동시에 나머지 시간에는 자신에게 맡겨진 하나님의 백성의 필요를 충족시키기 위해 최선을 다하는 진정한 목회자들이다.

Pastores de Carne y Hueso

목사도 사람이다

알폰소 게바라 지음

김 아리엘 옮김

헌사 ✦ 5
추천사 1(김양일 박사, 영남신학대학교 실천신학 교수) ✦ 6
추천사 2(최성훈 박사, 한세대학교 신학부 교수) ✦ 8
해외 추천사(데이비드 라미레즈 박사, Assistant General Overseer at Church of God) ✦ 10
서문 ✦ 14

제1장	소통	24
제2장	예수님의 리더십	38
제3장	모세의 리더십	49
제4장	다윗의 리더십	71
제5장	경쟁 리더십	84
제6장	리더의 양성	112
제7장	팀워크의 중요성을 아는 리더	118
제8장	성결	134
제9장	혁신, 재활용, 회복	159

제10장	교회는 어떡하란 말인가?	177
제11장	내 교회를 세우리라	184
제12장	건강한 교회	196
제13장	건강한 교회에서 사람들은 무엇을 찾는가?	209
제14장	트로이 목마와 같은 교회	220
제15장	봉사	225
제16장	가족이요? 됐고요...	245
제17장	양과 양털	263
제18장	유일무이한 이들의 특징	273

제 1 장

소통

본 장에서 나는 목회자와 평신도 지도자의 소통이라는 주제를 다루고자 한다. 복음의 메시지가 효율적으로 전달되기 위해 하나님께서는 우리의 지식과 자질 그리고 기술을 사용하신다. 복음은 꾸밈없이 전달되어야 하지만, 동시에 탁월하고 확신 있게 선포되어야 한다.

1. 가벼운 기독교

학자들은 오늘날의 기독교를 가리켜 '가벼운 기독교'(light christianity)라고 칭한다. 그 이유는 열정과 열량이 결여된 반쪽 복음이 선포되고 있기 때문이다. 이와 같은 복음에는 신학적 깊이가 아예 없거나 턱 없이 부족하다.

지난 수년 동안 나에게는 사업 또는 사역관계로 중남미를 돌아다닐 기회가 많았다. 좀 더 정확하게 말하자면, 지난 22년 동안 나는 출판사 관계 일을 해왔다. 알다시피, 저칼로리의 코카콜라를 라이트 콜라(Coca light)라고 부른다. 추측컨대 이른바 가벼운 기독교라고 하는 말은 바로 여기에서 비롯된 것 같다.

그동안 나는 여러 출판사와 음반회사에서 마케팅부문 부장 역할을 해왔다. 대부분의 경우, 기독교 출판사라고 해서 일반 출판사와 마찬가지로 이윤을 목적으로 하는 공격적인 홍보 전략에서 자유로운 것은 아니다.

출판사의 최대 우선권은 고객(consumer)이다. 그 다음이 상품(product)이다. 이 때문에 고객의 최근 성향 및 경제적 능력을 지속적으로 연구한다. 다음 순위가 프레젠테이션(presentation), 즉 포장이다. 이어서 홍보(promotion)인데, 최대한 많은 고객들에게 상품을 노출시키는 게 홍보의 목적이다. 마지막으로 머천다이징(merchandising), 즉 상품화 계획 단계로 마무리되는데, 바로 이때 상품의 전략적인 배치가 분배된다. 이를 테면, 계산대 바로 옆에 위치한 상품은 고객의 충동구매를 유발하는 아이템 위주로 진열된다.

이것이 바로 고객 중심의 마케팅 전략이다. 일반 기업은 "고객이 원하는 대로"라고 하는 슬로건을 외친다.

이게 무슨 의미인가?

사륜구동 지프(Jeep)로 만족하지 못하는 고객에게 허머(Hummer)를, 17개의 곡을 담고 있는 CD에 항의하는 고객에게 2만 곡이 수록된 아이팟(iPod)을 제공하자는 것이다. 아니, 이래도 악평한다면, 아이튠즈(iTunes)를 통해 무제한 노래 재생 및 다운로드 서비스를 제공한다.

고객이 원하는 게 무엇인가?
"어린이들을 위해 뒷좌석에 고화질 스크린이 장착된 차량을 원한다고?"
"그렇게 만들면 되잖아!"
"햄버거에 패티(paty) 양이 부족하대?"
"그러면, 고기를 더 첨가해!
더블 와퍼(doble whopper)라고 해서 신상품을 개발해!"

"월드컵 결승전에서 골 장면이 잘 보이지 않는다고들 해?"

"80인치 울트라 고화질을 당장 개발하라고 해!"

물론 80인치를 거실에 설치할 사람들은 많지 않지만 말이다.

한마디로, 이것이 바로 교회에 침입한 이른바 소비자주의(consumerism)이다. 현대 교회는 소비자들을 최대한 끌어오는 것을 최대 목적으로 삼는다. 물론 단 한 명의 고객도 놓치는 것을 허용하지 않는다.

"대예배 시간이 너무 길대?"

"줄이면 되잖아!"

"교회 스타일이 너무 보수적이래?"

"그냥 잠옷차림으로 와도 괜찮다고 광고해!"

"예배 순서가 너무 지루하대?"

"경쾌한 음악으로 전부 교체해!"

"설교가 너무 직설적이래?"

"좋은 게 좋은 거니까 모든 사람들이 편안하게 들을 수 있는 메시지로 바꾸자고!"

오해하지 말라.

세상에 우뚝 선 교회는 예배당에 한 발자국도 내딛지 않을 불신자를 대상으로 소통하는 메시지를 전해야 한다. 그러나 교회는 어떤 경우에도 스타벅스(Starbucks)와 같은 세속적인 만남의 장소가 되어서는 안 된다. 교회는 소통이라는 요소에 지나친 스포트라이트를 비추지 않으면서도 이를 완전히 배제해서는 안 된다.

우리의 문제는 무엇인가?

가끔 우리는 사람들의 필요성을 충족시키지 못하는 기독교를 홍보하고 있다고 착각한다. 만일 오늘의 교회가 사람들이 필요로 하는 영의 양식을 제대로 공급하지 못하고 있는 실정이라면, 그것은 교회가 복음의 본질을 와전시켜버렸다는 증거이다. 즉, 복음이 있기는 있는데, 이는 언제까지나 인간이 만들어낸 자기 방법, 자기 지식이지 하나님께서 계시하신 복음이 아니다.

오늘의 복음은 설탕과 같은 조미료로 맛을 낸 반쪽 복음이다. 먹을 때에는 맛있어 보이지만, 단맛이 얼마 가지 않는다. 출처가 불분명한 열정은 있지만, 영양가가 터무니없이 부족하다. 현대 교회는 "카트에 마음껏 담으세요"라고 말하는 대형마트와도 같은 모습으로 전락하고 만 셈이다.

스스로를 부인하지 않으면 주님의 제자가 될 수 없다는 메시지를 전하는 복음은 어디에 있는가?

희생이라는 말이 더 이상 선포되지 않는 이유는 어디에 있는가?

TV나 라디오를 포함한 방송매체와 각종 컨퍼런스, 그리고 문서를 통해 선포되고 있는 메시지에 우리 모두는 증인이다. 한 마디로, 성공지상주의 사상이 온 교회를 장악하고 있다. 자아실현과 관련된 메시지 자체가 해로울 것은 없다고 본다. 그러나 성경적 기초가 없는 자아실현은 위험하다.

"당신은 모든 것을 할 수 있습니다."
"세상을 정복할 수 있는 잠재력이 당신 안에 숨어 있습니다."
"마음만 먹으면 꿈을 이룰 수 있습니다."
"입술로 선언하는 순간 기적은 이미 당신의 것이 되고 마는 것입니다."
"당신은 유일무이한 가치 있는 존재입니다."

이와 같은 발언은 우리에게 마법과 같은 기적을 약속하지만, 실제로는 어느새 우리 사이로 침입한 사이비 교리나 다름없다.

예레미야 29장 8-9절에서 하나님께서 무엇이라고 말씀하시는지 살펴보라.

만군의 여호와 이스라엘의 하나님께서 이와 같이 말씀하시느니라 너희 중에 있는 선지자들에게와 점쟁이에게 미혹되지 말며 너희가 꾼 꿈도 곧이 듣고 믿지 말라 내가 그들을 보내지 아니하였어도 그들이 내 이름으로 거짓을 예언함이라 여호와의 말씀이니라(렘 29:8-9).

우리는 하나님을 붙들어야지 세상적인 성공 전략을 의존해서는 안 된다. 어느 날 TV에 방영되고 있던 설교 메시지를 통해 나는 경악하지 않을 수가 없었다.

세상은 약한 자들을 편들지만, 우리는 넉넉히 이기는 자들이기 때문에 그래서는 안 됩니다.
만일 여러분들이 길을 걷다가 싸우고 있는 두 사람을 발견하거든 이기는 자의 편에 서십시오.
우리는 승리자입니다!

이것은 반쪽 복음이다.
세상을 향해 우리는 어떤 메시지를 외치고 있는가?
기독교 TV에 출연하는 일부 설교자들의 무책임한 발언이 아닐 수 없다. 그들 대부분은 교단도 없기 때문에 어떤 제재를 받지 않아 목사라고 하는 직책을 이용해 막말을 일삼는다.
특히 오늘날에는 많은 설교자들에게서 심각한 성경에 대한 해석학적 문제가 발견된다. 그릇된 성경 해석으로 인해 회중은 잘못된 적용을 하는데, 이에 대한 결과는 안 봐도 동영상이다. 즉, 물에 섞어 아무런 맛이 나지 않는 맹물탕 복음이다. 하긴, 성경에 나타난 역사적 배경을 고려하지도 않는다.

그런데 우리가 살고 있는 포스트모던 시대의 문화적 배경을 염두에 두겠는가?

마태복음 16장 21-26절에 보면, 베드로가 예수님께 다른 복음(another gospel)을 따를 것을 촉구하는 장면이 나온다. 그런데 이 다른 복음은 지금 이 시대에도 유효하다. 물론 목회자 및 평신도 지도자들에게도 말이다. 우리의 존재 목적은 그리스도를 높이는 데 있지 그리스도가 우리를 높이는 데 있지 않다.

혼동하지 말라.

우리는 매일같이 죽어야 하고, 스스로를 높이고자 하는 유혹을 멀리해야 한다. 이 같은 진리는 여전히 변하지 않았다.

복음의 대가는 무엇인가?

첫째, 스스로를 부인해야 한다. 옛사람을 철저히 버리고 내 안에 그리스도께서 만드신 새사람을 따라야 한다.

둘째, 자기 십자가를 지고 어디를 가든지 그리스도의 대사임을 망각해서는 안 된다.

셋째, 매일같이 주님을 따르되 끝까지 따를 각오를 해야 한다.

이 같은 메시지는 이른 바 가벼운 기독교에서는 찾아볼 수 없다. 아마 고객의 입장에서 볼 때 시장성이 없어 보였던 것 같다.

2. 복음의 핵심 메시지의 중요성

오늘날 선포되고 있는 복음의 요지는 행복이 끊이지 않는 장밋빛 인생길이다. 가벼운 기독교의 신은 요술램프의 요정과 같이 이를 부른 이의 모든 소원을 들어준다. 반쪽 복음은 아픔이나 슬픔, 고뇌나 눈물이 없는 세상은 두말할 것도 없고, 원하는 것이면 무엇이든지 비는 순간 이루어지는 신세계를 소개한다.

이런 가르침은 예수님의 십자가에서의 희생의 가치를 절감시킨다. 십자가 없이는 면류관도 없다. 그런데 우리는 십자가는 고사하고 면류관만 추구한다. 부활의 승리에만 집중하고 주님의 희생을 회상하려고 애쓰지 않는다.

진정한 복음은 군중을 위한 메시지가 아니다.

그리고 이 같은 메시지는 우리가 만들어낸 것이 아닌 하나님으로부터 비롯되었음을 잊지 말자.

우리는 전달자(deliverer)에 불과하다. 하나님은 여전히 복음선포라고 하는 오래된 통로를 통해 영혼을 구원시킨다. 그 때문에 우리는 복음의 메시지를 축소시켜서도 와전시켜서도 안 된다.

복음의 메시지는 변화되어서는 안 된다. 실제로 지난 2천 년 동안 복음은 우리의 관여 없이 생존해 왔다. 우리의 예배의 중심은 말씀 선포에 있지 어떤 순서를 얼마나 화려하게 연출하는가에 달려 있지 않다. 제8장에서 나는 이 부분에 대해 상세하게 다룰 생각이다. 그러나 여기서 잠시 복음의 본질에 관해서 다루기로 하겠다.

3. 복음의 7가지 특징

첫째, 복음의 본질은 "처음부터 들은 소식"(요일 3:11)이다.
복음은 하나님을 향한 우리의 상향적 생각이 아니라, 그 반대로 우리를 향한 하나님의 하향적 생각이다.

> 천지는 없어질지언정 내 말은 없어지지 아니하리라(마 24:35).

둘째, 진정한 복음은 세상과 짝하지 않기 때문에 귀에 거슬린다.

> 십자가의 도가 멸망하는 자들에게는 미련한 것이요… 우리는 십자가에 못 박힌 그리스도를 전하니 유대인에게는 거리끼는 것이요 이방인에게는 미련한 것이니(고전 1:18-25).

셋째, 복음으로 말미암는 삶에는 고난이 따른다.
사도 바울은 복음 선포를 위해 온갖 고난을 감수했다.

> 복음으로 말미암아 내가 죄인과 같이 매이는 데까지 고난을 받았으나(딤후 2:9).

넷째, 전도자들은 복음을 들고 어디든 가야 한다.
이를 위해 많은 이들이 순교하기까지 했다.

다섯째, 복음의 메시지에 내용을 첨가하거나 생략할 수 없다.

만일 누구든지 이 두루마리의 예언의 말씀에서 제하여 버리면 하나님이 이 두루마리에 기록된 생명나무와 및 거룩한 성에 참여함을 제하여 버리시리라(계 22:19).

여섯째, 복음은 전달하는 것에 그치지 않고 경험되어져야 한다.

이는 내게 사는 것이 그리스도니(빌 1:21).

이뿐 아니라 어느 정도의 변증이 필요할 때도 있다.

너희 마음에 그리스도를 주로 삼아 거룩하게 하고 너희 속에 있는 소망에 관한 이유를 묻는 자에게는 대답할 것을 항상 준비하되 온유와 두려움으로 하고(벧전 3:15).

일곱째, 복음은 오직 하나이다. 다른 복음은 없다.

다른 복음은 없나니 다만 어떤 사람들이 너희를 교란하여 그리스도의 복음을 변하게 하려 함이라(갈 1:7).

디도에게 보내는 서신에서 바울은 말씀사역에 대해 다음과 같이 충고하는데, 이는 오늘에 이르기까지 여전히 획기적인 가르침으로 평가된다.

하나님의 종이요 예수 그리스도의 사도인 나 바울이 사도된 것은 하나님이 택하신 자들의 믿음과 경건함에 속한 진리의 지식과 영생의 소망을 위함이라 이 영생은 거짓이 없으신 하나님이 영원 전부터 약속하신 것인데 자기 때에 자기의 말씀을 전도로 나타내셨으니 이 전도는 우리 구주 하나님이 명하신 대로 내게 맡기신 것이라(딛 1:1-3).

여기서 사도 바울이 말하는 전도는 다름 아닌 말씀사역, 즉 설교이다. 복음의 메시지를 선포하도록 부르심을 받은 설교자는 두말할 것 없이 말씀에 집중해야 한다.

- 설교는 곧 선언이다.
- 설교는 곧 연출이다.
- 설교는 곧 확신이다.
- 설교는 곧 예배이다.
- 설교는 곧 인도이다.
- 설교는 곧 연결이다.
- 설교는 곧 비전이다.

『강해설교의 재발견』이라는 존 맥아더(John McArthur)의 책에 보면, 리처드 메이휴(Richard Mayhue) 교수가 이런 말을 했다고 한다.

오늘날 강해설교의 진정성이 위기에 노출된 이유는 현대 교회의 설교자들이 하나님의 계시보다 개인의 욕구에 무게를 싣기 때문이다.

사도 바울도 이런 유사한 말을 하지 않았던가?

내가 복음을 전할지라도 자랑할 것이 없음은 내가 부득불 할 일임이라 만일 복음을 전하지 아니하면 내게 화가 있을 것이로다(고전 9:16).

디도서 1장 3절에서 밝히듯이, 말씀사역은 바울이 선택한 것이 아니라 맡겨진 것이다.

그러나 오늘날 설교의 권위는 바닥에 떨어지고 말았다. 많은 설교자들은 원고를 제대로 준비하지 않은 채 인위적으로 내뱉는 말이 곧 하나님의 말씀이라고 착각한다. 어떤 이들은 성경을 펼쳐놓고 충분히 말씀을 연구하지도 않은 채 성령의 인도(?)를 받으면 그만이라고 하는 그릇된 생각을 가지고 있다. 성령의 인도를 부인하는 것은 아니지만, 우리가 성경을 충실하게 읽지도 않으면서 성령의 역사를 기대하는 것 자체가 어불성설이다.

하나님은 당신의 말씀을 대충 전해도 된다고 말씀하신 적이 없다. 다른 편으로는 회중과의 호흡을 전혀 이루지 못하는 설교자들이 있다. 회중의 삶의 자리를 고려하지도 않은 채 화려한 언어로 설교를 하면 되는 줄로 안다.

그들이 선택하는 주제는 문화, 최근 성향, 언어, 관습 등 다양하다. 나 역시 사역 초기에는 이런 실수를 많이 했다. 같은 단어라고 하더라도 각 나라와 도시 문화에 따라 달리 해석된다고 하는 것을 미처 몰랐다.

머리로만 설교하는 사역자들이 있는가 하면, 가슴만 뜨거운 설교자들이 있다. 물론 머리는 차갑고 가슴은 뜨거운 것이 이상적인 모델일 것이다. 말씀사역에 있어서 성경에 대한 깊은 지식과 성령의 기름부음을 합하면 놀라운 임팩트를 가할 수 있다. 문제는 직위를 가지고 있어도 기름부음을 가지고 있지 않은 설교자들이다.

말씀사역이 얼마나 중요한 일인가?

앤디 스탠리(Andy Stanley)는 그의 저서 『최고의 설교자를 만드는 설교 코칭』에서 이렇게 쓰고 있다.

회중이 나의 설교를 듣는 것과 기억하는 것은 정보에 달려있기보다는 설교자의 연출(presentation)에 달려 있다.

다시 말해, '어떻게(how) 전하는가'하는 것만큼 '무엇(what)을 전하는가' 하는 질문은 매우 중요하다. 설교 관련 책들을 보면, 이상적인 설교 시간에 대해 지나친 관심을 기울인다는 인상을 받는다. 요즘 교육계의 성향은 가면 갈수록 강연 시간을 최소한으로 줄이는 데 있다. 일부 교회들은 이미 설교 시간을 15-20분 사이로 감소시켰다.

그들은 매주 밀려오는 새신자 때문이라고들 한다. 설교에는 온갖 영상, 음악 그리고 자료가 총동원된다. 새신자 예배에는 아예 설교 대신에 스킷 드라마로 대체해 버린다. 이 와중에 설교는 점점 설 자리를 잃어간다.

스탠리가 주장하듯이, 설교의 성공 여부는 회중과의 호흡에 달려 있다. 이것만 잘해도 시간에 구애받지 않는다. 즉, 회중이 설교자의 메시지를 얼마나 잘 소화할 수 있는가 하는 것이 아니라, 설교자가 얼마나 메시지를 효율적으로 전달할 수 있는가에 달려 있다.

4. 설교자들을 위한 조언

커뮤니케이션 전문가인 소냐 곤잘레즈(Sonia Gonzalez)가 마이애미(Miami)에서 한 강연의 내용 일부를 정리한 노트를 공개하고자 한다. 나는 설교자라면 누구나 이 같은 사항에 능숙해야 한다고 생각한다.

- **생기**: 설교자의 목소리에 생기가 돌아야 한다. 생기는 설교자의 말 한 마디 한마디에 묻어나야 한다.

- **적극성:** 전하고자 하는 메시지를 통해 세상을 정복하겠다는 소원이 반영되어야 한다.
- **확신:** 우리가 전하고자 하는 메시지에 확신을 부여한다는 것이 얼마나 중요한 일인가?
  당신의 어투에는 확신이 있는가?
  눈에 보이는 회중 앞에서든, 눈에 보이지 않는 시청자들 앞에서든 절대로 떨어서는 안 된다.
- **에너지:** 여기에서의 에너지는 요즘 흔히들 뉴에이지운동에서 말하는 우주의 힘이 아니다. 에너지는 전염성과 연관된다. 다시 말해, 온갖 정성을 쏟아 메시지를 전달하는 것과 관련된다.
- **내적 힘:** 소통은 결국 연결이며, 회중과의 호흡이다. 우리 안에 내재해 있는 그 무엇인가 마음과 입술을 열게 만드는 것이다. 이로 인해 확신과 설득력이 첨가된다.
- **확고함:** 이는 예 혹은 아니오를 확실히 구분짓게 만드는 내면의 확신이다. 이는 감정을 다스리는 기술을 가리키며, 자기 절제 그리고 균형과 연관된다.
- **감성 및 영성 지능:** 이는 거짓 없는 진솔한 웃음과 인간미가 드러나는 것을 가리킨다.

예수님이야말로 커뮤니케이션 기술의 극대화에 능한 분으로서 우리에게 가야 할 길을 제시하셨다. 그의 메시지에는 스토리, 교훈, 질문, 비유 등 다양한 요소들이 총동원되었다. 무대가 수시로 바뀌는 상황에서도 군중과 호흡하시고, 그들을 긍휼히 여기는 지능을 보이셨다.

이뿐 아니라, 메시지를 전달하는 것뿐만 아니라, 듣는 이들이 어떻게 이를 적용하는지에 관심이 많으셨다. 예수님은 언제라도 다시 회중 앞에 서야 한다는 사실을 직감하셨지만, 그들에게 삶을 변화시키는 능력 있는 말씀을 선포하기 위해 동시에 한적한 곳에서 아버지와의 친밀감을 등한시하면 안 된다는 것을 알고 계셨다.

제 2 장

예수님의 리더십

지난 15년 간 리더십(leadership)이라는 개념이 그 어느 때보다 많이 사용되었다. 사람들은 리더십을 떠올릴 때에 럭비공처럼 무조건 차고 보면 되는 줄로 생각하지만, 이는 실제로 어디로 튈지 모르는 모호한 개념이 되어버리고 말았다. 즉, 리더십의 진정한 의미를 덮어둔 채 이를 남용했다는 이야기이다.

일반적인 의미에서 리더십이란, 개인의 성공과 직결된다. 그 때문에 많은 이들은 리더십을 도달해야 하는 어느 한 목적 내지 지위로 오인한다. 그러나 이런 모든 생각은 리더십과는 상관이 없는 허구에 불과하다.

그렇다면, 리더십이란 무엇인가?

우리가 생각하는 리더십이란 무엇인가?

많은 이들에게는 권위 혹은 결단력과 연관이 있을 수 있다. 물론 리더십에 대한 정의의 수는 무궁무진할 정도로 다양하다. 그러나 가장 쉬우면서도 명료한, 그리고 정확한 정의는 다음과 같다.

"리더십이란, 영향력을 끼치는 하나의 과정이다."

이게 도대체 무슨 뜻인가?

위의 정의를 좀 더 긴 말로 설명해보겠다.

"개인 또는 공동체의 목표와 목적을 달성하기 위해 타인들의 생각과 행동, 더 나아가 습관에 이르기까지 영향력을 행사하는 행위가 곧 리더십이다."

그런 의미에서 리더십은 지위보다는 동사, 즉 액션과 더 밀접해 있다. 다시 강조하지만, 리더십은 명사보다는 동사, 그것도 현재 진행형이다. 이에 대해서는 앞으로 좀 더 상세하게 다룰 예정이다.

영향력(influence)이라는 낱말이 등장했으니 기왕이면 여기서 짚고 넘어가보자.

크리스천 리더의 상담원은 바로 생명의 근원 되시는 성부 하나님, 성 육신하신 성자 예수님 그리고 우리의 삶을 이끌어 가시는 성령 하나님이다. 즉, 크리스천 리더는 온전한 삼위일체를 의지할 수 있다는 이야기이다.

당신의 삶 혹은 사역이나 가정이 원수의 공격에 노출되어 있었던 경험이 있는가?

사역에 지칠 대로 지친 상태에서 극심한 스트레스에 어쩔 줄 모르는 절망에 빠진 적은 없었는가?

나의 질문은 사실 당신을 겨냥하지 않는다. 왜냐하면 크리스천 리더라면 누구든지 이런 형태의 크고 작은 경험들을 가지고 있기 때문이다.

리더라면 누구나 고독한 법이다. 리더라고 하는 지위 자체가 우리를 고립시킨다. 리더가 혼자 있을 때야말로 원수의 공격에 가장 많이 노출되는 시기이다. 바로 이때 리더는 또 다시 주님의 손을 붙잡아야 한다.

나는 시편 46편을 묵상할 때마다 놀라운 위로를 얻곤 한다. 이 시편은 하나님께서 나의 삶에 선한 영향력을 행사하고 계신다는 것을 새삼스레 깨닫게 한다. 또한 내가 하나님의 자녀라고 하는 것은 물론이고, 주의 종이라고 하는 확신을 갖게 한다.

특히 1절을 주의 깊게 주목하라.

> 하나님은 우리의 피난처시요 힘이시니...(시 46:1).

이 시편이 어떻게 시작되는지 눈치챘는가? '하나님,' 즉 '엘로힘'(Elohim)은 바로 성부 성자 성령, 곧 삼위일체를 가리킨다. 다시 말하면, 원수 마귀가 나를 공격하기 위해서는 최소한 세 개의 진영을 뚫고 침입해야 한다는 의미의 해석이 가능하다.

이 말씀만 제대로 이해해도, 연약할수록 이 약속의 말씀을 붙들고 엘로힘의 영향력을 내 삶 속에 받아들이게 되어있다.

아무리 낡아 보이는 개념 같아 보여도 리더십에 관해 예수 그리스도는 여전히 우리의 모델이 되신다. 성전에서 율법사들과 논쟁하시고, 갈릴리 해변 가에서 제자들에게 말씀을 가르치시고, 골고다 언덕 십자가 위에서 범인들과 지인들에게 훈훈한 교훈을 주신 예수님의 모습에서 우리는 리더십의 힌트를 얻고, 이를 묵상하고 또다시 묵상해야 한다.

개인적으로는 빌 하이벨즈(Bill Hybels), 웨인 코르데로(Wayne Cordero), 존 맥스웰(John Maxwell), 앤디 스탠리(Andy Stanley) 같은 기독교 부문 리더십 관련 책만 읽지 않고, 생각의 폭을 넓히기 위해 피터 드러커(Peter Drucker), 짐 콜린스(Jim Collins), 리차드 브랜슨(Richard Branson), 마커스 버킹햄(Marcus Buckingham), 존 코터(John Kotter) 같은 저자의 책들을 두루 섭렵한다.

위의 저자들은 뛰어난 실용주의적 지식과 지혜를 독자들에게 선사하지만, 여전히 예수 그리스도는 그의 인격, 설교, 열정, 인내, 성결, 능력, 지위를 통해 그만의 독특한 작업방식(*modus operandi*)으로 영향력을 행사하는 이들에게 있어서는 생략을 할래야 생략할 수 없는 카리스마 리더십의 본이 된다.

1. 탁월한 리더 예수 그리스도

1) 인격

'나는'(I AM)이라는 표현은 예수님의 리더십에 있어서 절대적으로 중요하다. 이는 예수님의 정체성을 잘 드러낼 뿐만 아니라, 당시 예수님을 가까이했던 모든 사람들에게 의미하는 존재론적인 뜻 그 자체였다. 인간의 몸을 입고 오신 하나님은 온전한 인간이기도 하셨다.

이성의 논리로 도저히 이해할 수 없는 대목이지만, 중요한 것은 예수님이 이 땅에 사람들과 함께 머무셨다는 것이다. 예수님은 눈으로 보고 손으로 만질 수 있는 인간이셨다. 다른 동시대의 인간들과 함께 살았다는 것은 그가 100% 인간이었음을 증명한다(요 1:14).

2) 설교

산상수훈은 예수께서 제자들에게 남기신 대헌장(magna carta)과도 같다. 물론 수취인은 우리 모두이다. 그의 설교는 제자들과의 관계를 이해하는 데 있어서 결정적인 역할을 한다. 군중을 대상으로 설교를 하신 것은 사실이지만, 열두 제자에게 집중교육을 한 대목을 놓쳐서는 안 된다. 마태복음 7장 28-29절에 예수님은 산상수훈의 교훈을 다음과 같이 마무리하셨다.

예수께서 이 말씀을 마치시매 무리들이 그의 가르치심에 놀라니 이는 그 가르치시는 것이 권위 있는 자와 같고 그들의 서기관들과 같지 아니함일러라(마 7:28-29).

여기서 '가르침'(doctrine)과 '권위'(authority)라는 단어를 주목하라.
마가복음 1장 14-15절에 보면 이런 기록이 있다.

요한이 잡힌 후 예수께서 갈릴리에 오셔서 하나님의 복음을 전파하여 이르시되 때가 찼고 하나님의 나라가 가까이 왔으니 회개하고 복음을 믿으라 하시더라(막 1:14-15).

하나님의 때가 이르자 하나님의 권위로, 예수님은 하나님 나라의 기쁜 소식을 전하기 위해 이 땅에 오셨다. 하나님의 주권이 역사의 무대에 등장했음을 선언하신 예수님은 죄를 회개할 것과 하나님의 은혜의 복음을 믿을 것을 촉구하셨다.

예수님은 인간 중심의 필요와 근심, 그리고 관심사라고 하는 낯설지 않은 인간의 언어로 사람들에게 다가가셨다. 예수님은 그의 설교의 대상이 누구인지를 정확하게 파악하고 계셨다. 그 때문에 먼저 그들의 필요를 충족시키고 난 후 영원한 진리의 말씀을 선포하셨다. 예수님은 결코 진리를 감추지 않으셨고, 모든 사람들이 확연히 이를 볼 수 있도록 노출시키셨다.

이것으로 미루어볼 때, 진리의 말씀이 사람들의 필요성을 고발하는 것이지 그 반대로 사람들이 자신들이 듣고자 하는 메시지를 선택하는 것은 아니다. 때로는 가슴이 아프고 이를 불쾌하게 여길 수 있는 사람들이 있을지라도 이렇듯 설교자는 진리의 말씀만을 선포해야 한다.

3) 열정

예수님은 그 누구보다 열정적인 분이셨다. 그의 절친 나사로의 죽음 앞에서 통곡하셨고, 예루살렘 입성 시 그 주민들을 위해 눈물을 보이셨다. 성전에 들어가서는 매매하는 모든 사람들을 내쫓으시며 돈 바꾸는 사람들의 상과 비둘기를 파는 상인들의 의자를 둘러 엎으셨다. 세 번이나 부인을 당하시고도 예수님은 베드로를 집요하게 찾으셨다.

본디오 빌라도와의 긴장감 넘치는 대화 끝에 "내 나라는 이 세상에 속한 것이 아니니라"고 딱 잘라 말씀하셨다. 십자가상에서 예수께서 내뱉으신 가상칠언은 단순히 그의 정신적 및 육체적 고뇌를 뜻하기보다는 내세에 대한 확신과 관련이 있다.

4) 인내

예수님을 말릴 사람은 아무도 없었다. 마가복음 1장은 예수님의 공생애의 평범한 어느 날을 서술하고 있다. 새벽 오히려 미명에 한적한 곳에 가서 기도하신 후 회당에 가서 귀신들린 자를 자유케 하시고 말씀을 가르치셨다. 곧 이어서 베드로의 장모의 집을 찾아가 기도로 고치시고, 해가 떨어지자 계속해서 병든 자들을 치료하시고 축귀사역을 하셨다. 한마디로, 예수님은 지칠 줄 모르는 분이셨다.

제자들이 한숨을 돌릴 수 있을 것이라고 생각하고 있던 찰나에 예수님께서는 "건너편으로 가자"고 하셨는데, 이는 요즘 흔히 있는 크루즈 여행이 아니었다. 이뿐 아니라, 얼마 안 있어 제자들은 이런 말을 듣게 되었다.

"고난을 받으리라."

5) 순결함

"어린 아이들을 용납하고 내게 오는 것을 금하지 말라"고 하신 교훈은 예수님의 순결함을 반영한다. 어린이들을 존중하고 선대하는 리더는 신뢰할 만한 지도자이다.

사마리아 여인과의 대화는 어떻게 봐야 하는가?

두말할 것도 없이 그녀는 예수님에게서 순결함을 엿보았다.

야곱의 우물가라고 하는 공공장소에서 어떻게 남녀가 단둘이 그것도 대낮에 대화를 나눌 수 있단 말인가?

그녀는 예수님에게서 여성을 존중하는 모습을 보았다. 진정한 리더는 모든 면에서 깨끗해야 한다.

6) 능력

네가 만일 하나님의 아들이어든 내려와서 온 세상을 멸망시키라.

마귀는 예수님의 능력을 잘 알고 있었다. 예수님은 모든 능력을 갖고 계셨지만 광야에서 시험을 받으실 때만큼은 그 능력을 사용할 필요가 없으셨다. 예수님은 그 능력으로 사람을 조종하신 적이 없으시고, 리더로서 그 권위를 남용하지도 않으셨다.

하늘과 땅의 모든 권세를 내게 주셨으니(마 28:18).

예수님은 가룟 유다의 생각을 꿰뚫고 계셨다. 그러나 사랑의 힘 외에는 그 어떤 초자연적인 능력으로 그를 조종하거나 멸망시키고자 하지 않으셨다.

> 오직 성령이 너희에게 임하시면 너희가 권능을 받고... 숨을 내쉬며 이르시되 성령을 받으라.

그리고 믿는 자들에게 마침내 예수님은 성령으로 영적 권세를 부여하셨다.

7) 지위(position)

빌립보서 2장 7절에 보면, '케노시스'(kenosis)라는 단어가 등장한다. 이는 사람들과 같이 되셨다는 뜻이다. 이는 인류의 구속을 위해 자기를 완전히 비우셨음을 가리킨다. 종의 형체를 가지지 않으셨다면, 구원의 역사는 완성되지 못했을 것이다. 선교에 있어서 예수님은 최고의 모델이시다.

이 부분에 대해 좀 더 깊이 있게 연구하기를 원하는 이들은 프랭크 게블린(Frank Gaebelein)의 『성서주석』(The Expositor's Bible Commentary)을 참고하라.

두말 할 것도 없이 리더로서 우리는 비움의 미학을 실천해야 할 것이다. 다시 말해, 우리가 섬기고자 하는 대상에 한 발자국 더 다가서려면, 그들과 같이 되어야 한다.

> 하나님 우편에 앉으시니라(막 16:19).
> 나와 아버지는 하나이니라(요 10:30).

이 같은 말은 예수님의 신성을 가리키는 말로서 그분의 지위를 드러낸다. 예수님의 지위는 최상위였지만, 그 권위로 사람을 누르지(?) 않으셨다. 오직 그의 권세가 영락없이 발휘되는 사건으로는 예수께서 광야에서 마귀로부터 시험을 받으셨을 때의 일이 전부이다.

(1) 크리스천 리더의 사용설명서인 말씀

하나님의 말씀은 우리에게 여전히 리더십 사용설명서가 된다. 이는 아무리 많은 기독교 서적 또는 일반 서적을 소지하고 있는 사람이라고 할지라도 마찬가지로 해당되는 명제이다.

지금도 각 교회, 단체, 사업, 가정에 이 같은 성경의 원칙을 지켜 적용해나간다면, 우리는 예수님의 해맑은 웃음을 볼 수 있을 것이다.

그동안 자기 지위를 파악하지 못하고 심지어 이기심이 지나친 리더들로 인해 우리 주님의 이름이 더럽혀졌다. 그러므로 나는 우리의 리더십에 또다시 예수님이 중심이 되어야 할 때가 이르렀다고 확신한다. 주님을 좇는 이들에게 주어진 교훈은 아직도 변함이 없다. 리더십은 무엇보다 섬김의 행위가 되어야 한다.

나는 언젠가 북미로 이주한 영국인들은 본토에 있는 이들과의 정치적 교류를 위해 제1회 양국상호교류대회가 1775년에 최초로 개최되었다는 글을 접했다. 이 대회에는 벤자민 프랭클린(Benjamin Franklin), 토마스 제퍼슨(Thomas Jefferson) 그리고 존 아담스(John Adams) 같은 정치인들과 사회 주요 인사들이 대거 참석했다. 이들이 한 일은 영국 왕 조지 3세에게 편지를 쓰는 일이었다. 그 유명한 '겸허한 청원'(the humble petition)이라고 하는 글의 요지는 다름 아닌 양국 간의 공통 이슈에는 미국 정치인들에 관여를 허락해달라는 것이었다. 조지 3세는 식민지라고 하는 이유 하나만으로 그들의 청원을 거절했고, 조국에 대한 배신죄라고 하는 명목하에 심지어 목숨을 위협하기까지 했다. 얼마 안 있어 또 다시 열린 제2회 대회에는 북미의 독립이 선언되고 말았다.

식민지의 발 빠른 변화에 장단을 못 맞추고 자기의 생각만을 고집한 조지 3세의 리더십은 결국 양국 간의 분열을 초래하고 말았다. 대화와 협력의 길 대신 협박을 선택한 영국은 엄청난 발전의 기회를 잃고 만 것이다. 물론 그 배후에 수천 명이 목숨을 잃은 비극이 따랐다.

자신의 지위를 남용하는 리더는 섬김의 원칙에서 어긋날 뿐만 아니라, 언젠가는 결정적인 파국에 이르게 되어 있다. 거만과 과시는 넘어짐의 앞잡이이다(잠 16:18).

해결책은 없는가?

물론 있다.

가장 먼저 회개해야 한다. 그 다음에는 겸손해야 한다. 하나님은 통회하고 자복하는 심령을 멸시하지 않으시는데, 이 같은 원칙은 모든 사람들에게 똑같이 적용된다(시 51:17).

스페인어권 나라에서는 이런 속담이 있다.

"아래에서 순종해보지 않은 사람이 위에서 군림할 수는 없다."

(2) 섬김을 받으려고 함이 아니라 도리어 섬기려 하고

> 인자가 온 것은 섬김을 받으려고 함이 아니라 도리어 섬기려 하고 자기 목숨을 많은 사람의 대속물로 주려 함이니라(마 20:28; 막 10:45).

섬김을 받지 않고서는 못 사는 리더들은 이미 권력과 명예에 중독된 사람들이다. 이런 리더들의 특징은 타인을 위해 시간을 투자하지 않으며, 후계자를 양성하지 않는 데 있다. 인생의 바통을 넘길 줄 모르기 때문에 스스로의 함정을 판다.

사실상 이런 리더들은 일을 위임할 줄도 모른다. 여기서 위임(delegate)이라 함은 일정한 사무의 처리를 타인에게 위탁하는 행위이다. 요즘에는 권한을 부여한다는 의미로서 미국에서는 임파워먼트(empowerment)라는 말을 자주 사용하는데, 다 비슷한 맥락의 의미이다.

위임은 손을 뗀다(abdicate)는 의미가 아니며, 리더로서의 책임을 다하지 않는다는 뜻과 거리가 멀다.

왕을 보라.

위임한다고 해서 왕의 권위가 떨어지지는 않지 않은가?

위임이야말로 진정한 리더십의 모델이다. 위임하는 리더는 사실상 자기에게 어떤 권위도 없으며, 모든 권세는 진정한 리더 중의 리더가 되시는 예수님에게 있다는 것을 겸손하게 인정한다.

제 3 장

모세의 리더십

위임을 하지 않으면 안 되는 상황에서 모세는 어떻게 했는지를 다시 한 번 살펴보자.

1. 있는 그대로 말하라

출애굽기 18장 13-27절에 보면, 이드로가 그의 사위 모세에게 있는 그대로를 말해주는 장면이 나온다. 이드로는 꾸밈없이 직설적으로 말하는 유형의 리더이다.

모세는 끝없어 보이는 일을 도맡아 했다.

당신이 지금 이러한 입장은 아닌가?

일을 하고 또 해도 끝은 없다. 13절에 보면, "백성은 아침부터 저녁까지 모세 곁에 서 있는지라"고 밝히고 있다.

'업무 중'이라는 말이다.

광야에서의 모세의 생활은 한숨 돌릴 겨를도 없이 바빴다. 이른 아침부터 늦은 밤까지 모세는 휴식이라는 것을 모르고 지냈다.

오늘날 얼마나 많은 목회자들과 평신도 지도자들이 이런 삶을 영위하고 있는가?

그들은 마치 '어차피 다 밥 먹자고 하는 일인데...'라고 하는 상식을 뒤엎는 듯하다. 밥 먹자고 일을 하는 것이 아니라, 일하기 위해 밥을 먹자고 한다. 어리석은 일이 아닐 수 없다. 내가 이렇게 확신에 찬 어조로 말할 수 있는 이유는 투잡을 하고 있었을 당시 나의 모습이 이러했기 때문이다.

다음은 선교사이자 작가였던 로돌포 로욜라(Rodolfo Loyola)의 한 편의 시를 옮겨보기로 한다. 지금은 하늘나라에 가 계시지만, 한때 우리 부부의 결혼식을 주례할 정도로 친분이 두터운 나의 영적 스승이기도 하다. 주님을 알지 못하는 어느 한 개인의 생활을 묘사하고 있지만, 리더라면 사실상 어느 누구에게나 해당되는 교훈이라고 생각한다.

김 사장(CEO)

김 사장이 오늘의 자리에 이를 수 있었던 것은
그의 끈질긴 인내와 효율적인 자기 관리 덕택이다.
그의 신경계의 구조는 어떤 문제에도 아랑곳하지 않으며,
사물을 리더의 시각으로 볼 줄 아는 안목도 탁월하다.
그에게는 카리스마가 있지만, 동시에 부드러운 면모도 있다.
그의 인상은 강인하면서도 매력적이다.
의지 하나는 압도적이다.
그가 매우 독특한 부류에 속한 인간이라는 생각이 드는 것은
그의 생각과 말과 행동이

톱니바퀴처럼 기업 중심으로 돌아가기 때문이다.

자기 영역이라면 모르는 것이 없고, 비서 선택에 탁월하다.

그의 생활은 고객과의 회식, 매일의 주식의 변화 관찰,

외화환율의 변동 연구, 대기업의 최근 동향 주목,

그리고 사회 인사들과의 끊임없는 접촉으로 장식되어 있다.

은행에 갈 때마다 그는 VIP고객으로서

은행장 사무실로 직행한다.

그의 결제 방법은 서명 하나로 충분하다.

1등석만을 고집하는 그는 공항에서만큼은 차분해 보인다.

기내에서는 이 사회의 주요 인사들과 대화를 나눈다.

인터뷰를 할 때에는 자신감 넘치는 어투로 말하지만,

동시에 평상심과 웃음을 잃지 않는다.

그러던 어느 날 그의 사무실에서 나와 마주 앉았다.

그러나 그는 멈추지 못한다고 했다.

전화기만 세 대다.

손님을 앞에 두고 세 사람과 동시에 대화를?

그러나 그는 멈추지 못한다고 했다.

새로 올라온 서류를 정리하면서 대화를 시도해 보았다.

그러나 그는 멈추지 못한다고 했다.

선약이 또 잡혀 있는지, CEO만 착용하고 다닌다는 명품시계를 쳐다 보았다.

그러면서 그는 멈추지 못한다고 했다.

오늘이 결혼기념일이라고 나에게 자랑 아닌 자랑을 했다.

그러나 그는 멈추지 못한다고 했다.

기력이 떨어져 매우 피곤해 보였다.

그러나 그는 멈추지 못한다고 했다.

휴가를 떠나보려고 시도를 해보았단다.

그러나 그는 멈추지 못한다고 했다.

회사가 최근 적자 운영을 하고 있다는 보고를 받았다.

그러나 그는 멈추지 못한다고 했다.

비서에게 일을 맡겨보기도 했다.

그래도 그는 멈추지 못한다고 했다.

소중한 친구 한 명이 세상을 떠났다고 했다.

그러나 그는 멈추지 못한다고 했다.

근래에는 불면증에 시달리고 있다고 했다.

아무래도 의사를 찾아가야 할 때가 온 것 같다.

그러나 그는 멈추지 못한다고 했다.

누군가로부터 예수님의 관한 이야기를 들었다고 한다.

그러나 그는 멈추지 못한다고 했다.

코앞에 멈춤(STOP)이라는 표지판이 보였다고 한다.

그러나 그는 멈추지 못한다고 했다.

그러던 어느 날 신문에 그가 사고를 당했다는 보도가 나왔다.
다름 아닌 비즈니스 목적으로 회사 직원들과 함께 하던 여행 중이었
는데... 그는 사망했다.

그의 아내는 이런 날이 올 줄 알았노라고,

울음을 터뜨린다.

사고 직전, 나는 그에게 예수님의 말씀 한마디를 읽어주고 싶었다.

"사람이 만일 온 천하를 얻고도 자기 목숨을 잃으면 무엇이 유익하리요?"

그러나 그는 멈추지 못했다.

모세는 말 그대로 망가져가고 있었다. 이런 유형의 리더는 오래 가지 못한다. 모세의 리더십 스타일은 분명 잘못된 게 한두 가지가 아니었다. 이대로 가다가는 모세는 물론 그의 주변 사람들은 전부 파멸할 것이 너무나도 자명했다.

그런데 모세가 이런 유형의 리더가 되는 데에는 다 이유가 있었다. 그는 '자기만'이라는 생각을 떨칠 수가 없었다.

"내가 안 하면 누가 할 수 있단 말이야?"

"나처럼 일을 잘 처리하는 사람 있으면 나와 보라고 해!"

사역 초기 나 역시 같은 생각을 품고 있었다. 버진 그룹(Virgin group)의 최고경영자 리처드 브랜슨(Richard Branson)은 이런 조언을 했다.

"최고경영자로서 만일 당신의 기업이 성장하기를 원한다면, 당신이 가장 먼저 습득해야 할 일 중의 하나는 일을 위임하는 것이다."

모세는 위임에 대해 매우 인색했다. 그는 모든 업무를 도맡아서 하기를 고집했다.

한편으로는 모세가 책임의식이 매우 강한 사람처럼 보이는 것이 사실이다. 그러나 모든 것을 조종하려고 하는 것은 오히려 불안의 발로이다. 만일 어느 한 목회자 혹은 평신도 지도자가 교회 각 부서의 모든 운영권을 놓지 않으려고 발버둥을 친다면, 십중팔구 그는 내적으로 매우 불안한 사람일 가능성이 크다.

14절에 보면, 이드로는 모세에게 있는 그대로를 말한다.

> 모세의 장인이 모세가 백성에게 행하는 모든 일을 보고 이르되 네가 이 백성에게 행하는 이 일이 어찌 됨이냐 어찌하여 네가 홀로 앉아 있고 백성은 아침부터 저녁까지 네 곁에 서 있느냐(출 18:14).

달리 번역해 보면, 이런 뜻이다.

"너 지금 대체 뭘 하고 있는 거야?"

"왜 이 모든 일을 너 혼자서 하고 앉아 있어?"

추측컨대, '혼자'라고 하는 말이 모세의 뇌리에서 메아리처럼 계속해서 울려 퍼졌을 것이다. 위임할 줄 모르는 리더는 결국 일을 시작했을 때의 상태로 돌아가게 될 것이다. 혼자가 될 것이라는 말이다.

15-16절에 보면, 모세의 변명이 나온다.

> 모세가 그의 장인에게 대답하되 백성이 하나님께 물으려고 내게로 옴이라 그들이 일이 있으면 내게로 오나니 내가 그 양쪽을 재판하여 하나님의 율례와 법도를 알게 하나이다(출 18:15, 16).

달리 표현다면, "무엇이든지 해결해드립니다"라는 뜻이다.

이대로 열심히 한다고 한들 얼마나 버틸 수 있을까?

이드로와 모세의 대화를 정리해보면 다음과 같다.

- **백성이 하나님께 물으려고 내게로 옴이라**(출 18:15).
  이는 영적인 일로 인해 사람들이 상담을 요청한다는 뜻이다.
- **그들이 일이 있으면 내게로 오나니**(출 18:16).
  사람들이 해결책을 찾는다는 의미이다.
- **내가 그 양쪽을 재판하여 하나님의 율례와 법도를 알게 하나이다**
  (출 18:16).
  하나님께서 직접 해결해주실 것을 바란다는 것이다.

사실 이런 말은 매우 영적인 것처럼 보인다. 누구나 들어도 기분 좋은 말임에는 틀림없다.

그러나 여기에는 문제가 있다.

17절에 보면, "모세의 장인이 그에게 이르되 네가 하는 것이 옳지 못하도다"라고 했다. 이드로는 사실, 있는 그대로를 말하고 있었을 뿐이다. 여기서 잠시 우리는 모세가 어떤 존재인지를 생각해봐야 한다. 그는 지금 이스라엘의 최고 영적 지도자로서 그의 영성을 넘볼 사람은 아무도 없다. 게다가 얼굴과 얼굴을 맞대고 보면서 "네가 하는 것이 옳지 못하도다"라고 하는 말은 매우 직설적으로 보인다.

당시 최고의 선지자에게 직접 다가가 "네가 하는 것이 옳지 못하도다"라고 말하는 것은 생각만 해도 매우 부담스러운 일이다.

"뭐라고요?

하나님의 일을 하는 사람에게 그게 무슨 소리입니까?

도대체 뭐가 옳지 못하다는 뜻이지요?"

성경은 모세보다 온유한 사람이 지상에 없었다고 한다. 어쩌면 우리가 생각하는 것처럼 심각한 대화가 아니었을 수도 있다. 모세가 이드로에게 조언을 먼저 부탁한 경우일 수도 있었을 것이다.

결국 이드로는 모세의 장인이 아니었던가!

여기서 우리는 리더십의 의미심장한 교훈을 얻게 된다.

"당신 주변에 매사에 무조건 동조하는 사람들만 두지 말라."

당신에게는 매번 칭찬과 박수를 보내는 로봇이 필요 없다. 당신의 생각과 결정에 반대하는 사람들은 때로는 큰 유익을 가져온다. 이것이 건강한 리더십의 표상이다.

그렇지 않을 경우, 획일화된 생각만이 통하는 조지 오웰(George Orwell)의 소설과도 같은 세상이 펼쳐지지 않겠는가?

이어서 18절에 보면, 이드로의 진심어린 조언이 나타난다.

> 너와 또 너와 함께 한 이 백성이 필경 기력이 쇠하리니 이 일이 네게 너무 중함이라 네가 혼자 할 수 없으리라(출 18:18).

이 말은 모세뿐만 아니라, 백성에게도 위기라는 의미이다. 여기서 우리는 리더십의 또 다른 두 가지 교훈을 얻을 수 있다.

- **혼자 감당하기에는 벅찬 일이다.**
- **혼자 감당할 수 없음을 인정하라.**

내가 아는 어느 한 목사님은 모세와 같이 유능하고 유명한 리더였다. 그는 주일 아침 일찍 교회에 출근하자마자 대성전 문을 열고, 조명을 켜고, 음향기기를 켜고, 마이크를 테스트하고, 예배실 카펫에 진공청소기를 돌리고, 기타 혹은 드럼을 담당하는 청년이 오지 않을 경우, 자기가 직접 악기를 다루었다. 이런 사람을 가리켜 '오케스트라맨'(orchestra man)이라고 한다.

이런 사람이 목회를 하면 얼마나 할 수 있다고 생각하는가?

아마 오래 가지 못할 것이다. 결국 탈진된 상태에서 스스로 좌절하고 말 것이다. 아니, 아마 성도들에 대해 감정을 품고, 마침내 하나님께 분노할 가능성이 많다.

이런 안내 표지판이 붙어 있는 매장이 어디에 있는가?

'영업시간: 하루 종일.'

'휴일: 없음.'

차 한 잔을 마실 여유도 없는 모세는 장막 한 구석에서 도시락을 헐

레벌떡 까먹은 후 바로 수백 명, 아니 수천 명의 고민을 들어주어야만 했다.

이 많은 사람들의 문제를 해결해줄 사람이 모세 한 명뿐이라고?

게다가 매일?

도저히 끝날 기미가 보이지 않았다.

2. 모든 리더가 피해야 할 세 가지 위험요소

모세의 리더십이 잘못되었다는 것을 우리는 알고 있다. 시간은 오히려 이런 유형의 리더십을 파멸의 늪으로 이끌어간다. 이 때문에 우리는 여기에서 모든 리더가 피해야 할 세 가지 요소를 알아둘 필요가 있다.

1) 스스로를 돌보지 않을 때

앞서 말한 것처럼, 이것은 자살 행위나 다름없다. 스스로를 돌보는 일은 매우 중요하다. 라이프웨이리서치(LifeWay Research)가 1,000명의 목회자들을 대상으로 한 조사를 기반으로 에드 스테처(Ed Stetzer)는 다음과 같은 결론에 이르렀다.

① 약 55%의 조사 대상자들이 "너무나도 쉽게 좌절한다"고 인정했다.

② 같은 비율의 목회자들이 "사역 때문에 외로움을 종종 느끼곤 한다"라고 했다.

2) 가족을 돌보지 않을 때

모세는 가족을 돌보지 않는 전형적인 가부장적 리더의 모델이다. 물론 스스로를 돌보지 않으면서 가족을 보호할 수는 없는 노릇이다. 사역의 무게가 가중될 때 이런 현상의 첫 번째 피해자는 가족이다. 가족은 건강하지 못한 리더십의 직접적인 영향을 받는다. 대부분의 사모들은 침묵 가운데서 고통스러워한다. 이 같은 상태는 수개월에서 수년간 지속될 수 있지만, 언제 터질지 모르는 폭발물과도 같기 때문에 위험하기 짝이 없다.

얼마나 많은 사모들이 주일에는 가면을 쓰고 억지로 성도들에게 웃음을 보이고 있는가?

대개의 경우, 사모들은 자기 남편을 빼앗아간 성도들에 대해 긍정적인 생각을 가지고 있지 않다. 사역은 포기할 수 없고, 하나님께 영광을 돌려야 하기 때문에 '자동 모드'로 목회사역에 임하는 사모들도 종종 만난다. 그러나 사모들도 인간이기에 어느 한 시점에 이르러서는 "이제 제발 그만하자고요!"라고 소리칠 위험성이 내재해 있다.

그렇다면, 목회자 자녀는 어떠한가?

'목사님 아들,' 혹은 '목사님 딸'이라는 이유 하나만으로 조금이라도 어긋난 행동은 용납되지 않는다. 한편으로는 부모에게서 시달리고, 다른 한편으로는 성도들의 눈치에서 자유롭지 못하다.

성도들은 목회자 자녀들이 천사와 같을 것을 요구한다. 사실상 이런 압박은 교회뿐만 아니라 사회로부터도 다가온다. 나 역시 목회자 자녀로 자랐기 때문에 이를 잘 안다. 그럴 것이라는 막연한 추정이 아니라, 직접 몸소 겪은 일을 객관적으로 정리해 보는 것이다. 그리고 이 같은 현상은 주변 선교사님 자녀들에게도 똑같이 나타났다.

이러한 압박감에 계속 노출되다 보면, 목회자 자녀들은 끝내 반항하게 되어 있다. 물론 반항에는 여러 강도가 있겠지만, 나 같은 경우에는 신앙을 포기한 채 이중적인 삶을 선택한 적이 있다. 흔히들 말하는 양다리 생활을 하던 어느 날 주님이 불가항력적으로 역사하신 결과로 결국 탕자처럼 아버지 집으로 돌아오게 되었다.

내가 아는 한 안타깝게도 모든 목회자 자녀들이 나와 같은 운명을 선택하지는 않았다. 우리 주님께서 그들을 불쌍히 여기시고 그 동안 심어진 말씀을 생각나게 하셔서 돌아왔으면 하는 바램뿐이다.

그럼, 목회자 부모는 어떠한가?

몸은 가족과 함께 보내는 시간이 많다고 하지만, 사실상 마음과 정신이 다른 곳에 가 있을 수 있다. 아버지는 가정의 정신적 지주이다. 목회자라면 누구도 이런 역할을 부인에게 맡길 수는 없다. 목회자가 사역 때문에 아무리 바쁘다고 온갖 핑계를 둘러대도 집안에서는 아내와 자녀를 둔 엄연한 가장이다.

물론 성도 역시 하나님의 집이라고 하는 울타리에서 만난 영적 자녀들이기 때문에 목회자는 우는 사자와 같이 두루 삼킬 자를 찾는 마귀로부터 성도를 보호할 수 있어야 한다.

가족에 대해 모세가 얼마나 소홀하였는지를 주목하라.

> 모세의 장인 이드로가 모세가 돌려보냈던 그의 아내 십보라와 (출 18:2).

다시 말해, 모세가 바쁘다는 핑계 하나만으로 자기 아내를 장인어른한테 부탁하는 대목이다.

이에 대해 이드로의 반응이 궁금하지 않은가?

5-6절을 보라.

> 모세의 장인 이드로가 모세의 아들들과 그의 아내와 더불어 광야에 들어와 모세에게 이르니 곧 모세가 하나님의 산에 진 친 곳이라 그가 모세에게 말을 전하되 네 장인 나 이드로가 네 아내와 그와 함께 한 그의 두 아들과 더불어 네게 왔노라(출 18:5-6).

실로 지혜가 넘치는 말이 아닐 수 없다. 쉽게 말하면, 이드로는 모세에게 그의 가족을 되돌려주고 있는 장면이다.

"모세야, 네가 아무리 바쁘더라도 네 가족은 네가 챙겨야 할 것 아니냐?"

여기서 우리는 일을 위임하는(delegate) 행위와 일을 이관하는(relegate) 행위를 구분 지어야 한다. 위임이란, 어느 한 상황을 파악하고 문제 해결을 위해 일을 분담시키는 것이다. 그러나 이관은 문제 해결의 능력이 없는 리더가 타인에게 일을 무책임하게 맡겨보는 것이다. 모세는 가족에 대한 책임을 이드로에게 이관시킨 것이다. 그러자 이드로가 이스라엘 백성의 문제 해결을 위해 일을 위임시킬 것을 제안했던 것이다.

3) 주변 사람들을 돌보지 않을 때

주변 사람들이라고 해서 자기 자신이나 가족보다 덜 중요한 것은 결코 아니다. 모세는 주변에 있던 잠재적 리더들에게 성장의 기회를 빼앗고 있었다.

이런 현상은 잠재적 리더들이 장의자를 달구는 것만을 바라는 목회자에게서 발견된다. 이러한 모습에 지친 리더들은 끝내 다른 교회를 찾아 나선다. 대개의 경우, 자신감이 결여된 리더들에게서 이런 현상이 발견되곤 하는데, 감독의 지시만을 기다리는 선수의 입장에서는 자신이 아무리 노력해도 주전 선수가 될 수 없다는 사실을 깨닫고 실망하여 끝내 팀을 옮긴다.

앞서 살펴본 세 가지 위험요소는 파장과도 같아서 리더에게서 시작되지만, 점차적으로 가족과 주변 사람들에게 확산된다. 마침내 뛰어난 리더가 될 수 있었던 탁월한 인재들이 힘을 못 쓰고 떠나는 슬픈 엔딩으로 마무리된다.

이 세상에 어떤 리더도 타인의 도움 없이 정상에 오를 수 없다. 사실 우리 모두는 어깨를 내어준 사람들이 있었기에 지금의 자리에 이를 수 있었던 것이다. 그 때문에 후배들이 당신에게서 훌륭한 멘토를 발견할 수 있기를 기대한다.

당신의 어깨를 발판삼아 그들이 더 넓은 세상을 볼 수 있도록 배려해야 하지 않겠는가?

3. 리더가 필요로 하는 조언자

> 이제 내 말을 들으라 내가 네게 방침을 가르치니 하나님이 너와 함께 계실지로다 너는 하나님 앞에서 그 백성을 위하여 그 사건들을 하나님께 가져오며...(출 18:19).

사실 우리 모두에게는 이드로와 같은 조언자들이 필요하다. 이들 만큼은 우리에게 모든 것을 있는 그대로를 말할 수 있는 권한을 부여해 주어야 한다. 결국 건강한 리더는 자기보다 우위를 점하고 있는 다른 리더에게 정산해야 하지 않는가?

4. 다섯 가지 조언

1) 이제 내 말을 들으라(출 18:19)

내 말을 좀 들어보라고 하는 말에는 지금 들어야 한다는 주의가 깔려 있다. 이는 귀를 기울이는 것뿐만 아니라, 마음의 문을 여는 것을 포함하고 있다. 들어보지도 않고 저항하려는 태도를 취하지 말고, 새로운 것에 대해 열린 자세를 취하라는 말이다.

2) 내가 네게 방침을 가르치리니(출 18:19)

이 조언을 한번 들어보라는 말이다. 일단 이 방침을 들어보면, 나중에 이를 실행에 옮길 것인지 말 것인지 하는 문제는 그 다음에 알아서 고려해볼 문제이다.

3) 하나님이 너와 함께 계실지로다(출 18:19)

조언을 귀담아 들으면 하나님께서 함께 하신다는 결론이다.
우리 사역에 관해서 하나님의 임재보다 더 중요한 것이 있는가?
하나님이 함께 하시지 않는 사역을 유지시킬 이유는 또 어디에 있는가?
하나님의 임재 없이 뭘 어떡하겠다는 말인가?
하나님의 도움 없이 인간의 지혜로 일을 처리할 수 있다고 하는 생각 자체가 말도 안 된다. 조언을 잠시 듣는 것에 대한 결과는 실로 놀랍다.

하나님이 너와 함께 계실지로다(출 15:19).

4) 너는 하나님 앞에서 그 백성을 위하여(출 18:19)

이는 앞서 행하라는 것이다. 하나님이 함께 계시면, 이제는 마음 놓고 하나님의 백성을 섬길 수 있다는 말이다. 이제 일어나 하나님 앞에서 백성을 위해 중보하라는 뜻이다.

5) 그 사건들을 하나님께 가져오며(출 18:19)

하나님께 모든 일을 맡기라는 의미이다. 주님 앞에 문제들을 가져오고, 사역지에서 일어나는 괴로운 일들을 주님 앞에 털어놓으라고 하는 뜻이다. 모든 것을 혼자 끙끙 앓지 말고, 하나님 앞에서 울며 도움을 구할 때 모든 지각에 뛰어난 하나님께서 우리의 생각과 마음을 지키신다. 그러므로 맡겨라.

5. 하나님께서 우리에게 맡기신 일을 어떡하나?

하나님께서 우리에게 맡기신 백성을 어떡하나?
주님의 백성 아닌가?
출애굽기 18장 20-27절에 보면 세 가지 교훈이 있다.

1) 너는 또 온 백성 가운데서 능력 있는 사람들 곧 하나님을 두려워하며 진실하며 불의한 이익을 미워하는 자를 살펴서(출 18:21)

능력 있는 사람들을 선택하라는 말은 사도행전에도 되풀이된다.

(1) 능력 있는 사람들(출 18:21)

여기서 말하는 능력이란, 힘, 탄력 및 도덕적 결백을 뜻한다. 즉, 온전하며 성실한 이들로서 하나님의 말씀이라고 하는 나침반에 따라 행동하고자 하는 마음가짐을 의미한다.

(2) 하나님을 두려워하며(출 18:21)

여기서 하나님을 두려워한다는 말은 하나님을 무서워한다는 뜻이 아니다. 두려움이 하나님과 연관되어 쓰일 때는 경의, 존중 그리고 놀라움의 대상이 된다는 것이다. 리더들은 마땅히 하나님을 두려워하는 사람들이어야 한다.

(3) 진실하며(출 18:21)

이는 있는 그대로를 직설적으로 말하는 사람들을 가리킨다. 야고보서 1장 8절에 명시된 것처럼, 두 마음을 품어 모든 일에 정함이 없는 자들은 리더가 되면 안 된다.

(4) 불의한 이익을 미워하는 자(출 18:21)

개인적인 이익을 취하거나 타인의 억압으로 인해 그릇된 선택을 하지 않는 것을 뜻하는 의미로서 이러한 리더들은 어떤 경우에도 자신의 위신을 내걸지 않는다.

오늘날 리더들의 문제는 섹스와 권력(power)뿐만 아니라, 돈(money) 때문에 자신이 그토록 고수해왔던 원리원칙을 아무렇지도 않게 버리는 데 있다. 리더라는 권력의 자리에서 물질의 유혹을 뿌리치기란 쉽지 않다.

그러나 리더는 불의한 이익을 취해서는 안 된다. 성령의 능력을 의자하고, 하나님의 뜻을 따르기만 하면 이와 같은 일은 없을 것이다.

2) 백성 위에 세워 천부장과 백부장과 오십부장과 십부장을 삼아
   (출 18:21)

리더들을 세우는 목적은 다스리고 이끌고 재판을 하기 위함이다. 이것이 바로 능력 부여, 즉 임파워링(empowering)이다. 리더의 자리에 세운다는 것 자체가 새로운 리더가 있는 그 자리에서 능력, 권위, 실력을 발휘하도록 하는 것이다.

나는 짐 콜린스(Jim Collins)가 예로 든 버스 예화를 즐겨 인용하곤 한다. 그의 책 『좋은 기업을 넘어 위대한 기업으로』(Good to Great)를 보면, 기업은 버스와도 같다고 했다. 물론 우리의 경우는 교회가 되겠지만 말이다. 기업의 최고경영자는 버스 운전기사와도 같아서 각 부서와 팀원들의 자리를 적절하게 배치해야 할 책임이 그에게 있다.

버스는 어디론가 향한다. 이렇듯 기업 혹은 교회는 우선 방향 설정을 한다. 버스에 탑승한 모든 승객들은 어디로 가는지를 알고 있고, 기사는 승객들이 누구인지에 대해 인지하고 있으며, 그들이 어디에 앉아 있는지도 파악하고 있다. 버스에는 사람들이 오르고 내린다. 이는 어느 한 목표를 달성하기 위한 과정에서 필요한 인력을 탑승시키고, 그렇지 않은 사람들을 하차시키는 것을 의미한다.

교회와 관련해서는 물론 일반 성도들이 아니라, 리더(버스승객)에 국한된 이야기이다. 나는 그 동안 최종 목적지 또는 버스기사와 마음이 엇갈린 리더들 때문에 교회에 문제가 발생하는 것을 수도 없이 목격했다. 이런 상황이 장기간 지속될 경우, 결국 순수하게 교회를 섬기는 리더들에게도 악영향을 끼치는 결과를 초래한다.

이와 같은 리더들을 하차시키는 것이 옳은 처사일 것이다. 그들은 최소한 리더들이 되기에는 적합하지 않은 인력으로서 목사와 같은 목표를

바라보지 않을 것이 눈에 선하다. 나 역시 이 같은 사람들 때문에 시달린 경험이 있는데, 그들을 하차시키는 것은 결코 쉬운 일이 아니다.

물론 상황 파악을 한 후, 다음 정거장에서 스스로 알아서 하차하는 사람들이 있기는 하다. 물론 이런 경우는 극히 드물다. 한번 앉은 자리는 영원한 자기 자리라는 생각을 갖기 마련이기 때문이다.

중요한 부분이라고 생각하기에 나는 이 지면에서 짐 콜린스의 두 권의 책에서 아래의 내용을 발췌해 보기로 했다. 물론 이는 내가 번역한 부분이기 때문에 원문과 다소 다를 수 있으므로 독자들의 너그러운 양해를 구한다.

제임스 맥그리거 번즈(James MacGregor Burns)는 1978년에 출간된 자신의 책 『리더십』에서 리더십의 실행은 권력의 실행과는 다르다고 지적했다. 가령 내가 당신에게 총기로 위협을 한다면, 이는 권력의 남용이지 리더십의 실행이 될 수 없다.

진정한 리더십은 사람들이 양자택일할 수 있는 가운데서도 리더를 따른다는 데 그 비결이 있다. 위대함은 물이 흐르듯 자연스럽게 흘러야 하며, 각 인력을 효과적으로 자리 배치할 때 발휘된다.

그러므로 버스 안에 누가 있는지를 먼저 파악해야 한다. 위대한 기업들은 자기관리에 탁월하며 스스로 동기부여가 가능한 적절한 인력을 끌어모으는 데 주력한다. 다시 말해, 누가 뭐라고 하지 않아도 아침마다 일어나면서 최선을 다할 것을 다짐하는 것 자체가 DNA로 자리잡은 인력이다.

결론적으로 말하자면, 리더들을 잘 배치하고, 같은 목적지를 향해 가는 부분에 대해 동의하고 있는지를 조사하라.

3) 그들이 때를 따라 백성을 재판하게 하라(출 18:21)

몇 년 전 읽은 책 중의 하나가 바로 프랭크 틸라포(Frank Tillapaugh)의 『교회를 해방시켜라』(Unleashing the Church)이다. 그 책에 보면, 저자는 목회자를 일인 다역 사역자로 보지 말 것을 권고한다. 여기서도 이드로는 모세에게 '하게 하라'고 했다. 다시 말해, 자기 일을 할 수 있도록 내버려두라는 뜻이다.

에베소서 4장 11-12절에도 보면, 그리스도가 교회의 머리이고, 그리스도의 몸을 세우기 위해 주님이 직접 여러 사역(ministry)과 사역자(minister)를 세우셨다고 하지 않았던가?

나는 교회를 해방시키라는 말이 너무나도 마음에 든다. 이것이 바로 이드로가 모세에게 한 말과 같은 맥락이다.

자, 이제부터는 결과에 대해 다루어보겠다.

6. 결과

1) 그리하면 그들이 너와 함께 담당할 것인즉 일이 네게 쉬우리라
 (출 18:22)

리더십은 리더가 사람들을 위해서 하는 무엇이 아니라, 사람들과 함께 하는 무엇이다. 기존의 리더십 개념은 리더가 지시를 내리기만 하면, 하위 직원들이 자신들의 의사를 조금도 내비치지 않은 채 묵묵히 따르는 체계를 연상시켰다.

그러나 사람들과 함께 호흡하는 리더십은 출발점부터가 다르다. 사람

들과 비전을 공유하는 리더가 이끄는 단체는 분위기가 다르다. 그들은 이미 능력을 부여받은 인력으로서 그 누구도 가로막을 수 없는 무서운 힘을 발휘한다. 리더인 당신이 사람들과 함께하면, 그들은 당신과 함께해줄 것이다.

이것은 팀 책임의식이다. 혼자 모든 것을 감당하는 영웅의 시대는 지나갔다. 일반적인 의미에서 영웅이 특출한 것은 그들과 견줄 수 있는 사람들이 없기 때문이다. 그러나 대개의 경우, 영웅들은 혼자 남는다.

"나처럼 이 일을 처리할 수 있는 사람은 아무도 없어."

"내가 일을 참 잘하긴 잘해."

그러나 이런 자축의 말은 스스로를 더 깊은 고독의 늪으로 빠뜨린다는 데 그 함정이 있다.

그러므로 우리는 팀워크를 추구해야 한다. 나는 이런 재미있는 이야기를 들은 적이 있다. "내가 여기 있사오니 나를 보내소서"라고 하는 성구를 풍자하여 "내가 여기 있사오니 내 옆에 있는 이 형제/자매를 보내소서"라고 한다는 것이다. 다 함께, 동시에, 같은 목적지를 향해 전진하는 것이 중요하다.

팀워크라고 하면, 당신에게 떠오르는 이미지가 무엇인가?

어떤 이들에게는 소설책에나 나타나는 머나먼 이야기에 불과하다. 개인적으로, 팀워크는 한편으로는 보람, 다른 편으로는 자아실현이라는 이미지가 떠오른다.

2) 네가 이 일을 감당하고(출 18:23)

이것은 바로 내구성을 가리킨다. 예전에는 기업들이 어떤 상품을 내놓을 때 오래 변질되지 않아 유저들이 일평생을 쓸 것을 생각하고 판매하곤 했다. 지난 2003년 내 고국 쿠바를 방문했을 때 1952년형 포드

(Ford) 차량을 타는 색다른 경험을 했다.

미국의 대표 건전지 듀라셀(Duracell)의 TV광고를 보면, 인형 토끼가 쉴 새 없이 뛰고 또 뛰는 설정이 있다. 이 브랜드를 사용하면, 거의 영구적으로 기기를 작동시킬 수 있다는 인상을 남기려는듯하다.

오늘날 리더들의 문제는 내구성이 없다는 것이다. 과거의 리더들은 재질 자체가 달라서 그런지 하나의 인생철학을 가지고 목숨을 걸었다. 그러나 요즘에는 한 우물을 지속적으로 파는 사람들을 보기 드물다. 내구성 하나만 가지고 있어도 21세기에 사역을 이끌어가는 데 큰 도움이 될 것이다.

내구성이란 곧 연속성과도 직결된다. 리더는 한 가지 목표를 정하고 끈질기게 인내해야 한다. 성도들은 연속성을 보이는 목회자를 신뢰한다. 하루 이틀 사이로 목표를 변경하고, 시작한 것을 끝내지 못하는 리더는 영적 지도자가 될 수 없다.

빌립보서 1장 6절을 보라.

> 너희 안에서 착한 일을 시작하신 이가 그리스도 예수의 날까지 이루실 줄을 우리는 확신하노라(빌 1:6).

내구성에는 곧 인내력이 기본 바탕에 깔려있어야 한다. 즉, 한 자리에 계속 버티는 것을 의미한다. 위기는 오갈 수 있지만, 리더는 어떤 상황에서도 자기의 자리를 떠나서는 안 된다.

그렇다면, 이와 같은 인내력을 어디에서 얻을 수 있는가?

> 나의 영혼이 주를 가까이 따르니 주의 오른손이 나를 붙드시거니와 (시 63:8).

여호와께서 자기에게 기름부음 받은 자를 구원하시는 줄 이제 내가 아노니 그의 오른손의 구원하는 힘으로 거의 거룩한 하늘에서 그에게 응답하시리로다(시 20:6).

3) 이 모든 백성도 자기 곳으로 평안히 가리라(출 18:23)

때가 되면 리더는 자기가 자기 사람들과 함께 한 수고에 따른 열매를 보고 싶어한다. 그리고 이 같은 열매가 오랫동안 보존되었으면 하는 소망도 가지고 있다. 리더는 자신과 함께 하는 모든 사람들이 평온히 잠들 수 있게 최선을 다해야 한다. 하나님의 백성은 마땅히 평안을 누리며 살 권리가 있다. 가족 역시 깨어지지 않고 평안을 유지하며, 자녀들 역시 화평케 하는 자녀이기를 리더는 바라야 한다.

자기가 섬기는 사람들이 태평한 가운데 주님을 섬기는 것을 보는 것보다 더 소중한 것이 리더에게 또 있을까?

예수님께서 말씀하셨다.

평안을 너희에게 끼치노니 곧 나의 평안을 너희에게 주노라(요 14:27).

골로새서 3장 15절에서 바울은 권고하고 있다.

그리스도의 평강이 너희 마음을 주장하게 하라 너희는 평강을 위하여 한 몸으로 부르심을 받았나니 너희는 또한 감사하는 자가 되라(골 3:15).

하나님과 화평한 자만이 하나님으로부터 평안을 누릴 수 있다.

제 4장

다윗의 리더십

1. 다윗의 리더십으로부터 얻는 교훈

본 장에서 다루는 내용을 위해 나는 사무엘상 16-18장과 24장을 참고하겠다. 다윗은 리더십의 관점에서 배울 점이 참 많은 성경 인물이다. 그의 일생 전반에 걸쳐서 하나님께서 어떻게 인도하셨는지를 상세하게 관찰할 수 있는 안목을 제공한다. 그러므로 오늘의 리더에게도 다윗은 충분한 롤모델이 되는 리더라고 여겨진다.

2. 리더의 마음

사무엘상 16장 7절에 보면, "나 여호와는 중심을 보느니라"고 했다. 그 전 장에 보면, 하나님의 선지자 사무엘이 기름부음을 받을 자를 잘못 선택하는 장면이 나온다. 이 점을 미루어볼 때 선지자도 인간이다. 그 때문에 여러 자격 요건들을 따지고 볼 때 그릇된 선택을 한 것으로 보인다.

그런데 문제는 오늘날에도 외모와 신장, 즉 눈에 보이는 것만을 놓고 사람을 평가한다는 데 있다. 하나님의 기준은 확실히 다르다. 하나님은 마음을 꿰뚫어보신다. 하나님은 눈에 보이지 않는 것을 눈에 보이는 것처럼 훤히 들여다보신다.

그러므로 리더를 선택할 때에는 외모를 보지 말라.

그럴듯하지만 그렇지 않은 것을 분별하라.

물론 신장에 연연하지 말라.

하나님의 기준은 사람의 기준과 다르다. 리더의 사이즈, 혹은 그의 사역의 사이즈로 사람을 평가해서는 안 된다.

앞서 말했듯이, 하나님의 선지자도 틀릴 수 있다. 분별력이 없으면 실수하게 된다. 인간적인 감정이 개입될 수 있다. 지금의 상황은 옳은 사람을 선택하는 데 선지자가 오히려 하나님을 막는 입장이 되어버리고 말았다. 이 때문에 사무엘은 외모만 염두에 두었다. 실로 실망스러운 장면이 아닐 수 없다.

하나님은 중심, 즉 마음을 보신다. 가끔 우리는 잠재적 리더의 마음을 보는 데 실패한다.

다윗은 가장 작은 자, 즉 막내였다. 그의 일은 심부름을 하는 것에 한정되어 있었다. 세상 관점으로 작은 것은 별 볼일 없어 보인다(고전 12:14-24 참조). 다윗은 이스라엘의 왕이 되는 선발대회 무대에 아예 나타나지도 않았다.

그에게는 양냄새가 풍겼기 때문일까?

그러나 그는 최종적으로 이스라엘의 목자가 되었다.

다윗의 경우처럼, 하나님이 그에게서 하시는 일이 확연히 드러날 때까지 선택을 받은 리더는 눈에 띄지 않는 경우가 허다하다. 그리고 사실상 이는 리더의 몫이 아니라, 하나님의 오묘한 역사이다. 이런 의미에서,

앞으로 리더가 될 사람이 일종의 로비(?)를 하면서까지 자기 자신을 어필한다는 것은 어불성설이다. 실제로 당회에서 선택한 두 후보가 성도들로부터 더 많은 투표를 얻기 위해 선거운동을 하는 목회자들을 본 적이 있다.

다윗은 전투 일선에 나서기까지 양떼들을 돌보고 있었다. 다윗이 일반 백성들에게 알려지기까지 그는 푸른 초원에서 양떼들을 돌보고, 때로는 곰과 사자들과 사투를 벌이기도 하고, 잃어버린 양을 찾아 낯선 곳을 가기도 하고, 눈이나 귀에 염증이 생긴 양들에게 기름을 발라주는 역할을 감당하기도 했다. 이것이 바로 다윗으로 하여금 하나님께서 거치게 하신 목자학교였다.

3. 리더십의 두 가지 전제조건

1) 사무엘이 기름 뿔 병을 가져다가 그의 형제 중에서 그에게 부었더니(삼상 16:13)

이것은 하나의 공식 선언과도 같다. 선지자와 그의 가족의 인정은 없어서는 안 될 인간적인 절차였다. 다시 말해, 증인들이 있어야 한다. 이렇듯 리더는 스스로를 리더로 임명할 수 없다. 누군가 성령의 기름부음을 전이시켜 주어야 한다. 겸손과 질서의식이 없으면 안 되는 일이다. 하나님은 질서의 하나님이시다. 오늘날에는 어느 한 목회자 혹은 사역단체의 축복 속에 새로운 리더가 임명되는 모습을 보기란 참 어려운 풍경이 되어버리고 말았다.

2) 이 날 이후로 다윗이 여호와의 영에게 크게 감동되니라
   (삼상 16:13)

하나님께서 다윗을 인정한다는 표시로 성령이 임했다. 어느 한 리더의 기름부음은 위로부터 온다. 이 때문에 성령은 위에서 임하시는 것으로 표현되곤 한다. 성령의 능력 없이 리더는 리더의 역할을 감당할 수 없다. 이는 또한 구체적인 시간을 의미한다. "이 날 이후로"라는 말은 다윗의 리더십을 알리는 신호탄이었다.

나는 수십 년의 사역 경험 끝에 다음과 같은 결론에 이르렀다. 우리는 성령의 기름부음과 임재 없이는 어떤 사역도 할 수 없다는 것이다. 성령 없이는 섬길 수도 없고, 설교할 수도 없고, 기도할 수도 없고, 아무것도 못한다. 성령은 곧 능력이기 때문이다.

> 모세가 여호와께 아뢰되 주께서 친히 가지 아니하시려거든 우리를 이곳에서 올려 보내지 마옵소서(출 33:15).

4. 타인의 관점에서 본 다윗의 6가지 특징

여기서 다룰 내용은 사무엘상 16장 18절에 근거한다.

1) 수금을 탈 줄 알고(삼상 16:18)

다윗은 자기가 받은 달란트로 하나님을 찬양했다. 그는 수금을 탈 줄 아는 음악가였다.

당신의 은사는 무엇인가?
다룰 줄 아는 악기가 있는가?
어떤 재능으로 하나님을 섬기고 싶은가?

2) 용기와(삼상 16:18)

강인하고 대담하고 적극적인 사람이라는 뜻이다. 다른 사람이 투자하지 않는 곳에 과감하게 투자하는 성격을 가진 다윗은 모두가 "좀 더 기다려보자고요"라고 할 때 "저격 실시!"라고 외친 군사였다. 사무엘상 17장을 보면, 그가 얼마나 용기 있는 리더였는지 상세하게 명시되어 있다. 리더는 주어진 도전과제 앞에 비겁해서는 안 된다. 다윗은 스스로를 동기 부여할 줄 아는 리더였다.

3) 무용과(삼상 16:18)

이는 힘이 넘치고 강건하다는 말이다. 다윗은 식단에 신경을 쓰고 운동도 게을리하지 않았으며, 충분한 숙면을 통해 항상 최상의 상태를 유지했다. 뿐만 아니라, 독서에도 힘썼다. 이 모든 습관은 내면의 힘이 되어주었다. 성령의 능력을 의지한다는 말은 성령의 전인 우리의 몸을 아무렇게나 다루어도 괜찮다는 뜻이 아니다.
우리의 몫도 분명히 있는 것이다. 몸도 건강해야 주님도 섬길 수 있다. 오래가지 못하는 리더들의 특징은 몸과 마음의 건강을 소홀히 한다는 데 있다. 만일 헬스장의 평생회원권을 끊는 것이 부담된다면, 자전거를 타거나 워킹을 즐기는 것도 좋다.
어쨌든 가만히 있지는 말라.

어느 날 어느 한 성도가 나에게 다가와서 "목사님, 뼈를 최대한 많이 움직여주는 것이 좋습니다"라고 말했던 것이 아직도 기억에 남는 이유는 무엇일까?

4) 구변이 있는(삼상 16:18)

수많은 시편을 기록한 것으로 보아 다윗은 탁월한 시인이자 사상가였다는 사실에는 의심의 여지가 없다. 또한 단어 선택에도 매우 신중한 문학가였다. 게다가 언변에 매우 뛰어난 연설가였다.

5) 준수한 자라(삼상 16:18)

준수하다는 말은 외모를 가꾸는 일과 연관된다. 이와 같이 하나님을 섬기는 사람들은 내면의 순수함과 아름다움이 겉으로도 드러나야 한다.

6) 여호와께서 그와 함께 계시더이다(삼상 16:18)

하나님이 어느 한 리더와 함께 하신다는 증거가 여러 가지 있을 수 있다. 그 중의 하나가 바로 특정한 때에 하나님이 함께 하신다는 것이 드러날 때이다. 다재다능할 수도 있고, 용기와 무용과 구변이 준수한 자일 수도 있다. 그러나 하나님의 임재 없이는 아무것도 할 수 없다. 하나님이 함께 하신다는 것을 리더가 알면, 더욱더 힘차게 전진할 수 있다.

5. 좋은 리더가 되기 위한 7가지 조언

1) 리더는 자기 자신이 누구를 대표하는지를 알아야 한다

두말 할 것도 없이 우리는 주님의 대사이다.

> 전쟁은 여호와께 속한 것인즉(삼상 17:47).

백전백승이 현실적으로는 힘들기 때문에 참전해야 할 전투를 지혜롭게 선택하는 것도 필요하겠지만, 하나님이 우리를 위해 싸우신다는 사실을 잊어서는 안 된다.

2) 리더는 적중해야 한다

> 손을 주머니에 넣어 돌을 가지고 물매로 던져 블레셋 사람의 이마를 치매 돌이 그의 이마에 박히니 땅에 엎드러지니라(삼상 17:49).

다윗의 입장에서 볼 때 물매를 처음 사용하는 것은 아니었다. 추측컨대, 양떼들을 돌볼 때 다윗은 물매로 곰이나 사자를 강타하는 것을 연습했을 것이다. 시시때때로 나타나는 들짐승들을 상대해 주어야 하는 다윗의 입장에서 물매는 일상이었다고 할 수 있다.

그러나 긴장의 순간이 다가왔다. 올림픽과도 같은 손에 땀이 나는 실전이었다. 수년 동안 연습하고 또 연습했건만, 순식간에 모든 것이 날아갈 수 있는 위기였다. 정확한 사격은 훈련 없이 안 되는 법, 고된 연습과 인내 끝에 얻어지는 것이다.

3) 리더는 실행에 옮긴다

다윗은 거인과 맞서 싸워야 할 때 자취를 감추지 않았다. 오히려 큰 소리를 쳤다.

> 다윗이 이같이 물매와 돌로 블레셋 사람을 이기고 그를 쳐죽였으나 자기 손에는 칼이 없었더라(삼상 17:50).

가끔 우리는 목숨을 걸고 우리를 위협하는 거인들의 머리를 베야 할 때도 있을 것이다.

4) 리더는 다른 리더 밑에 있어야 한다

다윗의 경우, 사울이 시키는 일마다 성공적으로 해내곤 했다.

> 다윗은 사울이 보내는 곳마다 가서 지혜롭게 행하매 사울이 그를 군대의 장으로 삼았더니 온 백성이 합당히 여겼고 사울의 신하들도 합당히 여겼더라(삼상 18:5).

5) 리더의 자리에는 경쟁, 질투, 시기가 있기 마련이다

보통 이 같은 감정들은 가까운 사람들에게서 온다. 애초에는 박수를 보내던 사람들이 어느 한 순간에 돌변하기도 한다. 더욱이 다윗과 같이 다음 세대를 향해 나아가고자 할 때 자신의 자리, 권력, 안전지대, 수입과 같은 곳에 마음이 빼앗겨버린 사울과 같은 존재 밑에 있다면 말이다.

무리가 돌아올 때 곧 다윗이 블레셋 사람을 죽이고 돌아올 때에 여인
들이 이스라엘 모든 성읍에서 나와서 노래하며 춤추며 소고와 경쇠
를 가지고 왕 사울을 환영하는데 여인들이 뛰놀며 노래하여 이르되
사울이 죽인 자는 천천이요 다윗은 만만이로다 한지라 사울이 그 말
에 불쾌하여 심히 노하여 이르되 다윗에게는 만만을 돌리고 내게는
천천만 돌리니 그가 더 얻을 것이 나라 말고 무엇이냐 하고 그 날 후
로 사울이 다윗을 주목하였더라(삼상 18:6-9).

6) 진정한 리더는 사람들의 의견이 아니라 자신의 직감을 따른다

사무엘상 24장 4-15절을 보면, 다윗을 둘러싼 모든 사람들이 사울 왕
을 죽이라고 했을 때 그는 하나님을 두려워하는 마음과 신앙의 연륜으
로 다져진 자신의 직감을 따랐다.

7) 리더는 말로서 타인을 설득시킬 수 있는 화법이 탁월하다

사무엘상 24장 16-22절에 보면, 다윗은 사울을 죽일 수 있었지만 죽
이지 않았다는 증거를 그에게 직접 보였다. 다윗은 인간의 힘이 아닌 하
나님을 경외하는 마음으로 승리했다. 이로써 사울은 끝내 물러났고, 다
윗은 이스라엘의 왕이 되었다.

6. 내부의 적

다윗은 탁월한 시인이자 하나님에 마음에 합한 사람이라는 것이 증

명되었다. 의심의 여지없이, 다윗은 하나님 제일주의로 살았다. 그러나 그런 다윗 주변에도 내부의 적들이 곳곳에 도사리고 있었다. 이것이 바로 독자들이 이미 많이 접했을 법한 돈, 섹스 그리고 권력이다.

이 같은 요소들은 영적 리더 또는 평범한 인간인 목회자에게 늘 도사리고 있는 내부의 적이다. 물론 내부의 적들을 열거할 때 항상 3가지에 국한되지는 않는다. 그러나 역사적으로 볼 때 돈과 섹스와 권력은 리더의 가정과 사역과 명예를 파괴하는 막강한 적이라고 하는 것이 이미 드러난 바 있다.

1) 돈

돈은 아이러니 그 자체이다. 돈 때문에 망한 리더와 사역단체들이 무수하다. 인간의 욕망은 밑 빠진 독과 같아서 붓고 또 부어도 더 많이 부으라고 재촉한다. 돈을 손에 쥐게 되면, 그 동안 마음고생한 것을 생각하면서 정당한 방법으로 취득했다는 그릇된 생각을 품고, 온갖 사치스러운 생활을 일삼는다. 쉽게 말해, 돈 때문에 사람이 변하고, 인생을 망치게 된다.

오늘날 교회는 돈에 대한 청지기 정신을 가르치기보다는 물욕을 부추기는 데 급급하다. 이런 사상을 따르게 되면, 신자는 자기가 당연히 사치스러운 생활을 해야 한다고 생각하기에 이른다. 심지어 현대판 면죄부가 판을 치고 있어 하나님으로부터 기적을 사들일 수 있다고 생각하는 사람들이 있다.

어느 한 유명한 목사가 수백만 달러의 빚을 청산하기 전까지는 기도방에서 나오지 않겠다고 선언한 적이 있다. 그를 따르던 수많은 성도들은 그의 목숨을 살리기 위해 거액의 헌금을 보낸 만행이 있었다. 또한 최근에는 어느 한 설교자가 개인 자가용 비행기를 교체하는 데 드는 6천 8백만 달러의 비용을 헌금할 것을 요구했다고 한다. 그에 따르면, 다른 사람들처럼 공항에서 줄을 서고 기다리는 것은 시간 낭비라는 것이었다. 비판의 목소리가 높아지자 인터넷사이트에서 헌금을 요구하는 장면이 담긴 동영상을 삭제했다.

사기 혐의죄로 구속돼 수감된 적이 있는 어느 한 설교자는 구치소에서 나와서도 TV방송에 출연하여 말세를 설교하고 다닌다. 문제는 그의 시한부 종말론이 식품판매와 연관된다는 것이다. 쉽게 말해, 이제 곧 세상이 멸망하기 때문에 자신이 파는 음식을 잘 보관해두었다가 먹고 살아남으라는 이단적 메시지이다.

그런가 하면, 다양한 형태와 이름으로 발전된 부흥집회에 거액의 헌금을 사전에 보내기만 하면, 맨 앞좌석을 예약해주거나 개인면담 시간을 주겠다는 터무니없는 일들이 비일비재하게 나타나고 있다. 물론 일일이 열거하자면, 끝이 없다.

물론 재정운영에 관해서는 조금의 빈틈도 없이 깨끗하고 투명하게 운영해온 사역자들이 무수히 많다. 게다가 잘 알려진 사역단체이기 때문에 얼마든지 거론할 수 있지만, 아마 특정 인물이나 교회를 거론하는 것을 그들 스스로 부담스러워할까 봐 이 지면으로는 하지 않겠다. 세상에는 잘 알려지지 않았지만, 선교를 위해 거액을 내주는 사역단체가 얼마나 많이 있는지 모른다. 하나님께서 그들을 축복해주시고, 갚아주실 것을 기대한다.

다윗은 바로 이 권력 때문에 고심했다. 권력의 자리에서 내려오려고 하지 않을 때 문제는 발생한다. 다윗도 이 부분에서는 자유롭지 못했다.

좋은 리더는 다른 리더에게 능력 부여를 하고 권력을 물려준다. 강단에서 내려오려고 하지 않는 목회자들을 볼 때 참 슬프다. 그들은 십중팔구 영적으로 맹인이든지, 아님 욕심의 노예이든지, 둘 중 하나이다. 리더가 노년에 이르렀어도 잠재적 리더들은 여전히 제자리를 지키는 현실을 보게 되는데, 이와 같은 리더들은 결국 혼자 남게 될 것이다.

나는 빌리 그레이엄(Billy Graham) 목사야말로 온전한 주의 종의 모델이라고 생각한다. 몇 년 전 "굿모닝 아메리카"(Good Morning America) 프로그램의 진행자 요한 런든(Joan Lunden)이 노스캐롤라이나에 위치한 그레이엄 목사님의 자택을 찾아가서 인터뷰를 한 적이 있다. 이유인즉, 결혼 50주년을 맞이한 탓이었다. 요한 기자는 다음과 같이 질문했다.

"그레이엄 목사님, 사람들이 어떻게 목사님을 기억해주었으면 하시는지요?"

잠시의 침묵과 함께 노년의 목사님의 눈가에는 눈물이 고였다. 그리고 이렇게 말문을 열었다.

"충성을 다한 목회자로 기억되었으면 좋겠습니다. 내 하나님께 충성하고, 내 가정에게 충성하고, 내 부르심에 충성한 주의 종으로 말이죠."

2) 섹스

섹스라는 내부의 적은 돈과 권력이라는 친구들과 함께 어울리는 것을 매우 좋아한다. 다윗의 경우, 섹스 때문에 넘어졌지만, 진정한 회개 끝에 다시 일어설 수 있었다.

목회자나 리더에게는 유혹의 늪에 빠질 무렵 그 위험요소를 알려줄 수 있는 경고음이 필요하다. 사실 이것은 기본 상식에 해당된다. 그렇지만 상식이라고 해서 우습게 봐서는 안 된다. 이성과의 만남은 어떤 일이 있어도 홀로 남은 상황에서 이루어지면 안 된다. 이럴 경우, 그동안 쌓아온 리더의 신앙, 온전함 그리고 명성이 순식간에 무너질 수 있다.

또한 오해를 불러일으키는 일도 피해야 한다. 성적인 것과 관련된 농담도 수치스러운 결과를 초래할 수 있다. 유명세와 권력을 악용한 성희롱은 사역을 하루아침에 무너뜨리는 요인이다. 난처한 상황에서 리더가 할 수 있는 일은 요셉과 같이 보디발의 아내를 피하는 것이다.

한마디로, 유혹의 자리를 최대한 멀리하는 것이다. 아니면 감당할 수 없는 수치심과 고통으로 힘들어하는 것은 물론이고, 심지어 가정과 사역, 그리고 인생 전체를 파멸시키고 만다.

3) 권력

사람들이 자기를 봐주고, 들어주고, 찾아주고, 인정해주는 것에 지나치게 민감하다면, 틀림없이 권력의 노예가 된 리더이다. 왜냐하면, 이 같은 갈망은 자아실현 또는 자신감 결여의 발로이기 때문이다. 어린 시절 당한 애정 결핍을 포함해서 여러 복합 요인들이 이 같은 갈망을 부추기는 것이다.

사람들이 늘 자기를 알아봐 줄 것을 학수고대하는 리더는 마약중독자와도 같다. 유명하면 유명할수록 더 많이 인정을 받고 싶어한다.

제5장

경쟁 리더십

1. 경쟁력 있는 리더들을 구하는 세상

당신은 어느 유형의 리더인가?

풀러신학대학원의 로버트 클린턴(Robert Clinton) 박사에 따르면, 영향력이라는 관점에서 아래와 같은 유형의 리더들이 있다.

- 로컬 + 내부적 리더십
- 로컬 + 외부적 리더십
- 로컬 + 지역적 리더십
- 국내적 리더십
- 국제적 리더십

나는 이런 유형의 리더십 구분법에 전적으로 동의한다. 리더에 따라서 영향력의 범위는 다양하게 나타나기 마련이다. 대개의 경우, 어느 한 자리에서 지속적으로 영향력의 범위를 유지하는 리더의 유형이 있는가 하면, 자기의 범위를 넘어서서 영향력을 계속 확장하는 리더들도 분명히 존재한다. 이와 같은 현상을 리더의 자기개발과 연관지어 해석할 수 있지만, 나는 시편 75편 6절 이하에 입각하여 "무릇 높이는 일이 동쪽에서나 서쪽에서 말미암지 아니하며 남쪽에서도 말미암지 아니하고 오직 재판장이신 하나님이 이를 낮추시고 저를 높이시느니라"는 말씀의 적용이라고 본다.

다시 말해, 하나님이 리더마다 다양하게 사용하기를 기뻐하신다는 것이다. 여기에는 인간의 이성이나 학문적인 해석이 설 곳이 없다. 오직 하나님의 절대주권에 달려있는 사항이기 때문이다.

영향력 부문에서 나는 존 맥스웰(John Maxwell)의 말에 공감한다. 그에 의하면, 영향력이란 주어지는 것이지 획득하는 것이 아니다. 그리스도 안에서 우리의 우리 된 것이 하나님의 은혜임을 받아들이고, 사역 역시 우리 스스로의 힘으로 된 것이 하나도 없음을 인정해야 한다. 앞서 언급한 것처럼, 우리 모두는 누군가의 어깨를 빌려 승진한 리더인 셈이다. 인생의 여정에서 이러한 선배 리더들을 만나지 못했더라면, 우리는 결코 지금의 자리에 이르지 못했을 것이다.

그 어떤 리더도 다 이루었다고 자부할 수는 없을 것이다. 최종 목적지에 도달하는 과정은 인생 전체를 필요로 한다. 이런 의미에서, 우리 역시 후배들을 위해 힘써 일하고, 책임을 부여하고, 자리를 물려주어야 할 때가 오기 마련이다.

자세를 낮추고, 후배들이 우리 어깨를 발판으로 삼아 더 높은 곳에 이를 수 있도록 언젠가는 리더십의 바통을 넘겨주어야 할 것이다. 이렇게 할 때 우리의 비전은 거의 무제한적으로 확장될 수 있다.

모든 일에는 대가가 있다. 사람을 세우는 일에도 얼마든지 시행착오가 있을 수 있다. 세월이 지나서야 '아, 내가 사람을 잘못 봤구나'하는 후회가 따를 수 있기 때문이다. 리더로 세움 받기를 원하는 사람들은 많지만, 모두가 다 적임자일 수는 없다. 결국 밑 빠진 독에 물 붓기이다.

사람을 세우려고 온갖 노력과 정성을 쏟아 붓지만 돌아오는 것은 아무것도 없을 수가 있다. 물론 처음에는 누구나 당신이 지목한 사람이 승승장구하기를 바랄것이다. 그러나 도저히 발전 가능성이 보이지 않는다면, 결과적으로 병적인 의존성을 낳게 될지도 모른다. 결국 당신이 이용을 당했다는 생각을 떨쳐버리기 힘들 것이다.

나는 사람을 세우는 일을 주식투자에 비유한다. 사람에 따라 당신은 정보, 경험, 비전, 전략, 지혜 등을 조금씩 투자한다. 그러면 언젠가는 투자에 따른 좋은 결과가 있기 마련이다.

사람도 이와 마찬가지로 가능성이 있는 잠재적 리더들에게 투자하라.

지금 당장 어떤 결과를 바라는 사람들에게는 큰 충격으로 다가올지도 모른다. 그러나 나의 경험으로 비추어볼 때 리더십은 선물이라기보다는 투자 개념에 더 가깝다. 모든 투자에 좋은 결과를 기대하는 것은 상식에 어긋난 일이다. 리더십도 마찬가지로 경험이 쌓이면 쌓일수록 보다 지혜로운 투자를 하게 된다.

다른 편으로, 당신이 투자하는 사람들과는 원만한 관계, 시원한 의사소통 그리고 확실한 결산보고가 뒷받침해주어야 한다. 그러면 둘 다 윈윈(win win) 할 수 있는 관계로 발전한다.

결국 당신의 리더십을 보고 배우도록 허용하는 것은 당신 자신이기 때문에 적중하는 투자를 위해 사람을 지혜롭게 선택하라.

여기에 균형 있는 리더십을 위해 경고의 말을 몇 마디 적어보기로 한다.

2. 스타의식의 유혹을 뿌리칠 수 있는 리더

인간은 누구나 자기 말을 들어주고 자기를 봐줄 것을 기대한다. 그러므로 누군가 나를 생각해주고, 어느 행사에 초대받는다는 것은 설레는 일이다. 하지만 그러는 사이에 우리 자아는 필요 이상으로 부풀어질 위험이 있다.

더 많은 연구가 필요하겠지만, 이런 잘못된 스타의식을 가장 잘 표출하는 SNS가 바로 페이스북(facebook)이라고 나는 생각한다. 사람들은 자기어필을 위해 온갖 엽기적인 일은 마다하지 않는다.

생각해 보면, 페이스북이란 말 자체가 자기 얼굴(face)을 드러내는 플랫폼이 아니던가!

개인 혹은 사역의 목표 달성을 세상에 알림으로써 기독교 공동체 안에서 더 많은 인정받고, 인기(?)를 누리고자 하는 것이다. 하나님이 당신을 얼마나 귀하게 사용하고 계시는지를 알리지 않고서는 못 살겠다는 자세라면, 이미 사람의 인정과 박수에 노예가 된 것이다.

당신의 동기 부여는 무엇인가?

미세한 차이지만, 보이지 않는 선이 있음을 누구도 부인하지는 못할 것이다.

이런 유혹에 노출된 이가 바로 세례 요한이다. 사람들은 그에게 다가가 당신이 약속된 메시야인지 아니면 다른 이를 기다려야 하는지를 물었다. 질문 공세에 그는 낙타 털옷을 벗고 이렇게 말했을 수도 있다.

"맞습니다. 바로 접니다."

그러나 그는 자신의 소명을 따라 소신 있게 행동했고, 자기 자신이 아닌 예수를 메시야로 소개했다.

3. 허니문 기간이 지나도 자리를 지키는 리더

어느 한 교회나 사역단체가 출발선상에 있을 때에는 모든 것이 모험 그 자체이다. 출범시, 모든 사역 구성원들은 영원토록 함께 있을 것이라고 생각한다. 그러나 현실은 그렇지 않다. 허니문 기간은 사역의 내부 문제가 최초로 터지는 순간 허무하게 종결되고 만다. 그리스도의 신부로서 교회가 입은 드레스가, 구겨지고 온갖 때묻은 흔적을 발견하는 순간 실망하는 것이다.

게다가 사역의 첫 발걸음을 힘차게 디딘 이들이 하나 둘씩 하차하기 시작하는 것을 목격하는 순간 생각처럼 쉬운 일이 아니었다는 깨달음을 얻게 된다. 교회가 알아서 움직이는 자동 모드란 없다. 예상보다 손이 많이 간다. 손매를 걷고 물을 묻혀야 한다. 우리의 사역을 필요로 하는 이들 한 가운데 있어야 한다. 윌리엄 캐리(William Carey)는 자신을 후원하겠다는 이들 앞에서 이런 말을 했다고 한다.

"여러분들이 밧줄을 붙잡고 있기만 한다면, 나는 저 동굴 아래까지 내려갈 각오가 되어 있소."

사역은 강의가 아니다. 강의실에서 교재를 펼쳐놓고 교수의 말을 경청하는 하는 것이 사역의 전부가 될 수는 없다. 물론 사역을 하기 위해서는 신학대학 과정이 필수조건이다. 하지만 사역의 이론과 실제는 구분되어야 마땅하다. 문제는 많은 이들이 사역의 성공만을 원하고 그 과정은 무시한다는 데 있다. 또한 유명 강사가 초빙된 각종 목회컨퍼런스를 통해 한방(?)을 기대한다는 데 있다.

언젠가 어느 한 낯선 이가 자기 자신을 목회자라고 소개하면서 추천사 한 장을 내게 보인 적이 있다. 나는 그가 누구인지, 어디서 왔는지, 또한 추천사를 쓴 이는 누구인지 알 길이 없었다. 교회에서는 일단 환영해

주기로 했다. 몇 주 동안 착실하게 교회에 모습을 보였던 그는 어느 날 나에게 강단을 내어줄 것을 요청했다.

나는 최대한 신사답게 또 다른 말씀 사역자가 필요하지는 않는다고 친절하게 설명해주었다. 그러자 자기가 해외에서 이 교회에 온 이유는 하나님의 말씀을 선포하기 위함이라는 억지를 부렸다. 나는 아랑곳하지 않고, 시간이 지나면 그런 기회가 주어질지도 모른다고 말했다.

그러나 지금 당장 사역의 자리가 있기는 한데, 토요일 오전 타임에 교회에 나와 화장실을 청소하는 일꾼을 필요로 한다고 했다. 그러자 자기는 설교자라며 강단이 아니면 다른 곳에서는 섬길 의향이 없다고 딱 잘라 말했다. 이와 같이 교회의 내부 질서를 어긴 채, 자기 욕심만 채우려고 했던 그는 그 순간부터 행방불명이 되고 말았다.

교회사역이란 아이스버그(iceberg)와도 같다. 눈에 보이는 것은 극히 작은 부분이다. 오히려 눈에 보이지 않는 부분이 눈에 보이는 부분을 움직이게 만드는 동력이다.

나는 앞서 말한 유형의 리더들을 많이 만나봤다. 그때그때 풀어나가는 것밖에 다른 탈출구가 없다. 아니면 황소의 뿔을 잡은 채 위아래로 마구 흔들려 걷잡을 수 없는 회오리바람이 되어 당신이 그 동안 세운 사역을 단번에 앗아갈 것이다.

이런 유형의 리더들을 유의하고, 만일의 상황에 항상 대비하고 있으라.

4. 용서를 할 줄 아는 리더

사역 초기에 난생 처음으로 개척한 교회에서 나는 매우 어려운 일을 겪은 적이 있다. 개인적으로는 감당할 수 없는 상처를 남겼다. 요인은 다름 아닌 교회의 분열이었다. 짐작하듯이, 문제는 교회의 분열 그 자체보다는 분열 이후에 나타나는 상처이다. 그러나 나는 남은 성도들과 자리를 굳게 지켰고, 2년 후에 후임자를 세울 때까지 거센 바람에도 흔들리지 않았다. 그렇다고 해서 상처가 아예 남지 않았던 것은 아니었다.

치유해달라고 주님께 기도도 해보았지만, 상처는 이미 너무 깊은 곳에 새겨져있는 듯했다. 그러나 주님께서는 마침내 상처를 치유해주셨고, 새로운 희망을 끌어안은 채 나는 낯선 지평선을 향해 떠났다. 분명히 치유되었다고 생각했지만, 상처의 흔적은 그대로 남아 있었다.

세월이 흘러, 나는 플로리다(Florida) 주로 이주해 살게 되었고, 사업차 캘리포니아(California)를 가끔 방문하는 일이 생겼다. 그때 예전의 성도들을 만날 기회가 있었는데, 그들은 이미 서로에게 용서를 빌고, 모든 상처를 극복한 상황이었다.

과거는 말 그대로 과거일 뿐이라는 말도 있지 않은가?

그 순간 나는 주님께서 모든 쓴 뿌리를 제거하셨음을 확신했다. 세월이 흘러 잊힌 것이 아니라, 하나님의 무조건적인 사랑이 나를 치유하신 것이었다. 흔히들 시간이 약이라고 하지만, 세월이 흘러도 내 안에 무엇인가 꿈틀거리고 있음을 늘 인식하고 있었기에 치유는 더욱더 확실하게 직감되었다. 나 역시 그들과 화해하게 되었는데, 내가 고의적으로 이런 상황을 찾았다기보다는 하나님의 절대적인 인도였음을 고백한다. 이에 대해 좀 더 구체적으로 이야기를 풀어 나아가 보겠다.

2013년 나는 달라스(Dallas)에서 개최된 우리 교단 포스퀘어(Foursquare) 교회의 총회에 참석했다. 전 세계에서 사역하는 목회자 및 선교사들이 참석하는 큰 대회였다. 어느 한 순간 뒤에서 누군가가 내 이름을 부르면서 나를 툭 치는 것이었다. 어디선가 많이 본 것 같은 낯익은 얼굴을 가진 부부였다.

"목사님, 저 바르가스(Vargas)예요. 기억하세요?"

"여기는 제 아내 루시(Lucy)입니다."

계산을 해보니까 20여 년 만에 처음으로 다시 만난 것이었다.

"여기에서 뭐하는 거예요?"

나의 질문은 곧 말로 표현할 수 없는 만족과 기쁨이 가득 찬 답변으로 돌아왔다.

"저희가 이 교단의 목회자가 되었어요."

그 순간 교단 총회에 속한 목회자나 선교사이지 평신도일 수는 없겠다는 생각이 들었다.

곧바로 자리를 이동하여 자정이 넘기까지 깊은 대화를 나누었다. 그들은 다름 아닌 20여 년 전에 내가 시무하고 있던 교회를 분열시키고 나간 장본인들이었다. 그때부터 각자의 인생길을 달리한 우리는 달라스에서 다시 만날 때까지 서로의 소식을 모르고 지냈다. 나는 이미 그 사건을 잊어버리고 있었고, 내면의 치유가 완성되었다고 확신하고 있었다.

바르가스 목사는 20여 년 동안 목회자로서 사역을 하고 있었다. 그는 멕시코에서 교회를 개척한 바 있다고 털어놓았다. 나중에 내가 그가 시무하는 교회에 가서 설교할 때, 당일에 라스베가스(Las Vegas)에 선교사를 보내는 파송식이 있었으며, 그의 교회는 주일 오전에만 3부 예배를 드릴 정도로 크게 성장해 있었다.

바르가스 목사는 내가 전혀 알지 못하고 있었던 또 다른 간증을 했다. 처음 신앙생활을 시작할 때 앞으로 참석할 교회를 찾고 있던 와중에 그는 목사님이 직접 기타를 치며 찬양을 인도하는 교회로 인도해달라는 기도를 드렸다는 것이었다. 그런데 교회에 첫 발걸음을 내딛는 순간 내가 기타를 치며 찬양을 인도하고 있었다는 것이다. 그리고 바르가스는 평신도 지도자로서 음향실을 포함한 다양한 사역을 소화했다.

또한 루시 사모도 내 아내를 도와 주일학교를 운영하기도 했었다.
이런 상황을 거치면서 내가 양육한 제자가 이렇게 장성하였으니 어떻게 기뻐하지 않을 수 있단 말인가?
하지만 이 같은 기쁨은 그의 교회를 직접 방문하여 경험한 위로로 인해 배가되었다. 두 차례에 걸쳐 설교를 하게 되었는데, 그가 강사 소개를 하는 시간에 '나의 담임목사님'(my pastor)이라는 말에 마음이 녹아내렸고, 20여 년 전에 교회를 분열시키고 나간 과오를 용서해달라고 성도들 앞에서 빌자 내가 얼마나 작아지는 느낌이 내 가슴을 파고들어갔는지 모른다.
나는 이미 용서한 상황이었지만, 하나님의 용서와 화해의 역사가 얼마나 강력한지 새삼스럽게 깨닫는 소중한 시간이었다. 나는 이들을 볼 때마다 거룩한 자부심을 느낀다. 목회를 잘할 뿐만 아니라, 그는 신학박사 학위도 받았다.
과연 하나님은 위대하신 분이시다!

5. 두려움을 이기는 리더

여기서 말하는 두려움은 실패에 대한 두려움, 그리고 교회사역을 둘러싼 모든 두려움을 가리킨다. 당회 구성원들에 대한 두려움, 같은 교회 어느 성도에 대한 두려움, 즉 예배 직후 식사 시간에 누군가의 구설수에 오를까 봐 움츠려드는 두려움이다.
예전에 어느 한 성도와 상담을 한 적이 있었다. 사실 상담이라기보다는 지속적인 반감 태도와 공격적인 말투가 잘못되었음을 지적하려고 그를 내 사무실로 부른 것이었다. 리더로서 그는 엄청난 실수를 저지른 직후였다.

사실 그와 대화를 나눌 무렵 그와 이야기하는 모든 것이 독이 되어 나에게 되돌아올까 봐 무척이나 무서웠다. 그러나 그는 끝내 뉘우치지 않은 채, 교회를 떠나고 말았다. 하지만 교회를 떠난 것이 교회에는 큰 위안이 되었고, 그에게도 나름대로 유익(?)이 되었을 것이라고 기대해 본다.

두려움은 두 가지 방법으로 드러난다.

한편으로는 사람을 굳어버리게 만들고, 다른 한편으로는 비이성적인 판단을 하게 한다.

사역 초기에는 이런 정체 모를 두려움이 굉장히 많았다. 도저히 어떤 선택을 내려야 할지 모르는 막연한 두려움이었다. 또한 두려움의 노예가 되어 불필요한 발언을 함으로써 사과해야 하는 위기도 있었다.

만일 당신이 그런 실수를 했다면, 포기하지 말 것을 권유하고 싶다.

사역에 있어서 사실상 두려움은 늘 우리 주변을 맴도는 유령과도 같다.

그러므로 말씀의 검과 신뢰하는 이들과 함께 하는 중보기도를 통해 두려움을 물리치라.

6. 자기 자랑을 내려놓을 줄 아는 리더

나는 나 자신을 잘 안다. 그 때문에 사역에 관해서도 자기 자랑을 쉽게 하는 편이다.

당신은 누군가의 설교를 들으면서 '저 정도면 내가 훨씬 더 잘하겠다' 하는 생각을 해본 적이 있는가?

설령 그것이 사실이라고 하더라도 그런 생각을 떠올린다는 것 자체가 옳지 않은 것이다.

바울의 말에 유의하라.

> 내게 주신 은혜로 말미암아 너희 각 사람에게 말하노니 마땅히 생각을 그 이상의 생각을 품지 말고 오직 하나님께서 각 사람에게 나누어 주신 믿음의 분량대로 지혜롭게 생각하라(롬 12:3).

주님께서는 이 부분에 대해 나를 다루셔야만 되었다. 시시때때로 나는 나보다 더 지식이 많은 사람이 아니면 하나님의 말씀을 나에게 전할 자격이 없다고 스스로 판단하곤 했었다.

결국 하나님의 역사를 제한하는 것이 아닌가?

언젠가부터 나는 예배를 드리러 가는 곳마다 '주님께서 오늘 나에게 말씀하실 것이다. 설교를 누가 하든지 간에 주님께서는 나에게 분명한 메시지를 주실 것이다'라고 마음을 다잡는다. 사역에 관한 자기자랑은 반드시 극복되어야 한다. 나보다 다른 사람을 더 낫다고 생각하는 것이 마땅하다.

7. 자기 연민

자기 상처를 혀로 핥아본 경험이 없는 이가 어디에 있는가?

사역의 크고 작은 문제는 오가는 법이다. 잔잔한 때가 있는가 하면, 갑작스럽게 시련이 닥치는 경우도 있다. 주의 종이라면, 이런 환난에서 자유로울 수는 없다. 그런 위기를 어떻게 대처하느냐에 따라 목사도 인간이라는 사실을 깨닫게 된다.

그러나 여기에서 주의해야 할 점은 자기 연민은 피해의식으로 이어지고, 이 같은 감정은 죄, 미움, 포기로 향하는 지름길이 된다는 것이다. 때로는 우리가 누군가의 표적이 될 수도 있다. 무시무시한 반대세력이 일어설 수도 있다.

이것이 사역의 현실이다.

마귀는 하나님의 뜻에 반한다.

초인간 슈퍼맨도 렉스루터(Lex Luthor)라는 적을 두지 않았던가?

당신과 나에게는 적이 있을 수밖에 없다. 여기서 적이라고 하는 것은 공격의 대상이 된다기보다는 하는 일에 태클을 걸고넘어지는 세력이 있다는 의미이다.

이 세력은 다양하게 그 모습을 드러낸다. 소음으로 고발하는 이웃부터, 교회 건축 허가를 내주지 않는 정부기관, 그리고 '주일에는 외부인 주차 금지' 안내문이 분명히 있는데도 불구하고 주차공간을 차지하는 이웃 주민들에 이르기까지 천차만별이다.

혹시 모를까 봐 하는 말인데, 당신만 이러한 일들을 겪는 것이 아니다.

그러므로 피티 파티(pity party)를 이제 중단하고 그 누구도 초대하지 말라.

하나님의 군사인 당신은 육적인 무기가 아니라 영적인 무기를 가지고 힘써 싸우라.

승리는 당신의 것이다.

다시 일어서서 먼지를 훌훌 털고 전진하라.

눈물을 닦고, 더 이상 푸념하지 말라.

챔피언처럼 싸우라.

8. 어떻게 끝낼 것인가?

모든 목회자의 소원은 성공적으로 은퇴하는 것이다. 하나님을 섬기는 사역이라고 해서 장애물과 가시밭길이 없는 것은 아니다. 앞서 나는 목회의 암울한 현실을 서술한 바 있다. 물론 이와 같은 데이터를 뒤엎고 싶은 마음이 당신에게는 있을 것이다.

사역 현장에서 위기를 극복하지 못하고 중도 하차하는 목회자들이 의외로 많다. 불륜, 포르노 중독, 재정횡령 등으로 주변에 있는 목회자들이 타락할 때마다 가슴이 아프지 않을 수 없다. 이 부분에 대해서는 앞으로 상세히 다루기로 하고, 여기서는 3명의 인물에만 집중하기로 하겠다.

9. 엘리의 경우

앞으로 다룰 내용은 사무엘상 2-5장에 기초한다. 이 본문은 타락하는 리더의 모습을 여실히 드러낸다. 엘리의 경우, 자신은 물론 모든 주변 사람들까지 타락의 길로 안내했다.

그렇다면, 왜 그가 몰락하였는지를 10가지로 정리해보기로 하겠다.

1) 터줏대감 노릇을 했다

엘리는 제사장직을 40년 동안 유지해오고 있었다. 그리고 그의 정황을 살펴볼 때 후임자에게 리더십을 넘겨줄 의향이 전혀 보이지 않았다.

2) 가정과 자녀들에게 소홀했다

아마도 이것이 엘리의 가장 큰 실수가 아닌가 생각한다.

3) 역기능적 가정이었다

> 그가 자기의 아들들이 저주를 자청하되 금하지 아니하였음이니라 (삼상 3:13).

홉니와 비느하스는 각각 히브리어로 이름을 분석해보면 '싸움꾼,' '뱀의 입'이라는 뜻이다.
이들이 실로에서 하나님의 영광과 거룩과 친밀감을 상징하는 법궤를 옮긴 장본인들이라니!

4) 하나님께서 엘리의 가정을 치신 이유는 하나님의 집을 멸시했기 때문이다

하나님은 질투하시는 분이시다. 예수님 역시 성전에서 장사하는 이들의 상을 엎을 때 제자들은 다윗의 시편을 떠올렸다.

> 주의 전을 사모하는 열심이 나를 삼키리라(시 79:5; 요 2:17).

또한 바리새인들을 향하여 독사라고 칭하셨다.
혹시 같은 뜻을 가진 비느하스를 떠올리시면서 바리새인들을 바라본 것을 아닐까?

5) 하나님의 말씀과 무관한 삶을 살았다

여기서 주의해야 할 점은 어느 한 리더가 사역에 너무나도 바쁜 나머지 누구를 위해 사역하고 있는지를 망각할 수도 있다는 것이다. 하나님의 말씀을 소홀히 해서는 안 된다.

당신이 먼저 받은 것이 있어야 남에게 줄 수 있는 것 아닌가?

당신이 먼저 영의 양식을 먹어야 남에게 생명의 꿀을 먹일 수 있는 것 아닌가?

매일같이 하나님으로부터 싱싱한 말씀을 받으려고 노력하라.

6) 하나님께 신실하지도 마음에 합하지도 않았다

그의 두 아들은 블레셋 사람들에 의해 죽었고, 그의 며느리 역시 비극적인 최후를 맞이했다.

7) 하나님의 말씀이 희귀했다고 했다

이것이 바로 문제의 근본 원인이다. 말씀, 설교, 교육이 결여되는 순간부터 하나님의 백성은 내리막길을 걸을 수밖에 없다.

8) 또한 이상이 흔히 보이지 않았다고 했다

이것은 비전, 즉 방향제시가 없었다는 말이다. 엘리는 시력을 잃은 맹인이었는데, 안타깝게도 이는 영적 분별력과도 연결되어 있다.

9) 영적 분별력이 없었다

하나님께서 사무엘을 부르신다는 것을 세 차례에 걸쳐 들은 후에야 깨달았다. 그는 영적 청각장애를 앓고 있었다.

10) 하나님과의 관계를 회복하려는 움직임조차 보이지 않았다

이는 여호와시니 선하신 대로 하실 것이니라(삼상 3:18).

이는 포기를 가리킨다. 40년 동안 이스라엘 위에 사사 노릇을 한 그였지만, 하나님의 언약궤는 소홀히 여겼다. 그러다 블레셋과의 전쟁에서 법궤를 빼앗겼다는 소식을 듣자마자 의자에서 뒤로 넘어져 문 곁에 목이 부러져 죽었다. 실로 슬프고 비극적인 최후가 아닐 수 없다.

그의 며느리는 해산하면서 죽었다. 시아버지와 남편을 잃은 충격에서 벗어나지 못한 나머지 아들을 낳았다는 소식에 "그가 대답하지도 아니하며 관념하지 아니하고"(삼상 4:20-21)라고 했다. 게다가 태어난 아들의 이름이 '하나님의 영광이 떠나갔다'는 뜻의 이가봇이었다.

11) 결론

목회사역, 즉 하나님을 섬기는 일은 신성한 일이며, 이에 엄청난 책임감이 따른다. 우리는 혼자가 아니다. 남편 혹은 아내가 있고, 자녀들이 함께한다. 우리 모두는 같은 배를 타고 있다. 함께하지 않으면 침몰한다. 그들의 축복과 도움으로 함께 하나님을 섬겨야 한다. 한 지붕 밑에서 살고 있는 이들에 대한 책임이 그들의 연령과 상관없이 당신에게 있다.

마지막으로 한 마디를 더 첨가한다면, 당신의 가족이 엘리의 가족과 같아서는 안 된다. 그렇지 않을 경우, 본서 서론에서 다룬 설문조사에 당신이 합세할지도 모른다.

10. 웃시야의 경우

여기서부터 다룰 내용은 역대하 26장에 기초를 두고 있다.

유다 왕국의 왕들은 연구 대상이 아닐 수 없다. 왕의 자리에 오르는 과정에서 때로는 쿠데타를 일으켜 기존 왕을 살해하고 또 다른 잠재적 왕으로부터 위협을 당하는 모습 그 자체가 한 편의 드라마이다.

웃시야의 경우 이와 같은 이야기를 함축한듯하다. 역대하 26장에 보면, 왜 그가 몰락하였는지를 엿볼 수 있다.

1-15절에 보면, 그는 초기부터 승승장구했다. 그러나 16절에서부터 그의 타락상이 그려져 있다. 잠언 16장 18절에 "교만은 패망의 선봉이요 거만한 마음은 넘어짐의 앞잡이니라"고 기록되어 있다. 다시 말해, 웃시야는 권력으로 인해 망한 케이스이다.

어쩌면 그는 너무 이른 나이에 왕위에 오른 것이 아닐까 하는 생각이 든다. 그의 나이는 불과 만 16세였다. 17-19절에 보면, 그가 제사장 아사랴의 영역을 침범하는 장면이 나온다. 웃시야는 언제까지나 왕이지 제사장은 아니었다. 백성을 다스리는 일과 성전을 돌보는 일은 명확히 구분되는 영역이었다.

이렇듯 하나님이 허락하신 자리가 아닌 다른 곳에서 서성거리기 시작하면, 반드시 하나님의 심판이 임한다. 하나님의 섭리를 두고 장난치면 안 된다. 당신에게 주어진 권위에 어긋난 일을 넘봐서는 안 되는 것이다.

우리는 언제까지나 하나님께서 허락하신 범위 내에서 활동해야 한다.
이런 부분을 놓고 하나님과 투쟁하지 말라.
이길 확률은 제로다.
웃시야에 앞서 유다를 다스렸던 왕들 4명은 모두 살해당했다. 왕의 되려는 웃시야에게 있어서 좋은 과거사는 아니었다. 언제 어디서 자기 자신도 이런 신세가 될지 아무도 예측할 수 없는 위험한 자리였다. 게다가 16세의 인생 경험이 턱없이 부족한 웃시야에게 있어서 왕의 자리는 버거웠을 것이다.
모든 정치인들이 그러하듯이 웃시야 역시 변혁을 공약으로 내세웠다. 그의 부친을 포함한 기존 왕들은 하나님을 잊어버리고 고집을 피웠다는 점을 비꼬았다. 이처럼 어떤 리더들은 시작이 참으로 좋다.

> 웃시야가 그의 아버지 아마샤의 모든 행위대로 여호와 보시기에 정 직하게 행하며(대하 26:4).

그리고 5절을 계속 읽어보면, "하나님의 묵시를 밝히 아는 스가랴가 사는 날에 하나님을 찾았고 그가 여호와를 찾을 동안에는 하나님이 형통하게 하셨더라"고 명시되어 있다.
그러나 시작만큼 중요한 것이 끝을 잘 맺는 것이다.
그러면, 웃시야의 시작이 얼마나 찬란하였는지를 살펴보자.

1) 선망의 대상

6-7절에 보면, 하나님께서 적들을 물리치는 데 도우셨다고 설명하고 있다. 웃시야는 여러 곳에 성읍들을 세우는 데 성공했다.

2) 유명세

8절에 보면, 그의 명성은 이집트 변방까지 퍼졌다고 했다. 그의 유명세는 그의 강성함과 연관되어 있었다.

3) 경제적 번영

9-10절에 따르면, 웃시야는 부동산업계 출신처럼 보였다. 그는 망대를 세우고, 웅덩이를 팠으며, 고원과 평지에서 가축을 기르고 포도원을 일구는 일을 즐겼다.

4) 막강한 군사력

11-13절에 보면, 웃시야는 타고난 전략가였다. 그는 막강한 군사력을 동원했다. 그와 함께 하는 모든 이들은 건장하고 싸움에 능하여 적을 치는 자였다고 성경은 지적한다.

5) 준비

14-15절에는 "웃시야가 그의 온 군대를 위하여 방패와 창과 투구와 갑옷과 활과 물매 돌을 준비했다"라고 했다. 또한 무기를 고안하게 하여 망대와 성곽 위에 두어 화살과 큰 돌을 쏘고 던지게 하였다고 한다. 그에게는 인력뿐만 아니라, 무기도 있었다. 그리고 이 모든 일은 점점 강성해지는 나라의 안보와 경제부흥을 지키기 위한 정책이었다.

그러나 16절에 가서 그가 돌변했다.

그가 강성하여지매 그의 마음이 교만하여 악을 행하여...(대하 26:16).

나는 페이스북과 같은 SNS에 자기 자신을 소개하면서 '공인'(public figure)이라고 표기하는 것을 보면 쓴 웃음이 나온다.

내가 알기로는 자기 프로필은 언제나 본인 외에는 함부로 수정할 수는 없는 것 아니었던가?

누가 그들을 공인으로 인정해주었는가?

결국 스스로 만들어낸 프로필 아닌가?

이러한 이들을 둘러싼 몇 명의 무리들이 그를 공인으로 인정해주고 팔로우를 할 때 결국 타락하기 시작하는 것이다.

조심하라.

우리 스스로가 공인이라고 하는 것을 인정하는 순간, 문제는 코앞에 있다는 신호이다.

만일 당신이 인기 있는 스타강사가 된다 하더라도 이 같은 교만의 유혹을 뿌리칠 수 있기를 바란다.

자신을 늘 점검하라.

오늘은 박수갈채를 보내는 이들이 내일은 비판자로 돌변할 수 있다는 것을 잊지 말라.

또 다른 문제는 정체성의 결여이다.

웃시야는 왕이었지 제사장이 아니었다.

어떤 이유에서 그토록 잘 나가던(?) 웃시야가 인생의 내리막길을 걷기 시작한 것일까?

15절에 보면, "그의 이름이 멀리 퍼짐은 기이한 도우심을 얻어 강성하여짐이었더라"고 밝히고 있다.

이에 대한 해답이 16절에 있다.

그가 강성하여지매 그의 마음이 교만하여 악을 행하여 그의 하나님
여호와께 범죄하되(대하 26:16).

문제는 지위, 명예, 물질, 영향력에 달려 있는 것이 아니라, 하나님과의 연결고리가 끊어질 때 발생한다. 다시 말해, "하나님, 저는 더 이상 하나님의 도우심을 필요로 하지 않아요"라고 선언할 때 문제가 시작되는 것이다.

하나님이 우리에게 원하시는 것은 다름 아닌 마음이다. 마음이 생명의 근원이라고 하지 않았던가?

하나님은 우리의 모든 것이 되기를 원하신다. 하나님이 우리의의 전부가 되든, 아니면 우리에게 아무것도 안 되든, 둘 중의 하나이다.

웃시야는 마음이 스스로 교만하여져서 이런 독백을 하였을 것이다.

'대단하지?!

사람들이 나에 대해 하는 말을 들어보라고.

나 같은 왕이 있으면 나와 보라고 해.

내가 이룬 일들을 누가 상상이나 했겠어?

아무리 생각해도 참 잘났단 말이야.

그까짓 제사장 일을 내가 하지 못하겠어?

차라리 내가 제사장 노릇을 더 잘하면 잘하지 못하지는 않겠다.

내가 왕인데, 나를 가로막을 수 있는 사람이 어디에 있단 말이야?'

그러자 자기에게 허락되지 않은 영역을 침투해버리고 말았다. 그곳은 더 이상 자신의 힘과 권력이 통하는 영역이 아니었다. 16절에 "여호와의 성전에 들어가서 향단에 분향하려 한지라"고 명시되어 있다. 다시 말해, 만주의 주, 만왕의 왕 되시는 분의 영역에 그가 침투해버린 것이었다. 성전은 웃시야의 영역이 아니었다. 성전은 하나님만의 고유한 신성의 영역이었다.

17절에는 용맹한 제사장 80명이 등장하는데, 웃시야에게 여호와께 분향하는 일은 왕이 할 바가 아니라고 분명하게 선을 그었다. 19-20절에는 웃시야의 결말을 다음과 같이 서술하고 있다.

> 그의 이마에 나병이 생긴지라… 이마에 나병이 생겼음을 보고 성전에서 급히 쫓아내고 여호와께서 치시므로 왕도 속히 나가니라(대하 26:19, 20).

당시 나병은 가장 고통스러운 불치병으로 간주되었는데, 이는 영적 무기력함과도 결부되어 있었다. 나병이 생긴 순간에 교만은 설 자리를 잃고 말았다. 아무리 잘 나가던 왕이었지만 나병으로 인해 그는 여호와의 전에서 끊어져 살다가 처참한 죽음을 맞이하게 되었다.

성경에 따르면, 나병은 죄를 상징한다. 나병은 죄와 마찬가지로, 전염성이 있어 사람을 일그러지게 만들고, 고립과 파멸로 이끌 뿐만 아니라, 하나님과의 관계로부터 떨어지게 만든다. 죄를 짓고 하나님께 대항하는 리더들은 추방당하기 마련이다. 여기서 굳이 정치적 용어를 빌린 이유는 스스로를 파멸하는 리더들을 비꼬아서 하는 말이다.

최근에는 생존 자체가 어려웠던 교회를 맡아 기적적으로 부흥시킨 어느 한 목회자의 불륜 사실이 알려지면서 세계 온 기독교계에 큰 충격을 안겨준 일이 있었다. 더욱더 슬픈 일은 그의 아내 역시 불륜을 저질렀다는 것이다. 국내외의 유명하거나 무명의 사역자들이 이처럼 끝이 좋지 못하는 모습은 참으로 안타까운 일이 아닐 수 없다. 유명하면 유명할수록 그들의 죄 역시 잘 알려진다는 것은 기본 상식이다.

웃시야는 끝이 좋지 않았다. 교만해진 그는 끝내 하나님을 배반했다. 21절에 "여호와의 전에서 끊어져 별궁에 살았다"라고 밝히고 있다.

사실 웃시야가 이룬 모든 업적은 하나님의 도우심과 축복으로 이루어진 것이었다. 그러나 그는 넘어서지 말아야 할 선을 넘고 말았다. 그것은 다름 아닌 신성한 곳, 즉 하나님의 집이었다. 그러자 하루 아침에 실패자로 전락하고 말았다.

그러나 웃시야는 출발이 굉장히 좋은 왕이었음에 틀림없다. 52년 동안 유다를 통치하던 시절에 "여호와 보시기에 정직하게 행하며"(4절)라고 했다. 또한 "하나님을 찾았고"(5절)라고 했다. 그러던 어느 날 그의 마음이 비뚤어지기 시작했다. 하나님을 찾지 않고, 묵시를 상실하고 말았다. 그리고 마침내 나병환자로 세상을 떠나는 비극적인 끝을 맞이하게 되었다.

하나님이 맡긴 소명의 길에서 이탈하는 리더들을 볼 때마다 나는 마음이 얼마나 아픈지 모른다. 그들이 아무리 큰 업적을 남겼어도 끝이 좋지 않으면 모든 것은 수포로 돌아간다. 결국 사람들의 기억에 남는 것은 그의 기념비적인 일들이 아니라 최근에 세상에 드러난 실패이다. 웃시야 역시 '나병환자'(23절)로만 기억되었다.

경제적 번영과 성공의 자리에서도 마음을 지킬 수 있어야 한다. 이 모든 것이 하나님으로부터 말미암는 것을 인정하는 것이 인간의 임무이다. 나는 자신의 능력과 지식과 재능으로 정상에 자리에 올랐다고 스스로를 믿었다가 타락한 리더들을 종종 목격했다. 무엇인가를 이루었다고 생각하는 순간 인생의 내리막길을 걷는 것이다.

항상 조심하고, 사역에 관해서도 모든 것이 하나님의 은혜였음을 고백하라.

이 모든 사역 경험은 목사도 인간임을 여실히 드러나게 해준다. 정상에 이른 사람들은 더러 있어도 정상에 머무는 사람들은 많지 않다. 산 정상에는 산소가 부족하고, 온도 격차가 심하며, 무엇보다 외롭다. 그러나 위를 바라보는 순간 아래에서는 볼 수 없는 구름과 또 다른 하늘이 펼쳐진다.

우리가 이루는 모든 것은 하나님의 은혜로 되는 것이지, 우리의 힘이나 능력대로 되는 것이 아니라는 사실을 늘 인지하고 있어야 한다. 그렇지 않을 경우, 복된 단비는 언제든지 그칠 수 있다. 인생의 여정 속에서 하나님은 우리가 거룩하게 살기를 원하신다. 하나님은 매우 독특한 방법으로 우리를 성결의 길로 안내하신다. 만일 복으로 우리의 삶이 변화되지 않는다면, 하나님은 채찍과 훈계로 우리를 거룩하게 하실지도 모른다.

6) 결론

나병이라는 질병은 살을 썩히는 무서운 질병이다. 인체 마디마디의 살점이 떨어져 나가고, 악취가 진동하는 등 나병은 눈물이 아니고서는 감당할 수 없는 난치병이다. 웃시야의 경우, 나병은 사실상 영적 차원에서 항상 도사리고 있던 질병이었다. 때가 차매 겉으로 드러나게 된 것 뿐이다. 웃시야는 마음의 나병을 해결하지 못하였기에 끝내 무덤에 들어갈 때까지 나병으로 인해서 고통받았던 것이다.

우리의 우리 된 것과 우리의 행하는 모든 일은 전적으로 하나님에 은혜에 달려있다. 웃시야는 대단한 인물이었다. 하지만 그런 그도 나병환자에 불과했다. 그의 인생을 통해 우리가 배울 점은 겸손이다. 정상의 자리에서 강제로 내려오게 된 웃시야는 그의 나약함과 어리석음을 단번에 깨달았다.

하나님께서 치시기 전에 그분 앞에 나아가 통회하는 편이 낫다.

알고 보면, 하나님께서는 목사도 인간이라는 사실을 알고 계시면서도 우리를 사역자로 부르신 것이 아닌가?

미가 6장 8절을 새번역 성경으로 보자.

너 사람아, 무엇이 착한 일인지를 주께서 이미 말씀하셨다. 주께서 너에게 요구하시는 것이 무엇인지도 이미 말씀하셨다. 오로지 공의를 실천하며 인자를 사랑하며 겸손히 네 하나님과 함께 행하는 것이 아니냐?(미 6:8, 새번역 성경)

11. 바울의 경우

웃시야와는 달리 바울의 시작은 불안했지만, 나중은 심히 창대한 케이스이다. 바울은 그리스도인들을 핍박하는 주요 인물이었다. "사울이 주의 제자들에 대하여 여전히 위협과 살기가 등등하여 대제사장에게 가서"(행 9:1)라고 하는 성구를 미루어 볼 때 그가 초대 교회에 있어 얼마나 위험한 존재였는지를 눈치챌 수 있다.

그러던 그의 변화는 놀라웠다. 주님께서 그의 오만을 직접 다루셨다. 마침내 사울은 바울이 되었고, 율법에 열심이었던 자가 복음에 열심인 자가 되었다. 사형당하기 직전에 그는 이런 말을 남겼다.

전제와 같이 내가 벌써 부어지고 나의 떠날 시각이 가까웠도다 나는 선한 싸움을 싸우고 나의 달려갈 길을 마치고 믿음을 지켰으니 이제 후로는 나를 위하여 의의 면류관이 예비되었으므로 주 곧 의로우신 재판장이 그 날에 내게 주실 것이며 내게만 아니라 주의 나타나심을 사모하는 모든 자에게도니라(딤후 4:6-8).

사도 바울의 위대한 신앙고백이 아닐 수 없다.

인생은 짧다. 세월은 쏜살 같이 지나간다.

그 때문에 더욱더 세월을 아껴야 한다. 하나님께서는 우리에게 섬길 수 있는 제한된 시간을 부여하셨기 때문에 최선을 다해 봉사해야 한다. 다른 중요한 일들이 있더라도 우리의 사명은 하나님의 나라를 위해 허락된 곳에서 최선을 다하는 것이다.

바울에게서 우리가 배워야 할 점 3가지가 있다.

1) 나는 선한 싸움을 싸우고(딤후 4:7)

바울은 싸울만하니까 싸운 것이다. 끝까지 싸울 수 있는 에너지를 바울은 하나님으로부터 받았다. 바울을 운동선수로 비유하자면 복싱선수이다. 그는 헛된 잽 혹은 어퍼컷을 날리지 않았다. 시간을 낭비하지 않았다. 종소리가 울릴 때까지 그는 자리를 굳건히 지켰다.

2) 나의 달려갈 길을 마치고(딤후 4:7)

사역은 100미터 육상 경기가 아니라 마라톤이다. 그의 선교 여행에서 겪은 수많은 위협, 적, 굶주림 등은 그를 이탈시키지 못했다. 그는 넘어질 때마다 일어섰고, 끝까지 달리고 또 달렸다. 그런 의미에서 목회사역에는 의지가 뒷받침해주는 체력이 비결이라고 할 수 있다.

3) 믿음을 지켰으니(딤후 4:7)

믿음을 저버리는 유혹을 받을 때마다 주의 성령께서는 다시 우리가 있어야 할 자리로 이끄신다.

찬송가에도 '굳건한 반석이시니 그 위에 내가 서리라'고 하지 않았던가?

바울은 하나님의 은행에 과감하게 투자하였고 영원한 결실을 얻었다. 바울의 입장에서 볼 때 믿음을 지켰다는 말 배후에는 거짓 교사들이 그의 이름을 빌려 서신을 보내는 일에서부터 시작하여(살후 2:2 참조), 생명의 위협을 당하는 일(고후 10:10 참조), 매 맞는 일(고후 11:23-27 참조) 그리고 매사에 온갖 환난을 겪은 일을 포함하고 있다(고후 4:8 참조).

다메섹으로 가는 길에서 만난 예수님으로 인해, 바울은 말 그대로 나가떨어지고(?) 말았다. 그리고 초대 교회의 일원이 되었다. 외부의 적이 내부의 형제 중의 한 사람이 되었다고 하는 것 자체가 신기한 일이 아닐 수 없다. 세상의 관점으로 보면, 바울의 끝은 좋지 않은 것으로 보였다. 그러나 주님이 보시기에 바울은 옳은 선택을 했다. 그는 마지막으로 이런 말을 남겼다.

> 나를 능하게 하신 그리스도 예수 우리 주께 내가 감사함은 나를 충성되이 여겨 내게 직분을 맡기심이니(딤전 1:12).

4) 결론

과거의 역사를 회상하는 일은 매우 중요하다. 끝이 좋지 않았던 리더들을 거울삼아 우리는 그런 실수를 해서는 안 된다. 그리고 잘못된 열심으로 주님을 핍박하고 방황하였지만 주님을 구세주로 모셔들인 바울의 예를 통해 우리는 끝이 좋은 리더가 되겠노라고 다짐해야 한다. 네로 황제는 사도 바울을 참수형으로 처리했을 것이라고 전해진다.

그러나 그 순간에도 그는 하나님으로부터 받은 사명을 받은 순간부터 지금까지 달려왔노라고 고백하면서 믿음의 눈으로 미래를 바라보고 주님과 일대일로 맞서는 순간 "잘하였도다 착하고 충성된 종아"(마 25:21)라고 하는 음성을 직접 들을 것을 희망하면서 생을 멋지게 마감했다.

제6장

리더의 양성

목회자로서 리더를 양성하는 일보다 더 중요한 일은 없을 것이다. 그런데 설교와 성경공부를 준비하고, 심방예배와 결혼식 및 장례예배를 인도하며, 이메일과 전화통화를 주고받는 일, 즉 목회사역에 열중을 하다 보면 시간을 다 빼앗기고 마는 것이 현실이다. 이런 상황에서 리더를 양성한다는 것 자체가 큰 과제가 아닐 수 없다. 물론 체계적으로 리더를 양성하는 이들도 있겠지만, 대개의 경우 그렇지 못한 경우가 허다하다.

건강한 교회에는 건강한 리더들이 있다. 우리의 사역은 재생산되어야 한다. 다음 세대를 책임질 후배들에게 우리의 경험, 지식, 분별력, 지혜를 매주 공유해야만 한다. 그리고 여기에는 정성이 깃들어 있어야 한다. 체계적인 훈련프로그램이 없어도 무방하다. 예수님의 제자훈련 방법을 보더라도 생각처럼 그렇게 계획적이지 않았다. 물론 무질서했다는 뜻은 아니다. 예수님은 그저 일상생활에서 겪는 일마다 제자훈련의 기회로 삼으셨다는 말이다.

근래에는 코칭(coaching)이라는 신개념이 등장했다. 스포츠 용어인 것으로 알고 있는데, 알고 보니 내가 코칭이라는 타이틀은 가지고 있지 않아도 코칭 노릇을 했음을 알게 되었다.

대부분의 코치는 한때 선수였다는 사실을 아는가? 그 역시 필드에서 뛰어보고, 매일 훈련하고, 동료 선수와 함께 호흡하며 땀을 흘려보고, 골을 넣는 짜릿한 순간도 경험해보았기 때문에 훗날 코치가 된 것이다.

두 번째로 옮긴 사역지에서 한 부부가 나를 찾아온 기억이 난다. 그들은 고학력자들이었고, 영적으로도 나보다 뛰어난 인재들이었다. 무엇보다 성령의 인도에 대해 매우 민감한 영성이 탁월한 리더 부부였다. 그러나 이 같은 은사를 가지고 있다는 것을 당사자들은 막상 알아차리지 못하고 있었다. 매주 나와 미팅을 가지면서 과거에 단 한 번도 시도해보지 않았던 일들을 하기 시작했다. 함께 사역하는 동안 그들이 자라는 것을 보면서 나는 매우 기뻐하지 않을 수 없었다.

이뿐 아니라, 개인주택을 구입하기 전까지만 해도 교회에서 마련해준 사택에서 같이 살기도 했다. 휴가도 같이 떠나는 등 매우 가깝게 지내던 어느 날 직장관계로 다른 도시로 이사를 가야만 했다. 아니나 다를까, 새로 정착한 도시에서도 교회를 잘 섬기고 있다는 소문을 나중에 듣게 되었다.

또 다른 형제가 있는데, 아직까지도 그는 나를 친구이자 그의 목회자로 여긴다. 내가 시무하던 교회에 처음 등록했을 당시 그는 산산조각난 인생이었다. 교인들도 믿을 사람이 못 된다고 여러 번 나를 말렸지만, 나는 그를 신뢰하기로 했다. 그러자 하나님께서는 그와 그의 가족 가운데 놀라운 회복의 역사를 베푸셨다.

약 2년 후에 나는 그에게 리더로 교회를 섬기라고 제안했다. 그러자 사람이 180도 변화되었다. 그는 어느 때보다 빛났고, 행복해하였으며 성장했다. 자신마저 상상하지도 못했던 일들을 해냈다고 나중에 회고했다. 온 교회 성도들이 그를 통해 많은 은혜를 받았다고 하는 것은 두말할 필요도 없었다. 설교 시간 직전에 나를 위해 중보하는 자세로 강단에서 내려오던 그의 모습이 아직도 생생하다. 그는 과연 기도의 용사였다. 그가 기도할 때면 성령의 두나미스, 즉 능력과 믿음과 확신이 생생하게 나타났다.

사실 두나미스(dunamis)라는 말 자체가 폭탄(dynamite)이라는 말 아닌가? 그가 예배시간에 사회를 볼 때면 온 회중 가운데 하나님의 사랑의 폭탄이 폭발하곤 했다.

바울의 말을 들어보자.

> 이러므로 내가 하늘과 땅에 있는 각 족속에게 이름 주신 아버지 앞에 무릎을 꿇고 비노니 그의 영광의 풍성함을 따라 그의 성령으로 말미암아 너희 속 사람을 능력으로 강건하게 하시오며... 능히 모든 성도와 함께 지식에 넘치는 그리스도의 사랑을 알고(엡 3:14-18).

바울은 리더를 양성하는 사도였다. 데살로니가전서 2장 7-12절에 입각해서 나는 리더 양성의 6가지 원칙을 서술해나가기로 한다.

1. 돌봄

> 우리는 그리스도의 사도로서 마땅히 권위를 주장할 수 있으나 도리어 너희 가운데서 유순한 자가 되어 유모가 자기 자녀를 기름과 같이 하였으니(살전 2:7).

목회사역에 있어서 자녀를 기르는 것, 즉 돌봄보다 더 중요한 일은 있을 수 없다. 성도들의 삶, 가족 그리고 직장에 관심을 갖고 시간을 투자하는 것은 당연한 일이다. 진심어린 관심은 항상 귀를 기울이는 것을 가리킨다. 그들을 기르기 위해서는 필요한 영의 양식을 공급해야 하며, 시간을 투자해서 함께 기도해야 하며, 웃기도 하고 울기도 하고, 성경을 같이 읽고 즐겁고 슬픈 일을 나누어야 한다.

2. 교제

> 우리가 이같이 너희를 사모하여 하나님의 복음뿐 아니라 우리의 목숨까지도 너희에게 주기를 기뻐함은 너희가 우리의 사랑하는 자 됨이라(살전 2:8).

이 말씀에 감추어진 개념은 교제이다. 진정한 교제에는 친밀감이 배후에 깔려 있다. 바울은 '사모'한다는 말과 '사랑하는 자'라는 표현을 서슴지 않고 사용한다. 진정한 교제에는 시간이 할애된다. 함께 식사하고, 눈물을 흘리고, 기쁜 일을 함께 나누는 등, 어린 자녀들을 양육하는 것과 하나도 다를 게 없다.

3. 언행

> 우리가 너희 믿는 자들을 향하여 어떻게 거룩하고 옳고 흠 없이 행하였는지에 대하여 너희가 증인이요 하나님도 그러하시도다(살전 2:10).

리더는 잠재적 리더들의 나침반과도 같은 존재이다. 그 때문에 책임감도 그만큼 가중되는 것이다. 우리가 내뱉는 말에서부터 시작하여 일을 처리하는 방법에 이르기까지 매사에 우리는 누군가에게 모니터링을 당하고 있는 셈이다. 리더로서 영향력을 행사한다는 뜻은 말로 되는 것이 아니라 행동으로 이루어지는 것이다.

4. 권면

> 너희도 아는 바와 같이 우리가 너희 각 사람에게 아버지가 자기 자녀에게 하듯 권면하고 위로하고 경계하노니(살전 2:11).

권면에는 경계가 포함될 수도 있다. 그러나 일반적인 의미에서 권면이란, 잠재적 리더들의 은사와 재능 그리고 달란트를 발견할 수 있도록 돕는 것을 가리킨다. 설령 실수하는 일이 있더라도 다시 시도하도록 동기부여를 하는 것이다.

따지고 보면, 우리도 이 같은 방식으로 오늘날 리더가 된 것 아닌가?

아버지가 자녀에게 권면하듯 성도들을 하나님의 사랑으로 권면하자.

5. 위로

> 너희도 아는 바와 같이 우리가 너희 각 사람에게 아버지가 자기 자녀에게 하듯 권면하고 위로하고 경계하노니(살전 2:11).

잠재적 리더들의 삶이 언제나 장밋빛 인생일 수는 없다. 그들이 실패했을 때 다가가서 위로를 해야 하는 경우도 있을 것이다. 보혜사(*parakletos*) 성령과 같이 옆에 그저 머물러주는 것만으로도 큰 위로가 될 때도 있을 것이다. 사실 사역이라고 하는 것이 생각만큼 쉽지만은 않다.
아니, 인생 자체가 그런 것이 아닌가?
적절한 시기에 적중한 말은 차이를 드러낸다.

6. 짐

> 이는 너희를 부르사 자기 나라와 영광에 이르게 하시는 하나님께 합당히 행하게 하려 함이니라(살전 2:12).

사역 현장에 뛰어 들어선다는 것은 곧 짐을 짊어진다는 의미이다. 리더는 자신이 짐을 지고 갈 뿐만 아니라, 다른 이들도 하나님의 나라와 영광을 위해 짐을 질 것을 권고하는 사람이다. 그 때문에 사역의 짐을 진다는 심오한 영적 법칙을 일시적인 어느 한 교회 프로그램에 국한시킨다는 것 자체가 어불성설이다.

사역의 짐을 맡긴다는 것은 오랜 훈련 끝에 리더로 세우고, 주님을 위해 목회자와 함께 일한다는 것을 뜻한다. 나의 경우, 앞서 언급한 두 케이스를 두고 보더라도, 자아발전을 동반한 엄청난 영적 성장이었다. 물론 그 배후에는 사역의 짐을 나누는 일이 따랐다.

리더로서 가장 큰 기쁨과 만족은 어디에 있는가?
바로 새로운 리더들을 세우는 데 있는 것 아닌가?
19-20절에도 기록하고 있는 것처럼, 우리가 세우는 후배 리더들이 '우리의 영광이요 기쁨' 아닌가?

제7장

팀워크의 중요성을 아는 리더

 스포츠 부문에서 특정 팀이 가지고 있는 영향력은 막강하다. 미국의 경우, 대학생들 사이에서 미식축구에 대한 열광은 거의 종교 수준이라고 해도 과언이 아니다. 선수들의 인기 또한 하늘을 찌른다. 「월스트리트저널」(Wall Street Journal)에 따르면, 매번 최상위권을 유지하는 50개의 팀을 분석한 결과 자산 가치가 무려 190억 달러로 집계되었다.

 물론 나와 같은 축구팬들에게는 미식축구보다는 일반축구에 관심이 좀 더 쏠리는 것은 사실이다. 그러나 큰 차이는 없다. 2015년 6월 「포브스」(Forbes)가 발표한 세계에서 가장 자산 가치가 높은 20개의 명문 클럽을 종합해보면 총 230억 달러에 이른다.

 그렇다면, 우리의 팀의 자산 가치는 얼마나 될까?

 막상 우리가 몸담고 있는 팀에 대한 열광은 어느 수치인가?

 당신은 팀원들에게 얼마를 투자하고 있는가?

 내 개인 노트에 적은 글을 이제는 아예 매일 볼 수 있게 사무실에 액자로 만들어 책상과 마주보는 벽에 걸어놓았다. 코치보다 중요한 것은 팀이다.

1. 인생에서 얻은 교훈

팀을 이끄는 데 있어서 꼭 필요한 13가지 교훈이 있다.

리더십에 관해서는 최소한 두 가지의 큰 흐름이 있다. "팀원 혹은 성도를 가까이 하라"와 "팀원 혹은 성도를 가까이 하지 말라"는 극과 극의 교훈이다.

개인적으로는 전자를 선택했다. 왜냐하면, 내 부친이 제자들을 어떻게 대하고 양육하고 훈련시키는 것을 누구보다 가까이 지켜보았기 때문이다. 나는 이것이 바로 진정한 **성육신 사역**이라고 생각한다.

예수님도 본래 하나님의 본체이시지만, 인간의 몸을 입고 이 땅에 오셔서 우리와 함께 거하시지 않았던가?

이와 마찬가지로, 우리는 성도들의 생활, 문화, 환경 한 가운데 성육신해야 한다. 이 때문에 나는 예수님을 모델로 삼아 실용적이면서도 효율적인 리더십의 원칙을 소개하고자 한다. 앞으로 나열할 모든 원칙은 우리의 모델이 되시는 예수님의 리더십에 그 기원이 있다.

1) 다가가라

리더가 팀원들에게 다가갈 때 팀원들은 리더에 대해 마음을 열고 모든 지시를 보다 잘 흡수하는 경향을 보인다.

앞서 두 가지 흐름이 있다고 언급한 바 있는데, 내 생각에는 예수님의 리더십을 관찰하더라도 사람들과 가까이 하는 편이 훨씬 효율적이다. 예수님은 부자, 가난한 자, 도둑, 정치인, 종교인, 군사 등 다양한 계층의 사람들에게 다가가셨다. 나사로와 그의 여동생들과도 각별히 친한 면모를 보이셨지만, 아무래도 12제자에게 보다 많은 관심을 보이셨다는 점에 대해 그 누구도 토를 달지 못할 것이다.

제자 그룹은 주님과 함께 먹고, 울고, 웃으면서, 또한 함께 고통받고, 걸어다니는 등 그 누구보다 예수님과 가까이 했다. 12명 가운데 2명과는 더 친밀한 관계를 유지했다. 바로 베드로와 요한이다. 그리고 이 중 한 명을 선택하라면, 두 말할 것도 없이 요한이다. 그는 '사랑받는 자'로서 주님께서는 보다 인간적이고 인자한 리더십의 모습을 보여주셨다.

2) 연결하라

예수님은 마태의 집에 들어가 그와 더불어 먹고 마셨다. 삭개오에게는 뽕나무에서 내려오라고 지시하시면서 그의 집에 거하겠다고 자청하셨다. 또한 삶의 현장에서 제자들을 부르셨다. 요한과 그의 형제의 경우, 물고기를 잡으러 가는 길에 예수님께서는 그들을 부르셨다.

예수님은 세상과 연결된 리더였다. 신자, 불신자, 바리새인, 무리, 비판자, 정치인, 가난한 자, 부자, 남자, 여자, 어린이, 이방인 등, 예수님은 사람을 가리지 않으셨다. 이와 같이 리더는 팀원들의 생활, 가족, 직장, 인생의 희로애락 등 모든 상황을 일일이 파악하는 인간미를 가지고 있어야 한다.

3) 투자하라

리더는 자신과 함께 일하는 팀원들의 심장박동소리에 귀를 기울이고, 그들의 생활과 가족에 신경을 써야 한다. 리더란 사람들에게 투자하는 사람이다.

언젠가 존 맥스웰(John Maxwell)의 글을 읽고 매우 큰 감명을 받았기에 몇 자 옮겨보기로 한다.

나는 당신에게 어느 한 지위를 허락할 수 있어요.
그러나 통솔력을 보여주셔야 해요.
나는 당신에게 통솔할 수 있는 자리를 허락할 수 있어요.
그러나 그 기회를 놓쳐서는 안 돼요.
나는 당신을 잠재적 리더로 지목할 수 있어요.
그러나 지속성을 보여주셔야 해요.
나는 오늘 당신을 따르는 팀원들을 붙여줄 수 있어요.
그러나 내일은 당신이 직접 인재들을 발굴해야 돼요.
내가 당신에게 투자하는 것은 공짜가 아니에요.
그러므로 감사의 표시를 하셔야 해요.
내가 투자한 것에 나에게 인센티브를 주세요.
내가 투자한 것에 다른 이들에게 인센티브를 주세요.
내가 투자한 것에 당신 스스로에게 인센티브를 주세요.

4) 훈련시키라

리더가 어떻게 하는지를 지켜보았다면, 이제는 당신이 나설 차례이다. 편안한 의자에 앉아서 다른 사람들이 일을 처리하는 것을 보는 것만큼 쉬운 일은 없을 것이다. 아니, 있기는 하다. 바로 손가락 하나 움직이지 않으면서 비판하는 것이다.

분별력 있는 리더라면, 이런 잠재적 리더들을 가만히 내버려둘 리가 없다. 그들을 불러 하나님께서 주신 재능과 은사를 일깨워주면서 지식, 지혜, 이론, 실제 그리고 리더십을 발휘할 때 필요한 모든 요건들을 갖추도록 만들 것이다.

리더는 잠재적 리더들에게 사적, 공적 자리에서 발언하고, 일을 처리할 수 있는 기회를 제공할 것이다. 그리고 그들이 실수할 것을 감안하면서도, 그런 책임감을 안겨줄 것이다. 이 방법이 아니고서는 팀원들이 성장할 가능성이 희박하기 때문이다.

5) 충성하라

> 나와 함께 하지 아니하는 자는 나를 반대하는 자요(눅 11:23).

리더로서 당신은 팀원들에게 충성을 요구해야 한다. 충성은 언행을 통해 드러나는 것은 물론이고, 당신과의 일대일 대화에서 여실히 드러나기 마련이다.

충성을 당연한 것이라고 여기지 말라.

충성은 반드시 입술로 고백되어져야 한다. 상황이 어려워질 때 누가 진정으로 충성하고 있는지 드러난다. 베드로는 불을 쬐는 가운데 예수님을 모른다고 부인했다. 게다가 세 번이나 말이다.

6) 의지하라

> 너희가 먹을 것을 주라(마 14:16).

생명의 떡이 되시는 예수님께서 하신 말씀이다. 전지전능하신 하나님이신 창조주가 굶주린 5천 명을 놓고 제자들을 의지하기로 결심하셨다. 여기에 지혜가 숨어있다. 제자들을 곧바로 어떻게 하면 이 상황을 신속하게 처신해야 하는지를 놓고 깊은 고민에 빠졌다. 결국 제자들이 가지고 온 오병이어로 큰 기적을 일으키셨다.

7) 상승시키라

팀원들의 수준을 상승시키라.
예수님의 경우, 제자들과 함께 산 정상에 올라가셨다.
마태복음 5장 1절과 2절을 보라.

> 예수께서 무리를 보시고 산에 올라가 앉으시니 제자들이 나아온지라 입을 열어 가르쳐 이르시되(마 5:1, 2).

이것이 바로 그 유명한 산상수훈의 들어가는 말이다.
당신이 가지고 있는 모든 지식을 전수하고, 각종 세미나에 데리고 가고, 그 누구에게도 공유하지 않은 정보를 그들과 나누라.
한 마디로, 그들의 수준을 끌어올려라.
그들이 스스로 일을 헤쳐 나갈 수 있도록 적극 도우라.
물 위를 걷고 있던 베드로가 물에 빠지자 예수님은 도움의 손길을 내밀었다. 바람과 파도를 보는 순간 겁에 질린 베드로가 물에 빠지기 시작하자 예수님께서 그 급박한 상황을 극복할 수 있도록 도우신 것이다. 어쩌면 이와 같은 도움은 영적인 것은 물론, 때로는 물질적인 도움이 될지도 모른다.
예수님도 물질로 제자들을 돕지 않았던가?

8) 함께 하라

> 예수께서 그들과 함께 내려오사(눅 6:17).

예수님은 제자들과 함께 하셨다. 이것이 바로 교제 또는 친밀감이다. 즉, 제자들과 함께 하고 그들과 삶을 나누는 것이다. 사람은 누구나 타인의 돌봄, 교제, 그리고 친밀감을 갈망한다.

예수님은 100% 인간이었지만, 그의 인간됨의 완성도는 제자들과 함께 있었기 때문에 높아졌다고 본다. 예수님은 우리와 같은 인간의 모습으로 이 땅에 거하셨다. 우리는 무인도에 살지 않는다. 그 때문에 서로가 서로를 필요로 하는 것이다.

이것이 바로 함께 하는 묘미이다.

9) 움직이라

사람이 올 것을 기다리지 말고, 동서사방으로 찾아 나서라.

예수님도 12명의 제자들을 부르실 때 직접 나섰다고 하는 사실이 매우 흥미롭다. 제자들과 동행한 가운데 가정집도 방문하셔서 사람들의 문제를 해결해주셨다. 예수님은 사람이 있는 곳에 계셨다. 그러므로 우리 역시 사람이 있는 곳을 찾아가야 한다. 하나님이 당신에게 맡겨주신 성도가 있는 곳에 머물러야 한다.

그러나 오늘날 상황이 얼마나 거꾸로 돌아가고 있는가?

교회가 크면 클수록 성도들은 담임목사를 만나기 위해 언제 순서가 돌아올지도 모르는 가운데 줄을 서야 한다. 언젠가부터 당회장은 만날 수 없는 귀한(?) 존재가 되어버리고 말았다. 물론 교회가 크면 담임목사의 손길이 일일이 성도들에게 닿지 못하는 것은 어찌 보면 당연한 일이다. 그러나 리더는 제자들이 있는 곳에 머물러야 한다.

10) 확장시키라

> 앞에 있는 것을 잡으려고(빌 3:13).

이는 탄력성 내지 유연성을 말한다. 과거로부터 배울 점은 있지만 이미 지나간 것이다. 그러나 미래는 가능성이 무한대로 펼쳐진 희망의 세계이다. 그러므로 내가 말하는 확장은 비전과 결부된다. 보지 못하면 확장할 수도 없다. 리더는 비전을 확장시킬 만큼 유연함을 보여야 한다.
'유연한 자들은 복이 있나니 부러지지 않을 것이요'라고 하는 성구는 없을까?

11) 영향력을 끼치라

이는 무게와 연관되어 있다. 예를 들어, 처칠(Churchill), 레이건(Reagan) 그리고 나의 부친의 언행에는 무게감이 있다. 그 때문에 그들이 사망한 이후에도 계속해서 영향력을 발휘하는 것이다.
나는 당신의 영향력을 공짜로 허락하지 말 것을 경고하고 싶다.
영향력이란 잠시 빌려주는 것이다. 당신의 지식, 경험, 인맥, 권면, 지혜, 대인관계, 수준, 정보, 능력, 직감, 카리스마 등을 잠시 빌려주는 것이 영향력이다.

12) 신뢰하라

사람들이 당신에게 믿음, 신뢰, 시간, 비밀 그리고 정보를 공유한다면, 당신은 그만큼 신뢰도가 높기 때문일 것이다. 이는 은행 통장과도 같아서 사람들은 신뢰하는 리더에게 자신들의 간증, 행위, 말, 표현 등을 입금한다. 사람들이 당신을 믿어주고 당신의 은행에 이 엄청난 자산을 투자한다는 것은 신뢰도를 의미한다. 리더십에 있어서 신뢰성보다 더 중요한 자산은 없다.

13) 분별하라

여기서 말하는 분별력은 사람을 볼 줄 아는 직감적 능력이다. 다시 말해, 잠재적 리더들은 만들어지는 것이 아니라, 이미 그렇게 태어나는 것이다. 잠재적 리더들을 움직이는 엔진을 별도로 장착할 필요가 없는 것은 이미 장착되어 있기 때문이다.

이런 잠재적 리더들을 선별하고, 수준을 상승시켜주고, 최대한 높은 곳에 이를 수 있도록 도우라.

2. 팀워크

앞으로 다룰 내용은 사실상 기업을 겨냥한 요소들인데, 교회에도 얼마든지 적용된다고 생각될 만큼 실용적이다. 어느 한 단체가 멈추지 않고 성장세를 보이기 위해서는 아래의 3가지 요소가 있어야 한다고 전문가들은 입을 모은다.

첫째, 재정이다.

재정은 금전적인 것과 관련된 모든 견적서, 운영 등을 포함한다. 돈이 돈을 낳는다. 교회도 재정이 튼튼해야 건강한 교회로 발돋움할 수 있다.

둘째, 전략이다.

전략은 최종 목적지에 도달하기 위한 지도와도 같다. 탁월한 전략에는 반드시 변화가 따른다. 변화라는 단어를 떠올릴 때마다 리더들은 두려움을 호소하는데, 이는 아직 가보지 못한 낯선 곳에 가야 한다는 설렘 때문이다. 그러나 어느 단체이든 안전지대를 벗어나야 성장할 수 있는 법이다.

셋째, 과학기술이다.

우리는 정보기술의 시대에 살고 있다. 이 같은 시대는 신속함을 요구한다. 정리하면, 신속한 정보가 오가는 시대인 셈이다. 과학기술의 부작용은 사람으로 인간미를 떨어뜨린다는 데 있다. 또한 과학기술 없는 세상은 상상하기 힘들다. 예전에 전화번호를 암기하고 다니던 기억력 좋은 사람들도 이제는 스마트폰에 대한 강한 의존성을 보인다.

그러나 나는 여기서 한 걸음 더 나아가고 싶다.

넉넉한 재정, 탁월한 전략 그리고 빼어난 과학기술보다 더 중요한 것이 무엇이 있는가?

바로 인력이다. 다시 말해 팀워크이다.

근래에 경쟁에서 승승장구하는 기업들을 보면 공통적으로 팀워크가 강인한 단체이다.

왜 내가 이 점을 이토록 강조하는지 아는가?

- **팀워크는 힘이다.**
- **그럼에도 불구하고 가장 많이 생략되는 요소이다.**

수상 경기를 주목하라.

카누에는 여러 명이 함께 리더의 지시에 따라 노를 힘껏 젓는다. 그들은 같은 방향을 향해 같은 타이밍에 노를 젓는다.

이것이 바로 경쟁사들과 당신이 몸담고 있는 단체가 다른 이유가 되게 하라.

어떤 이들에게 있어서 팀워크는 진리이고, 다른 이들에게 있어서는 그림의 떡일 뿐이다. 다시 말해, 도저히 실용 가능성이 없는 발언일 뿐이다. 그러나 여기에도 희망은 있고, 매사를 긍정적으로 볼 수 있는 안목이 제시된다.

1) 팀워크의 5가지 함정

나는 언젠가 패트릭 렌치오니(Patrick Lencioni)의 강의를 직접 들은 적이 있는데, 때마침 그의 신간이 소개되던 때라 금상첨화였다. 기업들을 위한 강의였지만 목회자인 나에게 있어서도 얼마든지 적용될 수 있는 유용한 내용이라고 생각했다.

나는 수년 동안 전 대륙을 돌아다니면서 목회자 세미나를 통해 이 같은 원칙을 공개했다. 물론 나의 사역과 출판일과 관련해서 적용한 내용이었다. 보통 함정(dysfunction)이라고 하면 흔히들 핸디캡(handicap)이라고 생각한다. 렌치오니에 따르면, 기업이 쉽게 빠지는 5가지 함정이 있다.

(1) 신뢰의 부족 또는 결여이다

약점을 잡힐 것에 대한 두려움이 리더가 신뢰를 못 받는 주요 원인이다. 우리는 경쟁 사회에 살고 있다. 이런 사회적 분위기에서 신뢰라는 말은 설 자리가 없다. 신뢰라는 개념은 SF영화에서나 등장할 만한 머나먼 나라의 이야기이지 현실적이지 못하다는 것이 현대인들의 판단이다. 신뢰는 솔직함이라는 뜻도 있지만, 동시에 약함과도 결부된다.

그렇다면, 신뢰의 부족 또는 결여를 제거하기 위한 비법은 무엇인가?

한 목표를 향해 가고 있는 만큼 리더는 팀원들을 무조건 신뢰해주어야 한다. 만일 누군가 실수를 했다고 하더라도 사람을 잃지 않는 것이 중요하다. 그래야 팀워크가 강해지고, 따뜻한 인간미가 넘치는 팀이 될 수 있다.

(2) 충돌에 대한 두려움이다

충돌이라는 말은 내부 의견이 엇갈렸을 때 쓰는 개념이다. 사람들은 대부분 남과 부딪히는 것을 꺼려한다. 그러나 충돌 그 자체가 부딪힐 수 있는 가장 큰 충돌은 충돌 그 자체이다. 문제를 단도직입적으로 풀 수 있는 용기와 과감함이 필요하다.

의견 충돌이 분명히 있는데도 불구하고, 아무렇지도 않게 좋은 게 좋은 것이다 하는 식의 사고는 창조적 창출을 낳지 못한다. 내부 충돌이 있는 경우에는 복도나 주차장이 아닌 회의실 안에서 당사자들이 직접 풀어야 한다.

충돌을 극복하는 일에 리더가 할 수 있는 역할이 무엇인가?

대화의 장을 마련하는 것이다. 간단한 이야기 같지만, 이것보다 건강한 해결 방법은 없다.

당사자들끼리 서로 얼굴과 얼굴을 맞대어 인격적으로 합의점에 도달할 수 있는 대화의 장을 적극 도모하자.

(3) 헌신의 부재이다

목표의 불확실성 또는 실패에 대한 두려움은 곧 결단의 부재로 이어진다. 같은 배를 탄 이상 모든 팀원들은 같은 방향을 향해 타이밍을 맞춰 노를 저어야 한다. 이 정도의 헌신은 기본이 되어야 한다. 애초부터 각 팀원들의 마음가짐을 점검해야 되는 이유는 시합 도중에 노를 안 젓든지 아니면 강물에 자신의 몸을 던지는 일을 방지하기 위함이다.

그렇다면, 리더가 어떻게 해야 팀원들의 헌신도를 높일 수 있을까?

목표의 명확성이다. 흐지부지한 룰(rule)은 없애야 한다. 모든 것이 표면으로 드러나야 한다. 리더는 명확해야 한다.

(4) 책임감 피하기이다

각 팀원들은 회사가 정한 회칙을 반드시 지켜야 한다. 그런 의미에서 책임감은 필수조건이다. 책임감은 서로를 지켜주고, 팀원들 간에 응집력을 보호한다. 위기가 왔다면 이미 늦은 것이다. 팀원들은 서로에 대해 흠 잡히는 일이 없어야 한다.

그렇다면, 리더의 역할은 무엇인가?

꺼내기 어려운 일을 논하는 것이다. 리더 자신이 먼저 팀원들 앞에서 관리 책임을 다하고, 각 팀원들은 리더에게 자신들이 하는 일에 대해 설명할 의무가 부과된다. 이래야 뒷거래가 없어진다. 힘든 일이면 일일수록 덮어두지 말고 빨리 처리하는 것이 좋다.

내일보다는 오늘 즉시 책무에 대한 의무를 다하라.

(5) 성과 무시하기이다

부서 차원의 성과에 집중하는 것 역시 중요하다. 어느 한 팀원이 각별하게 두드러져서 전체 부서가 받아야 할 인센티브를 한 개인이 받아가서는 안 된다. 팀워크는 '내'가 아닌 '우리'를 중시한다. 그 때문에 성과를 무시하는 것만큼 어리석은 일은 없다.
그렇다면 리더는 어떻게 해야 하는가?
공동체의 목표에 집중하라.
리더로서 실현가능한 목표를 정하라.
그리고 팀의 하나 됨을 위해 부지런히 노력하라.
성공해도 다 성공하는 것이고, 망해도 다 망하는 것이다.

2) 5가지 함정을 극복할 수 있는 방안

위의 5가지 함정을 극복할 수 있는 방안은 무엇인가?

(1) 신뢰이다
신뢰는 시간을 요한다.
설령 신뢰가 깨어지는 한이 있더라도 회복될 수 있다.
그러므로 어떤 일에 뛰어들기 전에 팀원들과 충분한 대화의 시간을 가지라.

(2) 충돌이다
충돌은 친밀감을 부추긴다는 의미에서 필요악이다. 의견 충돌을 통해 팀원들은 보다 깊고 오래가는 관계를 형성해간다.

(3) 헌신이다
헌신은 마음가짐이라기보다는 그룹에 대한 약속 내지 선언이다. 본질적인 의미에서, 리더십은 약속을 하고 그 약속을 지켜나가는 것이다.

(4) 책임감이다

강한 팀들은 구성원들이 서로에 대해 책임감과 관련된 일이 있을 때면 두루 뭉실 둘러대지 않고 본론으로 들어간다. 각 팀원들이 각각 자기가 한 일에 대해 책임을 지지 못한다면, 그 팀은 오래가지 못할 것이다.

(5) 성과이다.

리더십에 인간미를 가미시키라는 말은 팀원들과 가까이하라는 뜻이다. 성과는 어떤 숫자와 결부되기보다는 사람이라는 사실을 망각하지 말라. 결국 성과는 사람이 내는 것이다.

내가 두 번째로 목양한 교회는 문제가 많은 기성 교회였다. 내가 부임한 이래 한 일이라고는 상처를 치유하고, 또 다시 일선에 나가 전도하자는 동기부여가 전부였다. 그런 의미에서 교회명도 변경하고 예배당도 옮기는 등 다방면의 노력을 많이 했다. 동료 목회자들은 그렇게까지 노력할 필요가 있느냐며 비꼬았다. 실제로 그 교회에는 돈, 계획, 건물, 희망, 그 어떤 것도 찾아볼 수가 없었다.

내가 새로 부임하자마자 리더 중 한 명이 내게 다가와 기존 목사님의 명예를 생각해서라도 지금 당장 교회를 떠나지는 않는 아량(?)을 보이겠다고 털어놓았다. 그 리더 부부의 진솔함은 마음에 들었지만, 이런 환영을 받아야 하는 상황이 너무나도 나를 암울하게 만들었다. 차라리 모든 것을 내려놓고 뒷문으로 조용히 나가는 것이 가장 좋은 방안이었을 수도 있다. 그러나 포기할 수 없었다.

어떤 상황에서도 그 교회를 이끄는 것이 하나님의 인도라고 믿기로 작정했다. 얼마 후 교회를 떠나겠다던 그 리더 부부는 자리를 굳건히 지켰다. 그러나 때가 이르자 예고한 대로 다른 교회로 바꾸었다. 그럼에도 불구하고, 그들의 의젓한 선택과 진정한 교제는 나에게 큰 위로가 되었고, 지금도 그들에 대해 감사하는 마음을 간직하고 있다.

얼마 안 있어 나는 드림팀을 이끌 수 있는 영예를 안았다. 리더 한명 한명은 누가 봐도 탁월했고, 하나님으로부터 받은 재능과 은사대로 놀라운 일들을 이루는 등, 복이 넘치는 기간이었다. 그러한 리더들이 없었더라면, 내 목회사역은 실패로 돌아갔을 것이다. 이런 일꾼들은 하나님의 사역이 이루어질 수 있도록 주의 성령께서 허락하시는 은사 그 자체이다.

공동 목표를 위해 팀원들을 하나 되게 한다는 것은 말처럼 쉽지 않다. 이를 위해서는 엄청난 인내와 끈질김이 필요하다. 주님의 포도원에도 때로는 당신의 인내심을 끝까지 시험하는 믿음이 좋은(?) 형제자매들이 있을 것이다.

그러나 포기하지 말라.

이 모든 단련을 통해 당신은 더 나은 사역자로 거듭날 것이며, 더 높은 곳에 도달하게 될 것이다.

내 사무실 벽에 새겨진 글귀를 다시 한 번 되새기자.

"코치보다 중요한 것은 팀이다."

이 글은 나로 하여금 누구를 위해 존재하는지를 명심하게 만든다.

제8장

성결

우리는 언제부터 윤리와 도덕, 그리고 목회적 소신을 포기했는가?
요즘에는 세계 곳곳에서 기독교 지도자들이 타락했다는 소식을 접하기에 급급하다.

세계적으로 막강한 영향력을 행사하고 있는 목회자가 타락했다는 소식을 들을 때마다 우리는 찬물을 껴맞은 느낌을 금할 수 없다. 물론 이 같은 소식이 공영 TV를 통해 방영될 때면 그 파장은 더욱더 어마어마하다.

이와 같이 한 리더가 타락하게 되면, 우리 모두가 깨진 그릇 조각을 주어야 한다. 불신자들은 기독교 신앙을 공격하고, 교인들은 책임공방을 벌인다. 우리의 발언이 지혜로워야 되는 이유는 말 한마디 때문에 오해가 생기고, 또한 이 때문에 개 교회는 물론이고 전체 교회와 그리스도의 이름이 욕을 먹는 일이 발생하기 때문이다.

목회자에게 있어서 타협불가한 일이 몇 가지가 있는데, 그 중의 하나가 바로 성결이다.

내가 거룩하니 너희도 거룩할지어다 하셨느니라(벧전 1:16).

이 말씀은 예나 오늘이나 유효한 삶의 원칙이다.
제자들과 함께 산에 올라가신 예수님은 다음과 같이 경고하셨다.

그러므로 그들을 본받지 말라(마 6:8).

여기서 그들은 이방인들이다. 다시 말하면, 너희들은 이방인처럼 행하지 말고, 반대로 이방인들이 너희들처럼 행하도록 만들라는 가르침이다. 이것이 바로 산상수훈의 주된 교훈이다. 하나님은 당신을 대표하는 우리 사역자들이 흠 없고 거룩하게 살기를 원하신다.
아무리 주님을 신실하게 따르는 사람이라고 하더라도 세속적인 것과 지속적으로 맞닥뜨릴 때, 유혹이 전혀 없는 것은 아니다. 더군다나 주님을 닮고 양떼들을 돌보아야 하는 책임이 있는 목회자에게 있어서는 더욱 더 높은 수준의 성결이 요구된다.
오늘날 많은 목회자들마저 모방하는 이른바 성공한 교회들도 본받아야 할 모델은 아니라고 나는 생각한다. 목회자로서 부르심을 받지 않았다기보다는 옳은 길에서 이탈할 확률이 높은 사역자들이 종종 눈에 띄기 때문이다.
성공한 리더들이 부도덕한 일에 손을 댄 나머지 그리스도의 몸에 얼마나 큰 상처를 남겼는가?
그렇다고 해서 실명을 거론할 필요는 없다고 본다.
그러나 하나님께서 당신의 말씀에 무엇이라고 제시하셨는지에 대한 부분을 눈여겨 보아야 할 것이다.
이 부분을 우리가 복습해야 하는 이유는 우리 뒤에 서 있는 수많은 후배들뿐만 아니라, 현재 사역에 종사하고 있는 리더들이 방향을 잃지 않고, 분명한 영적, 도덕적 기준을 유지하는 데 큰 유익이 될 것이라고 믿어 의심치 않기 때문이다.

성결한 삶을 통해 먼저 모범을 보이고, 수많은 사람들에게 성결을 가르치는 리더의 입장에서 잣대를 낮추는 것은 옳지 않은 일이라고 평가한다.

여기서 다룰 내용은 디모데전서 3장 1-7절에 나타난 것으로서 아무리 복습해도 지나치지 않는 귀한 교훈이라고 생각한다. 최소한 나는 1년에 1회 정도 이 본문을 묵상하며 되새긴다.

1. 목회자에게 요구되는 15가지 자격요건

1절에서 바울은 "직분을 얻으려고" 하는 것에 대해 굉장히 긍정적인 생각을 가지고 있다. 오히려 각 교회 또는 기독교 공동체에서 이런 직분을 사모할 것을 권고하고 있는 것으로 분석된다. 물론 예비 사역자들에게 있어서 세간의 소식은 사역에 대한 희망과 확신을 불어넣기보다는 오히려 실망과 두려움을 안겨주는 경우가 많다.

우리에게는 다음 세대를 훈련시켜야 하는 엄청난 책임이 있다. 주의 종이 되고자 하는 사명은 주일학교 강의 또는 청년부 수련회, 즉 언제 어디서 일어날지 모르는 신성한 일이다.

감독(bishop)이라는 말은 기능적 의미에서 보면 목사(pastor)와 동의어다. 어떤 교단들은 개교회의 목사체계 위에 노회라는 지역 제도를 만들어 노회장을 감독이라고 명하는 경우도 있다. 그러나 본문의 문맥과 초대 교회의 정황을 살펴볼 때 감독이라는 직분은 보다 단순했다. 여기서 중요한 것은 감독이라는 직분을 논하는 것이 아니라, 리더가 되기 위한 자격요건을 두고 말하는 것이다.

그렇다면, 그 당시 요구된 자격요건이 무엇인지 샅샅이 살펴보자. 이것은 다름 아닌 우리의 목자장 되시는 예수 그리스도께서 양떼들을 돌보실 때 제시하신 자격요건이라고 할 수 있다.

1) 책망할 것이 없으며(딤전 3:2)

'아네필렙토스'(anepileptos)라는 말은 책망이라는 뜻으로서 말 그대로 책잡을 것이 전혀 없는 무흠한 사람이라는 의미이다. 어떤 일에도 가해자로 혐의 받을 수 없고, 모범생으로서 그 어떤 비판도 받을 수 없는 깨끗한 사람을 가리킨다.

목회자라고 해서 죄와 허물이 없다는 이야기가 아니다. 그러나 명예에는 손색이 없어야 한다. 이러므로 마귀는 주의 종에 대해 그 어떤 정죄도 할 수 없게 됨으로써 교회를 무너뜨릴 수 없게 된다.

그런데 오늘날에는 책망할 것이 있는 목회자들이 너무나도 많다.

2) 한 아내의 남편이 되며(딤전 3:2)

첫째, 기왕이면 목회자는 기혼 남성이어야 한다.
미혼 사역자들이 사역을 비효율적으로 하는 것을 나는 수없이 목격해왔다. 목회자라고 하는 직분 자체가 영적 권위를 드러내기 때문에 미혼일 경우 리더들을 적절하게 배치해두지 않는다면, 이성 간의 상담을 효과적으로 이끄는 데 있어서 상당한 핸디캡을 드러내기 마련이다. 물론 아내로부터 오는 영적, 육적 그리고 감성적인 돌봄이 결여되어 있기 때문에 유혹은 그만큼 커질 수밖에 없는 것이다. 이 때문에 바울은 남편이라는 단어를 채택함으로써 목회자는 기혼이라야 하는 것을 기정사실로 인정하고 있다.

'한 아내의 남편'이라는 표현에는 이혼을 한 후 재혼한 경우는 제외된다는 뜻도 내포되어 있다. 그렇다고 해서 이를 교회에서 어떤 형태의 봉사도 할 수 없다는 의미로 확대 해석되어서는 안 된다. 단, 가정을 잘 다스리는 자가 교회도 잘 다스릴 수 있다는 전제를 놓고 볼 때, 재혼한 자는 목회자는 될 수 없다는 뜻이다.

양떼들을 돌본다는 것이 하나님이 보시기에 우스운 일이 될 수는 없다. 주님은 신부인 교회에 대해 질투하시는 분이시다. 그 때문에 이런 엄격한 기준이 리더에게 요구되는 것이다. 목회자의 아내는 단 한 명이라야 한다. 즉, 일부일처제를 의미한다. 목회자 가정은 결혼을 고려하고 행복한 가정을 꿈꾸는 이들에게 노력과 치유의 모델이 되어야 한다.

둘째, '한 아내의 남편'이라는 표현에는 아내가 사망할 경우에 재혼을 할 수 있다는 내용이 포함되어 있다.

3) 절제하며(딤전 3:2)

'네팔레오스'(*nefaleos*)는 음주를 포함한 매사에 적당히 선을 그을 줄 아는 능력을 가리킨다. 어떤 상황에도 이성을 잃지 않는 것도 내포된다.

> 그러나 너는 모든 일에 신중하여(딤후 4:5).

절제한다는 말은 음식보다는 영적인 것과 연관된다. 좀 더 구체적으로 말하면, 오늘날 교회에 침투한 각종 교리, 신학, 비신앙적 관습, 세속적 문화, 그릇된 영성 등 영적인 부분에서 평행선을 잃지 말라는 교훈이다.

4) 신중하며 (딤전 3:2)

'소프론'(sofron)이라는 말은 건강한 이성을 가리킨다. 판단력이 흐리지 않고, 의견을 내세울 때에도 중도 입장을 지키는 자세를 말한다. 신중한 목회자는 하나님의 일을 하는 데 있어서도 신중함을 더욱 요구한다. 사람이나 상황에 따라 극과 극을 달리하지 않고, 영적 분별력이 있는 균형 있는 사람이 바울이 말하는 신중함이다.

5) 단정하며 (딤전 3:2)

'코스미오스'(kosmios)는 질서라는 뜻이다. 단정이라는 말의 어원은 코스모스, 즉 우주에 있다. 그리고 우주는 질서 있게 움직이는 거대한 체계이다. 겉모습은 속마음을 닮아간다.
혹자가 말한 것처럼, 옷도 주인을 닮아간다는 말이 있지 않은가?
단정이라는 개념은 사치와는 거리가 멀다. 오히려 청결, 자기 관리 그리고 사람으로서의 매력에 있다. 물론 단정하게 옷을 입는 것에 국한된 것만이 아니다. 우리의 어투, 행동, 즉 모든 부분에서 교육과 친절, 그리고 인격이 묻어나야 한다. 목회자의 설교만 들어봐도 그 사람의 생각, 아이디어, 철학, 이런 모든 것이 논리적으로 전개되는지 판단할 수 있다.
배움에는 한계가 없다.
비록 당신이 고학력자가 아니더라도 말이다. 교육과 인격은 성도들과 지역 주민들을 대할 때 없어서는 안 될 필수사항이다.

6) 나그네를 대접하며(딤전 3:2)

'필로세노스'(filoxenos)는 손님을 대접하기를 좋아한다는 말로서 목회자라면 꼭 갖추어야 할 대목이다. 교회가 엘리트 출신들만이 모이는 소그룹이 아니라면, 목회자는 모든 이들을 환영하는 아량을 보여야 한다. '필로스'(filos)라는 말은 친구라는 뜻이고, '세노스'(xenos)라는 단어는 품어주다, 같이 놀아주다, 재워주다 등의 뜻을 내포하고 있다.

나의 부친이야말로 나그네를 대접하기를 정말 좋아하는 분이었다는 생각이 든다. 어린 시절 수많은 목회자 및 선교사들이 타지에서 올 때면 우리 집에 짧게는 며칠, 길게는 몇 주 머물다가 떠나는 모습을 수도 없이 봤다.

그리고 그들과 함께 주님과 복음 전하는 사역에 관한 이야기를 하는 부모님의 모습을 보면서, 나는 사역자의 열정을 배우게 되었다. 나 역시 내가 시무하던 교회에 설교를 하러 오는 목회자들에게 방을 내어주곤 했는데, 때로는 오갈 곳이 없는 선교사들에게도 숙식 문제를 해결해주곤 했다.

7) 가르치기를 잘하며(딤전 3:2)

'디닥티코스'(didaktikos)는 말 그대로 교육과 관련된다. 즉, 잘 가르치고 설명하고 이끄는 것을 말한다. 목회자는 무엇보다 말씀을 잘 가르쳐야 한다.

에베소서 4장 11절에 보면, 여러 사역이 나열되어 있는데, 그 중에 목사와 교사는 가르치는 것과 연관되어 있음을 주목하라.

복음서에 보면, 예수님을 가리켜 사람들은 '선생'이라고 불렀다. 이유는 예수님처럼 진리를 잘 설명하는 이가 없었기 때문이다.

그렇다면, 하물며 그분의 사역을 이어간다는 우리들이 말씀을 잘못 가르치면 되겠는가?

가르치기를 잘한다는 말은 어려운 말씀을 알아듣기 쉽게 설명한다는 뜻이다. 즉, 일반인들이 영의 양식을 먹고, 소화하여 삶의 현장에서 즉각 적용할 수 있도록 가르치는 사람이라야 한다는 의미이다. 가르치기를 잘하기만 해도 하나님의 백성인 교회는 외적으로 성장하고 내면적으로 성숙하게 되어 있다.

요즘에는 목사인 동시에 교사(pastor-teacher)라는 두 명사를 합해서 사용하는데, 이는 일인이역을 가리킨다. 성경 연구를 게을리하는 사람은 강단에서 곧바로 들통나게 되어 있다. 받지 않은 것을 줄 수는 없는 법이다. 그러므로 당신이 목회자라면, 성경을 읽고 연구하는 것에 매진해야 한다.

8) 술을 즐기지 아니하며(딤전 3:3)

'파로이노스'(paroinos)라는 말은 술을 항상 곁에 둔다는 뜻이다. 헬라어에서 '파르'(par)라는 말은 옆이라는 뜻이고, '오이노스'(oinos)라는 말은 포도주, 즉 와인을 가리킨다. 다시 말하면, 술을 항상 옆에 두지 않아도 괜찮은 사람이라는 의미이다. 이는 금주를 뜻한다기보다는 정도 있게 마시라는 뜻이다.

바울은 디모데에게 자주 발병하는 일 때문에 술을 마시라고 권한 적이 있다. 고린도 교인들은 세상 문화를 따라 과음하는 일이 자주 발생하곤 했다. 이 때문에 바울은 일반 교인보다는 목회자와 리더들에게 술에 관한 권면의 말을 하게 된 계기가 되었다. 만일 주님을 믿기 이전에 당신이 술 중독자였다면, 목회자가 되어서는 한 방울의 술도 허용하지 않는 것이 좋다고 본다.

사역의 스트레스를 술로 해소하는 사람이라면, 이미 중독되어 있다는 위험한 신호이다. 그러나 와인을 생산하는 몇몇 국가에서는 신앙인들 사이에서도 건강한 음주문화가 뿌리내린 것을 목격한 바 있다. 목회자들 역시 과음하는 경우가 없고, 균형 있게 와인 한 잔을 즐기는 이들을 보았다. 그러므로 술을 마실 경우, 절대로 과음하지 말라.

목회자는 술을 즐기는 사람이 되어서는 안 된다.

9) 구타하지 아니하며(딤전 3:3)

'플렉텍스'(plektes)는 폭력을 휘두르는 과격함을 가리킨다. 목회자는 타인에게 어떤 경우에도 신체적 폭력을 가해서는 안 된다. 그러나 말로 상처를 주지 않는 것 역시 중요하다. 구타하지 않는다는 말은 불필요한 발언으로 성도 사이를 이간질하고 분열시키지 않음을 가리킨다. 구타하기를 좋아하는 사람이 목회자가 될 경우, 자기의 입맛에 맞지 않는 모든 리더들을 단번에 처리(?)하는 일이 발생할 수 있다. 목회자가 지엽적이어서는 안 된다.

결국 다 주님의 양들이 아닌가?

그러므로 목회자는 연합, 평화, 화목을 추구해야 한다. 또한 구타하기를 좋아하는 이들은 혈관이 좁아지는 탓에 건강에도 치명타를 입는다.

구타하지 말고 건강하게 살자.

10) 관용하며(딤전 3:3)

'에피에이케스'(epieikes)는 신사적이고 부드러우며 인격적이라는 뜻이다. 성격이 매우 거친 목회자들이 있는데, 주님은 그와는 정반대를 원하신다. 세상에서는 아무리 거친 사람이었어도 주님의 교회에서는 부드러워야 한다. 그래야 성도들이 목회자를 신뢰하고 따를 수 있게 된다.

주님의 말씀을 주목하라.

> 나는 마음이 온유하고 겸손하니 나의 멍에를 메고 내게 배우라 (마 11:29).

'에피'(*epi*)는 헬라어로 위라는 말이다. 다시 말해, 목회자 위에는 항상 관용이 모자처럼 씌워 있어야 한다. 관용과 친절이 그의 언행을 통해 묻어나야 한다.

11) 다투지 아니하며(딤전 3:3)

'아마호스'(*amajos*)는 화평을 이룬다는 말이다. 이간질하고 분열시키는 사람은 목회자로서 자격 미달이다. 당신이 항상 옳아야 된다는 법은 없다. 때로는 실수할 수도 있다.

무엇보다 모든 사람들과 화평하라.

12) 돈을 사랑하지 아니하며(딤전 3:3)

'아필라르구로스'(*afilarguros*)는 욕심, 즉 돈에 대한 욕심이 없다는 말이다.

돈 때문에 타락한 목회자들이 얼마나 많은가?

돈 없이 살 수 없다고 하는 것과 더 많이 가져야 살 수 있다고 하는 말에는 엄청난 차이가 있다. 하나님은 우리의 필요를 공급해주시겠다고 약속하셨지, 욕심을 전부 충족시켜주겠다고 약속하신 적은 없다.

자, 돈 이야기가 나왔으니 한 마디만 더 해보겠다.

사례비가 부족하다는 이유로 목회자가 자기 명예를 걸 수는 없다. 물론 목회를 하다보면, 부족한 것이 한두 가지가 아닐 때가 많다. 특히 굶주릴 때 더욱더 그렇다. 그렇다고 해서 부당한 방법으로 이익을 취하는 것은 금물이다.

목회사역을 통해 경제적으로 안정권에 들어서겠다는 망상은 버려라.

하지만 오늘날 교회를 하나의 사업체로 보는 이들이 늘고 있는 추세이다. 가난한 성도들에게 헌금을 많이 하면 할수록 더 많은 복을 누릴 수 있다는 거짓말을 통해 자신의 사리사욕을 채우는 이들이 있다.

대부분의 목회자들의 경우, 사례비가 턱없이 부족한 것이 현실이다. 이 때문에 적지 않은 목회자들이 이중직을 갖기도 한다. 목회자가 이중직을 갖는 것에 대해 내가 긍정적으로 생각하는 이유는 경제적 독립심이 물질에 대한 탐욕을 어느 정도 잠재우는 데 도움이 되기 때문이다.

목회자는 교회 건물을 포함하여 그 어떤 성물을 개인의 이익을 위해 사용해서는 안 된다. 물론 당회가 이를 허락하는 경우에는 이야기가 달라진다.

영적 분별력 위에 상식을 더하라.

이상적인 것은 교회가 목회자 사례비를 전부 부담하는 것이다. 성경에도 보면, "일꾼이 그 삯을 받는 것은 마땅하다"(딤전 5:18)라고 가르치고 있다. 넉넉한 사례는 목회자가 경제적 빈곤에 처하지 않고, 오로지 사역에 집중할 수 있게 한다.

돈을 사랑한다는 것은 돈을 통해 손에 거머쥘 수 있는, 유명세, 대외적 인정 그리고 편리함까지 포함한다. 사람을 높이고 낮추는 것은 사람에게 있지 않고 오직 하나님께 달려 있다.

13) 자기 집을 잘 다스려 자녀들로 모든 공손함으로 복종하게 하는 자
 (딤전 3:4)

여기에는 두 가지 해석이 가능하다.

첫째, 말 그대로 집을 잘 다스려야 한다는 말이다.
둘째, 자녀가 있는 가장일 경우에는 자녀들을 잘 양육해야 한다는 뜻이다.

목사가 목양해야 할 첫 번째 교회는 그의 가정이다. 오늘날 목회자 가정에 대해 깊이 있게 논하는 것을 반기지 않는 사람들이 있다는 것을 나도 안다. 그러나 바울이 디모데에게 이 부분을 언급한 것을 보면, 침묵은 금물이다.

가정이 온전치 못하다면, 교회도 온전할 수가 없다. 교회에서의 목회 리더십은 가정 내부의 건강과 상태를 진단할 수 있는 훌륭한 잣대가 된다. 가정에서 행사되는 영향력은 언제나 교회보다 덜한 법이다. 인원도 많지 않을 뿐더러 일의 크기도 비교할 수 없을 정도로 작다. 그에 비하면, 교회에는 다양한 연령층의 사람들이 있다.

물론 "자기 집을 잘 다스려 자녀들로 복종하게 하라"는 말의 뜻은 권위주의적인 리더십과는 거리가 멀고, 오히려 건강한 부자 또는 부녀관계를 연상시킨다. 물론 이것을 보다 큰 개념으로 볼 때 영적 자녀, 즉 교회의 성도들을 목회자가 어떻게 대해야 하는지를 내포하기도 한다.

복종하는 자녀들은 언제까지나 같은 지붕 아래 사는 한 가족을 두고 하는 말이다. 목회자 가정의 건강은 교회 성도들이 얼마나 목회자 가정을 받들어 섬기는가 하는 데 달려 있기도 하다.

대개의 경우, 사모의 역할이 피아노를 반주하고 특송을 부르는 것으

로 제한되어 있다. 목회자 자녀들은 도덕적으로 모범생이어야 할 사명 아닌 사명을 가지고 있다. 애완견도 열외가 없다. 지금 내가 가벼운 우스갯소리를 하는 것 같지만, 결코 아니다. 나는 이 같은 일을 직접 경험했다.

사모와 목사 자녀들은 매주일 성도들의 심판대에 올라 그 누구도 요구하지 않은 평가를 받아야 하는 수모를 겪는다. 하지만 그들 역시 일반인과 같이 똑같은 필요성과 소원, 그리고 허물을 가지고 있는 평범한 인간이라는 사실을 지나쳐서는 안 된다.

나는 목회자 자녀 또는 목회자로서 이 모든 일들을 직간접적으로 겪어왔다.

그러므로 이런 상황에서 어떻게 대처해야 하는지 하나님께 도움을 구하라.

나의 경우 부친 덕분에 어려운 상황에서도 용케 살아남을 수 있었다. 나는 여기서 집을 다스리는 것과 교회를 돌보는 것을 구분하였으면 한다. 집을 다스리는 것이 명령하는 것이나 지시하는 것과는 거리가 있듯이 교회를 돌보는 것 역시 보호의 개념이 깃들여 있다. 목회적 돌봄이란, 시간과 사랑, 인내와 치유 그리고 셀 수 없는 요소들이 포함되어 있다. 교회가 다스림의 대상이 될 수 없는 이유는 이미 만왕의 왕이 되시고 만주의 주가 되시는 분이 자기 교회를 다스리고 있기 때문이다. 우리는 그저 맡겨진 양떼들을 돌보는 책임을 갖고 있을 뿐이다.

14) 새로 입교한 자도 말지니(딤전 3:6)

'네오피토스'(neofitos)라는 말은 방금 심어졌다는 것이다. 새신자는 리더도 목회자도 되어서는 안 된다. 교회 지도자는 뿌리를 깊이 내린 나무와도 같아서 특정 목회 환경에 필요한 지혜를 지니고 있어야 한다. 사역 경험이 별로 없는 이들을 리더로 세울 경우 얼마 지나지 않아 교회 전체에 큰 파장이 일어나 결국 파멸할 가능성이 크다. 특히 목회자의 경우 충분한 시간을 두고 목회 경험과 신앙 체험을 점검해야 한다. 이는 연령을 두고 하는 이야기가 아니라, 영적 성숙을 두고 하는 말이다.

충분한 시간을 두고 어느 한 잠재적 리더를 점검할 때 실수를 범하지 않을 수 있다. 만일의 경우, 믿음을 가진지도 얼마 안 된 이를 목회자로 세울 경우 어떤 불행이 닥칠지 모른다. 특히 순간적으로 성공할 경우에는 더더욱 그렇다.

15) 또한 외인에게서도 선한 증거를 얻은 자(딤전 3:7)

끔찍한 목회 모델을 만회하기 위해 선한 증거를 가진 새로운 모델이 얼마나 절실한가?

세상은 죄악에 걸려 넘어지고 타락하는 목회자들을 볼 때 얼마나 좋아하는가?

우리는 불신자, 이웃, 직장 동료를 포함한 수많은 사람들의 시선에서 자유롭지 못하다. 목회자라는 이유 하나만으로 온갖 압박을 가하는 것도 모자라서 우리가 내뱉는 말 한마디에 꼬투리를 잡는다.

두 번째 목양지에서는 월세금이 밀리지 않도록 유의했다. 그도 그럴 것이 그곳에 있었던 교회 성도들은 월세가 수개월이 미납되었어도 주인에게 미안한 기색을 전혀 보이지 않았기 때문이다. 최소한 우리는 믿는 자들로서 선한 증거를 받아내는 막중한 의무를 가지고 있었다.

야외 예배를 드릴 때에도 같은 원리가 적용된다.

공원에서 불고기 파티를 한다면, 우리가 오기 전 상태보다 더 깨끗하게 청소해놓고 가야 하는 것 아닌가?
교회가 세상에 던지는 메시지 또는 비추는 이미지는 무엇인가?
최소한 주님의 이름을 욕되게 해서는 안 되는 것 아닌가?
한 마디로 외인에게서 선한 증거를 받아야 한다.

2. 결론

의심의 여지없이 위의 15가지 요소는 목회자 또는 리더들을 세우는 데 꼭 필요한 기준이 된다. 사실상 아무나 충족시킬 수 있는 쉬운 자격요건은 아니다. 더욱이 대부분의 기준들은 성경에 나타난 거룩 내지 성결과 결부되어 있기 때문에 실생활과 직결된다.

우리가 살고 있는 이 세상에서 목회자 또는 리더의 기준을 낮춰서는 안 된다. 오히려 성경이 지시하고 있는 대로 인생을 살아가는 사람들을 리더로 세워야 한다. 이래야 21세기에 걸맞은 탁월한 크리스천리더십을 발휘할 수 있을 것이다.

3. 유혹은?

사랑하는 동역자여!

유혹이라는 것은 어제 있었던 것처럼, 오늘도 있고, 내일도 같은 자리에서 도사리고 있을 것이다. 우리의 싸움은 혈과 육에 대한 것이 아니고, 영적인 것이다. 그리고 끝이 없다. 유혹 자체는 죄가 아니다. 그러나 죄에 대해 빈틈을 허용하는 것은 분명히 죄가 된다.

유혹은 특성상 낡아지지 않는다. 세월이 흘러도 유혹은 늘 새롭게 다가온다. 옛 사람은 마치 우리가 2-30년 더 젊어진 것처럼 행동하게 만든다. 영적 세계에서의 유혹은 날마다 새롭다. 그러므로 영적 투쟁에서 승리하기 위해서는 날마다 마음과 생각의 변화를 받아야 한다.

유혹은 본래 끌어당기게 되어 있다.

무엇이 끌어당긴다는 소리인가?

좋아하는 것, 관심을 보이는 것이 유혹의 대상이 되는 경우가 많다. 마귀와 옛사람은 우리의 약점이나 관심사를 잘 파악하고 있다. 그러므로 나의 약점이 무엇인지 파악한 후에는 성령의 도우심의 역사를 기대하는 수밖에 없다.

죄와 장난치지 말라.

인간의 한계를 잘 아시는 주의 성령께서는 우리의 약함을 헤아리신다. 그 때문에 0.1초도 안 되는 순간에 아니오!(no!)라고 말할 수 있는 결단력을 주시고, 헛된 상상을 버리고 생각의 주파수를 바로 바꿀 수 있는 능력을 주신다.

우리 모두는 유혹에 노출되어 있다.

목자장 되시는 주님께 굳게 설 수 있도록 도움을 요청하자.

그리고 두렵고 떨리는 마음으로 구원을 이루자.

특히 남성 목회자에게는 다른 유혹이 도사리고 있다. 동료 목회자들 가운데 이런 유혹에 넘어가서 인생 전체를 파멸의 길로 내던질 위기에 처한 이들을 나는 많이 만나봤다. 간통과 음란물이 그것이다. 좀 더 쉽게 말하면, 인터넷이다. 사이버 세상은 우리가 어떻게 대하느냐에 따라 친구가 되기도 하고 적이 되기도 한다.

인터넷에 대해 조쉬 맥도웰(Josh McDowell)은 다음과 같이 정리했다.

- 지구상 인터넷 접속자 수가 30억에 이른다. 전체 인구의 절반이다.
- 웹사이트 수는 14억을 넘는다.
- 24시간마다 얼마나 많은 양의 데이터가 전송되는가?
  1.7조 기가바이트이다. 1기가바이트가 133페이지에 해당되는 데이터라고 할 때 매일 페이지에 해당되는 데이터가 전송되는 것이다.
- 1분마다 300시간에 해당되는 동영상이 유투브(youtube)에 업로드 되고 있다. 시간당 8,000시간이라는 말이다.
- 청소년들은 하루 평균 34기가바이트의 데이터를 교환한다.

맥도웰에 따르면, 교회가 직면하고 있는 가장 큰 문제는 포르노그래피(pornography)이다.

- 1998년에는 음란물 웹사이트가 1천 4백만 개에 달했다.
- 2003년에는 2억 6천만 개를 기록했다.
- 2010년에는 5억 개로 증가했다.
- 2015년에는 10억 개가 넘었다.

몇 년 전에 남아메리카에서 그의 책을 홍보하는 일을 도맡아서 했을 때 나는 다음과 같은 정보를 입수했다. 최근 30일 사이에 30%의 목회자들이 음란물을 접했다. 게다가 이런 중독성을 드러내놓고 다니는 종교인들이 없다는 점을 감안할 때 이런 수치는 훨씬 더 증가된다. 음란물을 포함한 여러 유혹의 결말은 파멸이다.

성경을 보라.

도둑이 오는 것은 도둑질하고 죽이고 멸망시키려는 것뿐이요(요 10:10).

그 위대한 사도 바울도 엄청난 유혹에 노출되었다면, 우리는 어떠하겠는가?

> 내가 행하는 것을 내가 알지 못하노니 곧 내가 원하는 것은 행하지 아니하고 도리어 미워하는 것을 행함이라(롬 7:15).

사도 바울 역시 유혹에서 완전히 자유롭지 못했다. 그의 내면에서 벌어지는 싸움은 굉장했다.

셋째 하늘을 보고 온 사람이 다양한 유혹에 노출되어 힘들어 했다면, 우리는 어떡하란 말인가?

전 세계적으로 최근에 가장 많이 발달할 것 중의 하나가 바로 방범시스템이다. 미국의 경우, 연간 200억 달러의 수익을 올리는 새로운 산업으로 자리매김했다. 지구 반대편에서도 인터넷에만 연결되어 있으면 당신의 주택, 아파트, 사업장을 감시할 수 있다. 버튼 하나로 문을 열고 닫을 수도 있고, 조명기구를 켜고 끌 수도 있다. 그리고 가면 갈수록 선택의 폭은 그만큼 넓어질 전망이다.

오늘날에는 온갖 적외선 카메라, 보안 시스템, 개 등을 동원하며 방범에 신경을 곤두세운다.

그러나 영혼의 유혹에 대해서는 얼마나 유의하고 있는가?

목회자라고 해서 유혹이 우리를 피해가지 않는다. 이 때문에 나는 유혹을 이기기 위한 6가지 방법을 제시하고자 한다.

1) 나만의 유혹의 패턴을 그리라

우리는 유혹보다 속도가 빨라야 한다. 이를 위해서는 유혹을 탐지할 수 있는 레이더(radar)가 필수다. 감사하게도, 믿는 이들에게는 거듭남의 순간부터 부착되어 오는 것이 이 영적 레이더이다.

네 발이 행할 길을 평탄하게 하며 네 모든 길을 든든히 하라(잠 4:26).

다시 말하면 계획을 조심스럽게 세우고, 악을 피하며 발걸음을 든든히 하라는 이야기이다. 인간은 각양각색이다. 우리는 모두 다르다. 그럼에도 불구하고, 공통점이 하나 있다. 즉, 같은 적을 두었다는 점이다. 마귀는 도둑질하고 죽이고 멸망시키러 왔다. 마귀는 생각보다 힘이 센 놈이다.

마귀를 우습게 보지 말라.
스스로를 대단한 목사라고 생각하지 말라.
이 시점에서 우리는 다음과 같은 질문을 던져야 한다.
언제 유혹을 가장 많이 받는가?
어디에서?
내가 유혹을 받을 때 내 옆에 누가 있는가?
(아니면, 누구와 함께 있는가?)
유혹에 내 몸을 맡길 경우, 어떤 유익을 얻는가?
히브리서 11장 25절에 보면, "도리어 하나님의 백성과 함께 고난 받기를 잠시 죄악의 낙을 누리는 것보다 더 좋아하고"라는 말씀이 있다. 다시 말해, 유혹에 대해 관용적일 때 내가 얻는 것은 무엇이고, 잃은 것을 얼마인지를 계산하라는 것이다.
유혹에 노출되어 있을 때의 나의 마음상태는 어떠한가?
혹시 사랑을 받지 못하고 있다든지, 외로워한다든지, 긴장되어 있다든지, 실패의식에서 헤어 나오지 못하고 있다든지 하지는 않는가?

전문가들에 따르면, 사람들이 유혹에서 헤어 나오지 못하는 이유는 마음에 내재되어 있는 아픔 혹은 불만족을 순간적으로 해결하려는 시도에서 비롯된다. 처음에는 주체할 수 없는 열정으로 시작되어 한동안 기분이 최고도에 달하지만, 얼마 안 있어 내리막길을 걷다가 끝내 바닥에 부딪혀 코가 깨지고 만다. 알고 보면, 돌이킬 수 없는 충격이 되고 만다.

마귀는 다음과 같이 속삭인다.

"이리 와봐. 이 정도는 괜찮다고... 그 동안 얼마나 고생했니?"

"이 방법밖에 없어."

그러나 유혹은 사실상 함정이다.

2) 마음의 상태를 실시간 점검하고 보호하라

잠언 4장 23절에 "모든 지킬 만한 것 중에 더욱 네 마음을 지키라 생명의 근원이 이에서 남이니라"고 했다. 한 마디로, 마음가짐은 매사에 영향을 끼친다.

외면보다 중요한 것은 내면이다. 변화는 외부로부터 들어오는 것이 아니라, 내부로부터 나가는 것이다. 바로 이런 이유 때문에 하나님께서 마음을 지키라고 하신 것이다. 마음은 우리 존재의 중심이기 때문에 지키고 돌보아야 마땅하다. 마음을 지켜야 의지가 살고, 평상심을 유지할 수 있으며, 판단력이 흐려지지 않는다. 이 모든 능력이 마음에 있다.

이 때문에 마귀는 마음을 노린다.

몸이 피곤하거나 마음이 무겁거나 기분이 안 좋을 때 더욱 조심하라. 자신감이 없고, 무기력하고, 버림을 받았다고 생각할 때가 가장 위험한 때이다. 이와 같은 감정들은 인간이면 누구나 경험할 수 있는 것이지만, 방치했다가는 큰일 난다.

그렇다면, 어떻게 이런 감정들을 극복할 수 있단 말인가?

건강관리를 잘해서 몸이 쳐지지 않도록 꾸준히 노력하고, 새로운 목표를 세움으로써 도전정신을 잃지 않고, 영적으로도 날마다 성숙해지는 것을 목표로 삼아야 한다. 특히 사람들과 어울리면 자신감이 생기고 이해심이 깊어진다. 또한 용서하고 웃을 때 사람은 사랑받는다고 생각한다.

"마귀에게 틈을 주지 말라"(엡 4:27)라는 조언이 있다. 마음은 우리의 은밀한 방이라는 관점에서 틈을 제공할 수 있다.

마귀를 환영하지 말라.

또한 틈이라는 것은 좀 더 넓은 영역으로 확대하면, 육체의 피로, 또는 마음의 절망도 포함된다.

문을 닫고 한 치의 빈틈도 허용하지 말라.

무엇보다 마음의 문을 굳게 지키라.

3) 하나님께 도움을 청하라

홀로 유혹을 이긴다는 것이 말처럼 쉽지는 않다. 해결책은 하나님께 도움을 청하는 것밖에 없다.

유혹에 가까이 엄습해 있다고 느낄 때, 즉각적으로 하나님께 기도하라.

마태복음 26장 41절에 보면, "시험에 들지 않게 깨어 기도하라 마음에는 원이로되 육신이 약하도다 하시고"라고 밝히고 있다.

영이 영을 이기지, 육이 영을 이길 수 없다.

영적 싸움은 오로지 말씀의 검으로 이길 수 있다.

그러므로 하나님의 말씀을 배우고, 선포하고, 믿으라.

히브리서 4장 15-16절을 보자.

> 우리 대제사장은 우리의 연약함을 동정하지 못하실 이가 아니요 모든 일에 우리와 똑같이 시험을 받으신 이로되 죄는 없으시니라 그러므로 우리는 긍휼하심을 받고 때를 따라 돕는 은혜를 얻기 위하여 은혜의 보좌 앞에 담대히 나아갈 것이니라(히 4:15-16).

긍휼과 은혜라는 단어를 주목하라.

은혜란, 당신을 위한 하나님의 능력이다. 그리고 긍휼은 곧 용서를 가리킨다. 사실상 은혜와 긍휼은 항상 따라붙는다. 우리는 하나님의 은혜와 긍휼 없이는 살 수 없다.

그러므로 유혹 앞에서는 무엇보다 기도를 통해 하나님께 도움을 구하라. "주여, 나를 도우소서!"

급한 순간에 하나님은 즉시로 응답하신다. 물에 빠져드는 베드로의 절규를 주님께서는 외면하지 않으셨다. 오히려 팔을 뻗으시고 그를 건져주셨다. 만일의 경우, 당신이 유혹 때문에 이미 넘어진 상황이라면, 주님께서는 결단코 당신을 포기하지 않으실 것이라는 말을 하고 싶다. 하나님은 항상 우리에게 새로운 기회를 주시는 분이시다.

4) 다른 곳으로 시선을 옮기라

야고보서 1장 14절을 보자.

> 오직 각 사람이 시험을 받는 것은 자기 욕심에 끌려 미혹됨이니(약 1:14).

여기서 욕심이란 말은 악한 또는 헛된 생각을 뜻한다.

악한 생각들이 뇌리를 스쳐나갈 때마다 의지적으로 다른 생각을 하려고 노력하라.

생각의 채널을 바꾸라.

마음과 의지를 활용하라.

헛된 생각과 씨름하려고 하지 말고, 생각을 바꾸라.

다른 생각으로 교체하라.

하나님께서 주시는 선한 생각들로 악한 생각들을 밀어내라.

이것은 흔히 말하는 단순한 멘탈 장난이 아니라, 우리 안에서 벌어지는 영적 싸움이다.

맛있는 케이크를 30초 동안만 생각하지 말라고 하면, 대부분의 사람들은 어떻게 반응하는가?

게다가 머리에 떠올리지 말 것을 계속 강조한다면?

결국 케이크를 상상하게 된다. 바로 이때 케이크를 떠올리는 대신 다른 이미지를 불러와야 한다. 생각의 이미지가 정신세계를 지배하기 때문이다.

5) 함께 할 믿음의 동역자를 찾으라

신뢰할 만한 동역자를 정하고 마음을 털어놓아라.

인간은 서로를 필요로 한다. 우리의 형편과 상황을 말할 수 있는 누군가는 반드시 있어야 한다. 혼자 투쟁한다는 것은 패배할 것을 알고 참전하는 것과 같은 어리석은 짓이다.

전도서 4장 9-10절에 담긴 지혜를 빌려보자.

두 사람이 한 사람보다 나음은 그들이 수고함으로 좋은 상을 얻을 것임이라 혹시 그들이 넘어지면 하나가 그 동무를 붙들어 일으키려니와 홀로 있어 넘어지고 붙들어 일으킬 자가 없는 자에게는 화가 있으리라(전 4:9,10).

두 사람이 함께 하면 무서운 힘을 발휘한다. 이것이 본래 하나님의 창조 질서이기도 하다. 그러므로 리더들은 이 말씀을 더욱 더 붙들어야 한다.

철이 철을 날카롭게 하는 것 같이 사람이 그의 친구의 얼굴을 빛나게 하느니라(잠 27:17).

당신의 철을 날카롭게 만들어주고, 동기부여하고, 축복해줄 수 있는 진솔한 친구 동역자를 찾으라.

6) 할 수 있을 것이라고 믿고 끝까지 인내하라

독이 되는 어떤 은밀한 관습을 가지고 있다면, 당신의 사역에 결코 도움이 되지 않음을 인정하면서 변화의 탈출구가 반드시 있음을 믿으라.
요한일서 4장 4절에 "너희 안에 계신 이가 세상에 있는 자보다 크심이라"고 하지 않았던가?
성령의 능력을 의지하면, 반드시 변화를 받을 수 있다.
당신의 성장을 가로막고 있는 모든 유혹을 뿌리치고, 예수의 이름으로 자유를 얻으라.
아직 늦지 않았다.
할 수 있을 것이라고 믿고 끝까지 인내하라.

4. 결론

유혹이 다가올 때마다 나는 이 말씀을 읽으면서 희망을 되찾곤 한다.

> 우리에게 있는 대제사장은 우리의 연약함을 동정하지 못하실 이가 아니요 모든 일에 우리와 똑같이 시험을 받으신 이로되 죄는 없으시니라(히 4:15).

육신을 입고 이 땅에 거하신 주님이 우리의 나약함을 아시고 이해하신다는 말씀은 크나큰 위로가 아닐 수 없다.
그의 죽음과 부활을 통해 우리의 모든 실패와 나약함을 이기신 주님께 지금 당장 나아가자.
하나님은 우리를 익히 아시고, 우리의 약함이 무엇인지를 파악하고 계신다.

> 사람이 감당할 시험밖에는 너희가 당한 것이 없나니 오직 하나님은 미쁘사 너희가 감당하지 못할 시험 당함을 허락하지 아니하시고 시험 당할 즈음에 또한 피할 길을 내사 너희로 능히 감당하게 하시느니라(고전 10:13).

유명 작가인 제이 애덤스(Jay Adams)는 이런 말을 했다.
"성경에 언급되지 않은 문제는 이 세상에 존재하지 않는다. 그러므로 하나님은 모든 문제에 성경적인 해답이 있음을 미리 알고 계신다."

제9장

혁신, 재활용, 회복

1. 혁신

나는 혁신을 위해서 개인적으로 두 가지 방법을 활용한다.

첫째, 7시간의 수면을 철칙으로 지킨다.
둘째, 독서를 꾸준히 한다.

하루 평균 7-8시간의 수면은 건강의 필수조건이다. 어느 주일예배 설교에서, 나는 충분한 수면을 취하는 것이 곧 하나님 안에서 안식하는 것이라고 한 적이 있다.

오늘날 불면증을 둘러싼 각종 의약품들이 얼마나 많이 쏟아져 나오고 있는가?

수면부족으로 생기는 질병도 가면 갈수록 다양하다.

다른 편으로는 뇌를 그만두어서는 안 된다. 매일같이 새로운 정보를 입수해서 업그레이드를 해주어야 한다. 구글(Google)과 같은 포털사이트에 접속해서 불필요한 정보를 마구잡이식으로 입력시키라는 말이 아니라, 탁월한 독서를 접하라는 뜻이다. 항상 새로운 단어와 개념을 접함으로써 정신세계의 폭을 넓혀야 한다. 사실상 사역은 우리의 지성과 결부되어 있다.

시간이 없다는 것을 나도 안다. 그러나 이런 단련을 게을리하게 되면 언젠가는 돌이킬 수 없는 결과를 낳는다. 어차피 우리는 깨지기 쉬운 그릇이고, 세월의 흐름과 함께 겉 사람은 더욱더 쉽게 파손되기 마련이다.

바울에게 있어서 독서는 최우선 항목이었다. 디모데후서 4장 13절에 보면, "네가 올 때에 내가 드로아 가보의 집에 둔 겉옷을 가지고 오고 또 책은 특별히 가죽 종이에 쓴 것을 가져오라"고 부탁하는 장면이 나온다.

영적 혁신에 관하여 우리가 소유하지 못한 것을 공유할 수 없다는 말을 꼭 하고 싶다. 목회 환경이 가면 갈수록 복잡해지고 다양해지는 분위기 속에서 가장 먼저 혁신되어야 할 이들은 바로 우리 사역자들이다.

물론 여러 가지 혁신 방법이 있겠지만, 개인적으로는 동역자들과 함께 수련회를 떠나는 것보다 더 좋은 방법은 없다고 생각한다. 각종 리더십 컨퍼런스에 참석하는 것 역시 좋은 방안이 될 수 있다. 모든 목회자들이 때로는 부담스러운 입장료를 지불할 수는 없다는 현실을 나도 잘 안다. 그러나 요즘에는 무료 컨퍼런스도 많이 있기 때문에 굳이 경제력을 염두에 두지 않아도 된다. 여기서 중요한 것은 방전된 배터리를 충전하는 것이다.

2. 목회 성공

성공의 개념이 무엇인가를 먼저 짚고 넘어가야 한다.
목회를 하면서 성공했다는 것이 과연 무엇을 가리키는가?
성공적인 목회를 정하는 기준은 무엇이며, 어디에 있는가?
우리가 살고 있는 이 세상은 성공의 기준을 경제적 능력에 기반을 둔다. 사실상 가정을 희생시키고, 오직 사역에만 매진하는 사람들이 의외로 많다. 목회 성공을 위해서라면 어떤 방법론도 마다하지 않고, 오로지 자기 자랑을 내세우는 데 최종 목표를 둔다.
오늘날 선포되고 있는 메시지는 주님께서 가르쳐주신 교훈이라기보다는 "나를 따라하시오. 그러면 언젠가는 나처럼 성공할 수 있소"라고 하는 이기적인 메시지이다.
목회 성공을 위해 가정을 희생시키는 목회자들을 볼 때 참으로 마음이 아프다. 목회 성공이 하나의 우상이 되어 이를 위해서라면 어떤 것도 마다하지 않는다는 자세가 서글픈 현실이 되어버리고 말았다.

3. 성공의 위험

아치볼드 하트(Archivald Hart) 박사가 그의 강연에서 지난 2001년 하버드의과대학의 스티븐 버글래스(Steven Berglas) 교수가 쓴 책 『성공 증후군』(The Success Syndrome)에 대해 언급한 것을 들은 적이 있다. 이 책은 성공과 그에 따른 위험에 대한 연구결과를 담고 있다. 그는 지난 10년 동안 성공의 정상에 올랐다고 하는 사람들이 실제로는 4가지 증후군을 앓고 있다는 결론에 이르렀다. 한 마디로, 버글래스 교수는 자기애가 지나치게 강하다는 진단을 내렸다.

- 교만
- 고립
- 약물중독
- 불륜

정신세계가 투철한 사람이 아니라면, 성공과 함께 앞서 언급한 4가지 증후군을 앓을 수밖에 없어 보인다. 자기애를 다스리는 것도 힘들 텐데, 거기에다가 교만, 고립, 약물중독 그리고 불륜까지 더해지면서 삶이 피폐해지는 것이다.

목회자와 평신도 리더들에게서도 얼마든지 적용될 수 있는 교훈이라고 생각한다. 사실 성공(success)이라는 개념처럼 모호한 것도 없는 것 같다. 하나님은 우리의 사회적 또는 물질적 성공보다 주님의 형상을 닮아 가는 데 관심을 갖고 계시다.

하나님께서 자기애는 두말할 것도 없고, 앞서 언급된 4가지 저주에서 우리 모두를 건져주시기를 기도한다. 결국 주님은 우리에게 성공보다는 충성을 요구하신다.

> 그 주인이 이르되 잘 하였도다 착하고 충성된 종아 네가 적은 일에 충성하였으매 내가 많은 것을 네게 맡기리니 네 주인의 즐거움에 참여할지어다(마 25:21).

4. 성공이란?

일반적으로, 성공은 숫자, 건물, 시청률, 책, 페이스북 팔로워 숫자, 외부 집회 초청 횟수 등과 연관된다. 이 모든 요소들이 나쁜 것은 아니다. 그러나 목표 자체가 되어서는 안 된다. 성공이라는 술에 취한 목회자는 생각도 말도 행동도 계획도 온전할 수 없다. 넘어진 직후에도 성공을 털어버릴 수 없는 이유는 성공이라는 놈처럼 중독성이 강한 것이 없기 때문이다. 성공은 육과 잘 통하기 때문이다.

성공 때문에 정체성, 가정, 친구, 건강을 잃은 사람들이 한 둘이 아니다. 성공은 우리를 고립시키고 우울하게 만든다. 성공은 우리를 철저히 왕따시킨다. 인간적인 안목으로 볼 때 성공은 순간적이고, 표면적이며, 무가치한 것에 불과하다.

그렇다면, 온전한 성공을 바라고 기대할 수는 없단 말인가?

내가 보기에는 성경적인 기준의 성공이 있다. 느헤미야는 하나님께 형통을 구했다(느 1:11). 느헤미야의 간구는 개인의 욕망이 아니라 공동체의 유익이 반영되어 있다. 즉, 무너진 예루살렘 성벽을 쌓는 것이었다.

예루살렘은 교회의 예표이다. 그러므로 교회가 유익을 얻는 등, 사역의 성공을 위해서라면 하나님께 얼마든지 성공을 달라고 간구해도 무방하다는 이야기이다. 성공에 도달하기 위한 비전, 인력, 보호, 계획, 전략, 자원, 환경 등은 하나님이 얼마든지 허락하실 수 있는 요소들이다.

그러므로 성공에 관하여 우리의 생각을 바꿀 필요가 있다.

로마서 12장 2절에도 "오직 마음을 새롭게 함으로 변화를 받아"라고 하지 않았던가?

5. 재활용

여기서 말하는 재활용이란, 끊임없이 배우는 자세를 가리킨다. 사역자라면, 누구든지 배움에 대한 열망을 가지고 있어야 한다. 더욱이 우리는 정보기술 시대에 살고 있기 때문에 그 어느 때보다 손쉽게 정보를 접할 수 있다.

때로는 우리가 매일같이 무의식적으로 하는 일들 가운데 변화의 기운을 북돋아줄 필요가 있다. 이를 위해 앞으로는 세계관에 대해서 감히 논하겠다.

6. 세계관

세계관이라는 말을 처음으로 접했을 때 나는 우주비행사들을 떠올렸다. 최초로 달에 발을 내딛은 닐 암스트롱(Neil Armstrong)은 거대한 지구가 멀어지면 멀어질수록 농구공처럼, 나중에는 테니스공처럼 작게 보였다고 서술한 바 있다.

한마디로 어디에서 어떻게 보느냐에 따라 상황은 매우 달라진다. 세상은 넓기 때문에 다양한 각도에서 사물을 조명할 필요가 있다. 우리 주변에 일어나고 있는 일들을 딛고 일어서서 보다 높은 곳에서 세상을 바라볼 줄 아는 시각을 키워야 한다.

이런 의미에서 주님은 믿음의 엘리베이터를 타고 정상으로 올라가 새로운 시각으로 세상을 바라볼 것을 촉구하고 계신다.

이는 하늘이 땅보다 높음 같이 내 길은 너희의 길보다 높으며 내 생각은 너희의 생각보다 높음이니라(사 55:9).

프랜시스 쉐퍼(Francis Schaeffer)는 내가 가장 존경하는 사상가이자 철학자이다. 그와 같이 뛰어난 통찰력을 가진 이들이 요즘 교계에서 안 보이는 것이 안타깝기만 하다. 쉐퍼는 70-80년대에 자란 우리 세대에게 세상을 보는 눈을 갖게 해주었다고 해도 과언이 아니다. 그는 장차 일어날 일들에 대해서 말해주곤 했는데, 그 누구도 이런 일을 예측하지 못했다. 아직도 나는 그의 책들을 간직하고 있다.

변화무쌍한 세상에서 우리는 예언자적 통찰력을 지니고 있어야 한다. 또한 정치, 도덕, 법률, 심지어 AI 기술에 관련해서도 어느 정도 미래를 예측할 수 있는 능력을 키워야 한다. 앞으로 이런 변화에 적응하지 못하면 내가 말하는 사역의 재활용은 불가능하다.

조쉬 맥도웰(Josh McDowell)은 2013년 발간한 그의 글에서 앞으로 교회가 3가지 커다란 문화적 충격을 받을 것이라고 예고했다.

- 인식론적인 변화이다. 절대 진리가 무대에서 사라지고, 하나님 중심에서 인간 중심의 문화가 발달할 것이다.
- 문화에 막강한 영향력을 끼치는 인터넷 정보의 확장이다.
- 지난 20년 간 해왔던 것처럼 기존 목회 모델이 더 이상 존속되지 못할 것이라는 전망이다. 부모 역시 같은 방법으로 자녀들을 양육할 수 없다. 세상은 그만큼 변화되었**기 때문이다.**

인터넷은 우리 일상을 통째로 바꾸어놓았다. 우리 자녀들은 인터넷이라는 매체를 통해 교회 친구들뿐만 아니라, 온갖 타종교를 추종하는 이들과 무신론자들의 발언에 노출되어 있다. 이런 상황에서 우리가 보다 잘 준비되어 있지 않으면 안 된다. 어느 장르의 음악이 유행하는지, 가사는 어떤 메시지를 전하는지에 대해 무지하면 안 되는 시대가 되어버리고 말았다.

또한 포르노그래피의 중독성에 대해 성도들과 자녀들에게 가르치지 않으면 안 되는 세상에 살고 있다. 자녀들을 과잉보호해서도 안 되겠지만, 훈련시키지 않으면 안 된다. 언젠가는 세상에서 건져낼 수 있다는 안일한 생각이 결국 자녀들을 세상에 빼앗기고 마는 결과를 낳을지도 모른다.

7. 회복

스페인어에는 젖소에 해당되는 '바카'(vaca)라고 하는 말이 '바캉스'(vacaciones), 즉 휴가라고 하는 단어의 접두어이다. 그러나 사실상 내가 자란 스페인뿐만 아니라, 유럽 전체의 분위기가 인도에서 젖소를 성스럽게 여기듯이 휴가철을 성스럽게 여기는 문화가 오래전부터 자리잡았다. 8월이 되면 대부분의 유럽인들은 해변 또는 산을 찾는다. 그런데 최근에는 그토록 성스럽게 여겨졌던 휴가철도 경제적인 요인 때문에 타협의 대상이 되고 말았다.

예전 같으면 7-8월이 되면 마드리드(Madrid) 같은 대도시도 사막지대가 되곤 했었다. 교통 체증도 없고, 지하철에도 인적이 드물었다. 그런데 미국으로 건너와 보니 상황이 조금 달랐다. 연간 1개월 휴가라는 개념은 최근에 일부 사람들만 누리는 특혜이다. 때로는 일중독 때문에 휴가를 갖는다는 것 자체가 어색하게 느껴지는 사람들도 종종 봤다. 그런데 가만히 관찰하면, 미국인들은 사역에 관해서도 일이 전부라고 생각하는 경향이 짙다.

그래서 이런 말이 생겨난지도 모른다.

"사역에 지나치게 신경을 쓰다 보면, 누구를 위해 사역을 하는지를 놓칠 수가 있다."

8. 이제는 좀 쉬자

예수님의 말씀을 들어보라.

> 수고하고 무거운 짐 진 자들아 다 내게로 오라 내가 너희를 쉬게 하리라(마 11:28).

예수님의 말을 따르면, 우리가 피곤한 이유는 수고하고 무거운 짐을 지고 있기 때문이다. 이렇듯 피로는 몸의 긴장과 정신의 스트레스에서 비롯된다. 혹자는 인생을 경주(race)로 표현했다. 그런데 문제는 멈출 시간이 없다는 것이다. 멈추지 않고 움직이면 언젠가는 일이 생기고 만다. 몸이라는 시스템에서 위험신호가 들어오고, 그래도 계속 작동시키면, 완전히 고장 나고 만다. 멈추면 안 되는 것처럼 누군가 우리를 프로그래밍 해놓았기 때문에 잠시 쉬는 것을 죄악시 여기는 우리 스스로의 모습을 보고 놀란다. 전진하는 것만이 능사는 아니다. 적신호를 무시하고 기기를 계속 작동시키면 언젠가는 완전히 멈추게 되어 있다.

예수님은 수고하는 자들, 다시 말해, 힘들어하고, 지치고, 번 아웃(burn out)된 이들에게 말씀하신다. 또한 무거운 짐 진 자들에게 말을 거신다. 이 세상의 모든 짐을 진 것처럼 피곤해 하는 이들에게 주님은 다가가신다.

그렇다면, 수고하고 무거운 짐을 지고 있을 때 당신은 누구를 찾고 어디를 가는가?

주님은 "내게로 오라"고 재촉하신다. 주님이 안식의 원천이시다. 주님 안에 몸과 마음의 안식처가 있다. 문제는 엉뚱한 곳에서 잘못된 이들에게서 쉼을 얻으려고 할 때 생긴다.

어떻게 보면, 유럽인들이 미국인들보다 앞선다는 생각이 든다. 특히 노동에 관해서는 말이다. 대개의 유럽인들은 연간 평균 30일 휴가를 누린다. 게다가 크리스마스 같은 휴일에는 일을 하지 않는다. 핀란드 같은 나라에서는 유아 휴직이라는 제도가 있어 회사 직원이 아이를 낳자마자 약 1년 동안의 휴식을 취할 수 있게 되어 있다.

2015년 6월 1일자 「타임지」(*Times*)에 보면, 미국에서는 20년을 쉬지 않고 일해야 30일 휴가를 받을까 말까 한다고 한다. 게다가 3년 이상 한 회사에 몸을 담는 일이 거의 드물기 때문에 이런 휴가는 그림의 떡에 불과하다.

이를 계산해 보면, 미국인들의 경우에 연간 총 4억 2천 9백만 일을 반납한 것이나 다를 바 없다. 다시 말하면, 2013년을 기준으로 524억 달러에 해당되는 노동 시간을 아무런 대가 없이 반납했다는 해석이다.

한국과 일본의 경우에는 노동 시간이 거의 최장을 기록한다. 물론 일에 대한 윤리의식이 투철한 것은 본받을 만한 일이다. 그러나 물질이라는 제단에 자기 가족마저 갖다 바친 경제대국이라는 수모를 면치 못할 것이다.

미국을 보면, 대부분의 히스패닉 사람들은 이민자들로서 일하지 않으면 안 되는 환경에 노예가 되어 있다. 불법 이민자들은 많은 불이익을 받기 때문에 더욱더 일에 매달려 있는지도 모른다. 그러나 가면 갈수록 라티노들이 공항, 호텔, 관광지를 누비고 다니는 것을 볼 때 같은 히스패닉 출신의 한 사람으로서 마음이 매우 뿌듯하다. 갈 길이 멀지만, 예전에 비하면 형편이 많이 나아졌음을 느낀한다.

어디를 가나 만성피로에 시달리는 사람들이 있기 마련이기 때문에 제약회사들이 불면증, 긴장, 스트레스를 둘러싼 약품을 판매하는 데 엄청난 수익을 올리고 있는 실정이다.

이뿐이겠는가?

정신과 의사 또는 심리상담자들은 장사진을 이루는 사람들을 돌보느라 말도 아니다.

2천 년 전에 예수님은 지치고 힘든 우리에게 이렇게 말씀하셨다.

"내게로 오라."

여기서 오라는 말에는 우리의 의지가 포함되어 있다.

"그러면 쉬게 하리라."

십자가 밑에 나아가 인생의 모든 무거운 짐을 내려놓으라.

주님께 나아가라.

주님은 어느 특정 장소가 아닌, 인격체이시다. 주님은 어떤 기술로 이용할 수 있는 분이 아니라, 하나님 자신이시다. 평온을 찾기 위해 해변이나 산을 찾을 수는 있다. 물론 하나님은 무소부재하신 분이시기 때문에 그곳에도 계신다.

하나님은 내면의 평안의 원천이시다. 하나님은 영생의 말씀, 치유의 말씀, 위로의 말씀, 승리의 말씀, 희망의 말씀, 진정한 쉼의 말씀을 가지고 계신다.

그리스도 안에서 참된 안식을 얻으라.

잠시 시간을 비워 주님을 만남으로써 신선한 공기를 마시면서, 내일 또 다시 당신을 기다리고 있을 일터, 직장, 도전, 문제를 직시하라.

그러면, 이제는 좀 쉬자.

9. '아니오'라고 말할 수 있는 용기

나는 성격상 거절하지 못하는 성격의 소유자이다. 더욱이 목회자로서 성도에게 '아니오'라고 말하면, 묘한 죄책감에 시달릴 내 모습이 싫어서 하기 싫어도 '예'라고 말하곤 했다. 그러나 수많은 실수 끝에 하나님을 섬기는 일에 항상 '예'가 있어야 하는 것은 아니라는 결론에 이르렀다.

예수님의 경우에도 절실한 요구를 들어주지 않고, 과감하게 '아니오'라고 거절한 모습들을 볼 수 있다. 나는 이 말씀을 접할 때마다 마음의 안정을 되찾곤 했다. 때로는 '아니오'라고 말할 수 있는 용기는 나의 영 그리고 정신 건강에 큰 도움이 되었다.

그러면 예수님께서 '아니오'라고 말한 경우를 살펴보자.

1) 병든 자들에게 '아니오!'(no!)라고 말씀하셨다

가버나움에서 일어난 일이다. 마가복음 1장 29-34절에 보면, 예수님은 매우 바쁜 일상을 보내신 것으로 보인다. 주님께서 그곳에서 일으키신 파장은 대단했다. 집회 일정(?)을 모두 마치고 베드로의 집으로 가셨을 때, 수제자의 장모가 때마침 열병에 시달리고 있었다.

> 예수께서 각종 병이 든 많은 사람을 고치시며 많은 귀신을 내쫓으시되...(막 1:34).

본래 사역이라고 하는 것이 이렇게 쉴 틈을 내주지 않는다.

밤이 깊어지자 잠들 때가 왔다. 그 다음 날에도 놀라운 기적이 일어날 것이 분명했다. 마가복음 1장 35-38절이 그 내용이다.

짙은 새벽에 예수님은 평소 때처럼 기도하기 위해 한적한 곳을 찾으셨다. 그런데 갑자기 베드로가 "모든 사람이 주를 찾나이다!"라고 외치는 것이 아닌가?

"선생님, 수많은 병자들이 장사진을 이룬 채 주님을 찾고 있어요. 몸과 마음이 아픈 수많은 사람들이란 말이에요!"

그러나 모든 사람들의 기대와는 달리 예수님께서는 "아니오!"라고 답하셨다. 베드로의 집 앞에서 애타게 기다리고 있던 모든 사람들에게 "미안하지만, 다른 가까운 마을들로 가서 거기서도 전도해야 합니다"라고 딱 잘라 말씀하신 것이었다. 이처럼 예수님은 많은 사람으로 인해 감동받지 않으셨으며, 소신껏 움직이셨다. 복음의 메시지를 듣지 못한 다른 마을에 사는 이들에게 우선권을 주신 것이다.

예수님은 무엇때문에 무리의 요구를 거절하셨는가?

첫째, 예수님도 인간인지라 자신의 부족함을 알고 계셨다.

가벼움에만 머무를 수가 없으셨다. 이런 의미에서 "아니오!"라고 말하는 것은 우리 인간성을 드러내는 진솔한 고백이다. 결국 목사도 인간이기 때문이다.

둘째, 하나님을 대신하여 질병만을 고치는 이미지를 각인하지 않기 위함이었다.

이 세상을 떠나셔도 병자들은 지구상에 계속 존재할 것이라는 생각에 치료자이신 그분조차 모든 병자들을 치료하지는 않으셨다.

오늘날에도 이 원칙은 변하지 않았다. 사람들이 목사를 지나치게 의존하는 것은 금물이다. 매 주일 성도들이 기도를 받으려고 강단 앞에 나오는 것은 보기 좋은 흐뭇한 현상이 아닐 수 없다. 하지만 매번 같은 기도제목을 내놓는다면, 어쩌면 그 성도가 필요로 하는 것은 목회자의 기도가 아니라 자세 내지 습관을 바꾸는 것일 수도 있다.

나는 신유의 역사를 믿는다. 그리스도는 오늘날에도 각종 질병을 고치신다. 그러나 주님은 무엇보다 영혼의 구원을 위해 이 땅에 오셨다. 복음 선포와 구원사역보다 더 중요한 사역은 있을 수 없다.

2) 예수님의 또 다른 '아니오!'를 정리하면

제자 중에 또 한 사람이 이르되 주여 내가 먼저 가서 내 아버지를 장사하게 허락하옵소서 예수께서 이르시되 죽은 자들이 그들의 죽은 자들을 장사하게 하고 너는 나를 따르라 하시니라(마 8:21-22).

마르다는 준비하는 일이 많아 마음이 분주한지라 예수께 나아가 이르되 주여 내 동생이 나 혼자 일하게 두는 것을 생각하지 아니하시나이까 그를 명하사 나를 도와주라 하소서 주께서 대답하여 이르시되 마르다야 마르다야 네가 많은 일로 염려하고 근심하나 몇 가지만 하든지 혹은 한 가지만이라도 족하니라 마리아는 이 좋은 편을 택하였으니 빼앗기지 아니하리라 하시니라(눅 10:40-42).

여짜오되 주의 영광 중에서 우리를 하나는 주의 우편에 하나는 좌편에 앉게 하여 주옵소서.... 내 좌우편에 앉는 것은 내가 줄 것이 아니라 누구를 위하여 준비되었든지 그들이 얻을 것이니라(막 10:35-45).

그때에 서기관과 바리새인 중 몇 사람이 말하되 선생님이여 우리에게 표적 보여주시기를 원하나이다 예수께서 대답하여 이르시되 악하고 음란한 세대가 표적을 구하나 선지자 요나의 표적 밖에는 보일 표적이 없느니라(마 12:38-42).

그들이 이르되 주여 이 떡을 항상 우리에게 주소서 예수께서 이르시되 나는 생명의 떡이니 내게 오는 자는 결코 주리지 아니할 터이요 나를 믿는 자는 영원히 목마르지 아니하리라(요 6:34-35).

나는 본래 거절을 쉽게 못하는 성격의 소유자이다. '아니오!'라고 말하는 것이 왠지 부끄럽고 성도들에게 미안할 따름이었다. 성전을 건축할 때 있었던 일이다. 오전 9시에 시작된 공사는 오후 5시까지 멈추지 않았다. 그러던 어느 날 당회원들에게 이번 주말은 좀 쉬어야겠다는 말을 했는데, 모두가 이를 달갑게 받아들이는 눈치는 아니었다.

그런데 나의 뜻은 내 가족만 쉬자는 것이 아니었고, 리더들이 가족 단위로 주말에 휴식을 취해야 기나긴 공사 기간을 소화할 수 있다는 생각이었다. 결국 이런 휴식은 가족과 교회 공동체에 유익을 주었다. 처음엔 고개를 갸우뚱하던 당회원들도 나중에는 내 아이디어를 반겼다.

때로는 '아니오!'라고 과감하게 말하라.

죄책감에 시달리지 말라.

인상을 찌푸리는 이가 있을 수 있겠지만, 결국에는 당신의 오른팔을 들어줄 날이 올 것이다.

3) 꾸준한 운동을 통해 삶의 질을 높이라

나는 기독교 가정에서 태어났다. 나의 부친은 쿠바 출신으로서 스페인에서 목회 및 선교활동을 병행하셨다. 내가 자란 50-60년대만 해도 목회자에게 운동의 중요성을 아무도 말하지 않는 시대였다.

70년대에 들어서도 옷 입는 스타일이나 강단에 설 때 넥타이 착용은 경건의 상징이었다. 사모들 역시 화려한 복장은 피하고 항상 단정한 옷을 입어야 했다. 그러나 나는 지금 복장에 대해 다루려고 하는 것이 아니라, 건강관리에 대해 언급하고자 한다.

몇 십 년 전만 하더라도 신학교에서는 교리, 성경 그리고 영적인 것만을 다루었지 건강과 같은 분야에 대해서는 매우 부정적인 시각을 가지고 있었다. 내 부친은 야구광이었는데, 스페인에서는 야구가 미국의 상징으로 여겨졌기에 좀 꺼려지는 스포츠였다.

교회에서도 청년들 사이에서는 야구가 어느 정도 인기가 있었으나 전통적으로 스페인 사람들은 축구를 선호했다. 내 부친의 장수 비결은 만보 걷기와 건강한 식단관리에 있었다. 체중은 늘 평균치를 유지했다.

그런데 당시 내가 알고 지내던 목사님들은 하나같이 비만이었다. 우스갯소리로 "강대상이 없는 곳에서는 내 배에 성경책을 올려놓는다고요!"라고 말하곤 했다. 스페인어권에서는 "목사는 배가 나와야 신뢰가 간다"(pastor con panza, inspira confianza)라는 속담이 있을 정도로 목회자들은 전통적으로 건강관리를 소홀하게 다루어왔다.

그러나 미국의 목회자들은 대개의 경우 건강에는 자신감을 보였다. 그건 아마도 스포츠를 중요시하는 문화가 아닌가 생각한다. 나는 미국의 모 교단 선교국장으로 파송된 선교사님과 테니스를 매번 치곤 했었는데, 40여 년 전에 받은 테니스라켓을 아직도 간직하고 있다.

시대가 많이 변했다. 새 시대를 맞이하여 우리 목회자들은 또 다시 교단을 초월하여 건강관리세미나 같은 것을 많이 보급해야 한다. 내가 이 부분을 강조하는 이유는 수많은 목회자들이 사역 현장의 스트레스 때문에 선배 목회자들이나 심리 상담자들을 찾아가는 일이 빈번해지고 있기 때문이다. 정신적으로 쉴 틈이 없기에 결국에는 몸과 마음이 망가지는 현상이 나타나는 것이다.

이 때문에 목회자의 건강관리는 아무리 강조해도 지나치지 않으며, 오늘날에는 이에 대한 체계적인 프로그램이 자리잡고 있는 실정이다.

그러므로 꾸준한 운동을 통해 건강관리에 신경을 쓰라.

성령의 전인 우리의 몸을 돌보지 않으면 사역도 오래가지 못하기 마련이다.

나의 경우 몸을 움직이는 것을 워낙 좋아해서 건강상 특별신호는 없었지만, 식단관리에는 좀 소홀했다. 구체적으로 말하면, 과식이 좀 몸에 배어 있었다는 것이 문제의 발단이었다. 젊을 때에는 문제가 없겠지만, 어느 정도 중년에 들어서면 누구나 음식량도 조절해야 함을 알게 된다.

나는 운동도 예배의 일부라고 생각한다. 다시 말해, 매일 몸을 움직여 주므로 건강관리에 힘쓰고; 이러므로 하나님의 일을 보다 효율적으로 할 수 있기 때문이다. 개인적으로는 하루에 약 3.2km를 걷곤 하는데, 매번 몸이 가벼워지고 심장이 튼튼해짐을 느낀다.

목사도 사람인지라 어느 정도 나이가 들면 육식을 줄이는 것이 좋다. 고기 집에 가더라도 적당히 먹는 것이 좋다.

물론 건강관리는 운동이나 식단에만 국한되는 것이 아니라, 정신건강도 포함한다. 그런 의미에서 우리는 야외활동을 더 보강해야 한다. 대개, 목회자들은 인상이 더 어둡고 심각한 편이다.

그러므로 익숙한 목회환경을 벗어나 인생의 재미를 즐길 수 있는 야외활동이 건강에 큰 유익을 제공한다.

이제부터는 산책도 하고, 아내와 함께 근사한 곳에 가서 시간도 보내고, 산이나 해변을 찾아 공기를 순환시키라.

단순한 이야기 같지만, 하나님께서 당신에게 맡기신 양떼들을 돌보는 일에 큰 유익이 될 것이다. 물론 모든 목회자들이 인생의 여유를 누릴 수 있는 환경은 아닐 수도 있다.

하지만 눈높이에 맞는 다양한 오락거리가 있을 수 있으니 가족과 함께 오붓한 시간을 보내라.

풀러신학교의 하트(Archibald Hart) 박사는 그의 강의에서 다음과 같이 조언했다.

- 사역이라고 하는 것은 가장 위험하면서도 가장 영광스러운 일이다.
- 많은 목회자들은 하나님이 정하신 우선순위를 지키지 않는다.
- 많은 리더들은 하나님을 위해 큰 일을 하기를 열망하지만, 사실 하나님께서 그들의 삶 가운데 먼저 큰 일을 행하기를 원하신다.
- 목회자는 주의 종이지 교회나 성도의 종은 아니다.
- 목회자가 시련을 겪는 이유는 그들이 목회자가 아니기 때문이 아니라, 그 역시 평범한 인간이기 때문이다.
- 어찌보면, 우리 자신이 하나의 도구이기에 당연히 관리를 잘 해주어야 한다고 스펄전은 말했다.
- 자신을 돌보지 않는 것은 곧 사역을 돌보지 않는 것이다.
- 목회자가 자신을 위해 투자하는 것은 사치가 아니라 필수 항목이다.
- 자기관리는 영적 훈련의 또 다른 얼굴이다.

제10장

교회는 어떡하란 말인가?

이것은 나의 귓가에 계속 울려퍼지는 질문이기도 하다. 목회자로서 나는 지역 교회나 지구촌 교회들에 대한 부담을 안 가질 수가 없다.

나에게 이런 마음이 있는 것은 내가 교회의 일원이자 그리스도의 몸의 지체이기 때문이다. 나는 만 8세 때부터 하나님의 가족의 구성원이 되었다. 또한 30여 년 동안 목회사역을 한 경험이 있다. 그 때문에 주님의 신부인 교회에 대해 관심이 많다.

하나님도 같은 마음일 것이다.

교회는 하나의 가족이다.

하나님의 교회는 한 영적 지붕 밑에 사는 거대한 가족이다. 목회자라면 누구나 시편 기자의 마음과 동일할 것이다.

주의 집을 위하는 열성이 나를 삼키고 주를 비방하는 비방이 내게 미쳤나이다(시 69:9).

하나님의 집을 향한 우리의 마음이 불타올라야 한다. 하나님의 성전에 대해 질투하는 마음이 샘솟듯 일어나야 한다. 여기서 집이라는 말은 히브리어로 '바이트'(bayit)인데, 이는 가족, 집, 장소, 건물, 공간, 족보, 성전, 장막이라는 뜻을 모두 함축하고 있다.

그리고 바이트의 동사는 '바나'(bana)로서 이는 건축하다, 세우다, 자녀를 잉태하다, 땅을 일구다, 세우다, 수리하다, 회복시키다라는 뜻이다. 목사도 사람이라고 했다.

이 모든 일을 목회자가 감당해야 한다고?

그러나 이것이 바로 목회자들이 가진 하나님의 집에 대한 불타는 질투심 아닌가?

이 질투심이 나로 하여금 가까운 대도시나 미지의 오지에 있는 동료 사역자들과 이 같은 진리를 나누게 하는 원동력이 된다. 미국 내에서도 조그마한 상가를 빌려 몇 명 안 되는 형제들이 예배를 드리는 곳 역시 교회이고, 으리으리한 현대식 건물의 성전에서 전통적인 예배형식과 현대적인 예배형식이 어우러지는 곳 역시 교회이다. 그 때문에 나는 건강과 힘이 허락되는 한 세계 곳곳을 다니며 주의 말씀을 전할 것이다.

그렇다면, 오늘날의 교회는 어떠한가?

세계 교회는 어디로 가고 있는가?

한편으로는 극단적인 양극화 현상이 일어나고 있다. 언론은 교회를 비판하는 목소리를 높이고 있다. 그 이유는 성도들을 이용하고 무분별한 행동으로 세상에 실망을 안기는 일부 목회자들 때문이다. 또한 성경 말씀에 대한 충실한 가르침이 가면 갈수록 희미해지는 실정이다.

십자가의 은혜 또는 그리스도 피에 대한 메시지는 강단에서 사라진 지 오래되었다. 심지어 성도들에 대항하는 도전적인 메시지는 최대한 피하는 것이 좋다는 가르침이 판을 치고 있다.

결국 "성도들에게서 돈이 나온다"는 세속적이 말도 있지 않는가?
따라서 별별 색상의 교회들이 공존하고 있다. 메뉴판의 요리는 매우 다양하다. 교회는 사람들을 놓치지 않으려고 온갖 방법을 동원한다. 심지어 어떤 교회 입구에는 "반바지, 슬리퍼 착용 무방"(shorts and flip flops, ok)이라는 문구가 보인다. 교회론의 권위자인 에드 스테처(Ed Stetzer)는 이런 말을 한 적이 있다.

"교회의 사이즈와 건강은 아무런 관계가 없다. 그러나 건강한 교회는 반드시 성장하게 되어 있다."

미국 교회의 현실을 좀 짚어보자.

- 6천 3백만 명, 즉 전 국민의 20.4%가 매주일 교회에 출석한다.
- 평균 출석률은 90명 이하이다.
- 개척된 지 4년 된 교회는 출석교인 100명을 넘어서지 못한다.
- 전 세계에서 가장 급성장하는 교회들은 런던, 키예프, 스톡홀름 등 대도시에 위치한 흑인이민 교회들이다. 미국에서도 히스패닉 교회들이 성장하는 추세이다.

1. 우리는 무엇으로 만들어진 것인가?

미국의 경우, 사회와 교회의 현황을 설명하는 데 있어서 두 가지 말을 사용한다.

첫째, '멜팅 팟'(melting pot)이라는 말로서, 끓는 물에 여러 재료를 다 넣고 일종의 꿀꿀이죽을 만드는 것이다.

둘째, '샐러드 보울'(salad bowl)이라는 말로서, 커다란 그릇에 상추, 팥, 망고 등 여러 재료를 섞되 그 위에 소스를 첨가한다. 결국에는 아무 맛도 없는 원산지가 불분명한 음식이 되고 만다.

물론 이는 미국인들의 관점에서 바라본 현대 교회의 현황이다. 각 나라의 사정이 다를 수는 있다. 같은 미국이라고 하더라도 히스패닉 교회는 사정이 다르다. 때문에 독특한 고유의 맛을 내는 것이다.

2. 라티노 개혁(the latino reformation)

2013년 4월 15일자 「타임지」(*Time*)에 보면, 미국 내 히스패닉 교회에 대해 이렇게 서술하고 있다.

- 미국 내 히스패닉 교회에 출석하는 수백 만 명의 크리스천 대부분은 오순절 계통의 개신교도들이다.
- 가톨릭교회에서 개신교회로 개종하는 이들 대부분은 히스패닉 2세들을 포함한 젊은층이다.
- 히스패닉 교회의 급성장은 미국의 종교계 및 정치계를 변화시키고 있다.
- 히스패닉 교회의 수를 계량화하는 것은 결코 쉬운 일이 아니다. 이들 대부분은 가정집 지하실에서 기도모임의 형태로 교회를 개척한다. 나 역시 캘리포니아에 있을 때 우리집 거실에서 교회를 개척한 적이 있다.
- 미국 내 개신교의 성장은 이민 현상과 결부되어 있다. 개신교인들

의 수는 측정하기 어렵지만 급성장하고 있는 것만큼은 틀림없다.

- 라티노(latino)들에게 있어서 가톨릭은 과거의 상징인 동시에 개신교는 새로운 시작, 새로운 기회, 새로운 생활과 결부되어 있다.

3. 교회는 어디로 가고 있는가?

지난 수십 년 수백 년 사이에 세상은 급변했다. 유럽의 경우, 수많은 가톨릭 성당과 개신교예배당이 비어 있다. 그 장의자 하나하나에는 수천 명의 사람들이 예배를 드린 흔적이 새겨져 있다. 하지만 지금은 백화점, 놀이터로 변했고, 에딘버그(Edinburg)에서는 예배당이 술집(pub)으로 아무렇지도 않게 바뀌어 있다.

유럽 교회는 죽었다. 좀 더 정확하게 말하자면, 개신교의 다양한 색깔을 대표하는 교단들이 죽은 것이다. 이것은 어제오늘의 이야기가 아니다. 유럽 교회는 벌써 죽은 지 몇십 년이 지났다. 그들에게 있어서 교회는 곧 종교이다. 기성 세대가 믿음이 없고 복음의 반석 위에 굳건히 서지 못한 탓에 젊은 세대는 무신론자 내지 불가지론자들이 되어버린 것이다. 하나님과 복음에 대해 무관심한 젊은 세대가 교회를 책임질 수는 없다. 실제로 교회 건물은 매각 중이다.

지난 수백 년 동안, 성당은 마을의 중심지에 세워지곤 했다. 예배당을 중심으로 정부기관과 마을이 발전되었다. 교회도 마찬가지이다. 영국을 포함한 유럽에서는 예배당이 전략적인 중심지에 위치해 있다. 당시 예배처소는 전 마을 사람들의 문화와 종교 중심지였다. 그러나 오늘에 이르러서 영국성공회는 영국 내에서만 1년에 20개의 교회 건물을 매물로 내놓고 있다. 잉걸스 가족의 '초원의 집'(the little house on the prairie)과 같은 시리즈를 보면 이 같은 사실을 잘 드러나 있다.

교회론 전문가들은 똑같은 현상이 미국에도 30년 이내에 나타날 것이라고 예측한다. 종교개혁과 각 대형교단의 원산지이자 한때 수많은 예술가, 문학가, 음악가 그리고 선교사를 배출한 유럽이 하나님을 등지고 있는 이 때에 미국에서는 히스패닉 교회가 일어서고 있다. 한때 유럽 이민자들에 의해 강대국이 된 미국이라고 하는 곳에서 중남미 사람들이 새로운 지평선을 제시하고 있는 상황이다.

미국 내 히스패닉 교회를 발견하기 어려운 원인 중의 하나가 바로 경제적인 부분과 연관되어 있다. 저들의 최저 임금으로 교회 건물을 임대하거나 건축한다는 것은 상상을 초월하는 머나먼 나라의 이야기이다.

히스패닉 교회는 백인들이 다니는 전통 교회가 없어질 때까지 30년을 기다려서는 안 된다. 어차피 그들은 사라질 운명이다. 30년이면 한 세대이다. 지금 당장 무엇인가를 해야 한다.

초대 교회는 가정집에서 모였다. 비싼 돈을 들여 예배당을 건축할 수 없다면, 가정집에서 모이는 것도 좋은 방안이다. 성경으로 돌아가는 운동이 될지도 모른다. 중남미의 대형 교회들은 한국의 조용기 목사로부터 구역 조직을 배워 대부분 셀 형태로 성장하였다.

유럽의 살아 있는 교회들은 이민자들로 구성된 교회이다.

믿음을 수입했다는 말인가?

말이 좀 그렇지만, 대부분의 이민자들은 자기 나라에서 이미 신앙생활을 해온 믿음이 좋은 사람들로서 선교사로 새로운 개척의 땅을 향해 나아가는 것이나 다를 바 없다. 이것이 오늘날 선교학자들이 내놓는 새로운 선교 방안이다.

하나님은 시간과 공간을 초월하여 다양한 방법으로 복음의 메시지가 선포되도록 역사하신다. 이는 하나님의 절대주권 영역이다. 고린도전서

1장 27절을 보면, 이렇게 명시되어 있다.

> 그런데 하나님께서는 지혜 있는 자들을 부끄럽게 하시려고 세상의 어리석은 것을 택하셨으며 강한 자들을 부끄럽게 하시려고 세상의 약한 것을 택하셨습니다(고전 1:27, 표준새번역).

기가 막힌 말씀이다!

미국에서도 히스패닉들에 의해 세워진 고유의 교단을 아는데, 이 교단에 속한 수백 개의 교회 건물들은 라티노 성도들의 헌금으로 구입되었다. 이제는 할 수 없다는 말 대신, 믿음으로 하자!

교회는 지금 어디에 있는가?

미국의 경우, 교회는 백화점 매장 안에 있다. 백인들이 세운 교회 안에 또 다른 교회가 있다. 주차장 안에 있다. 학교 강당에 있다. 가정집 거실에 있다. 매장에 있다. 지하실에 있다. 정성 들여세운 예배실에 있다. 미국의 히스패닉 교회는 어디를 가나 찾아볼 수 있다. 나는 라티노들로 구성된 히스패닉 교회야말로 사도행전에 나타난 초대 교회와 같이 힘있고, 날마다 성장하며, 사도행전 2장 46-47절에 나타난 역사를 매일같이 체험한다고 확신한다.

제11장

내 교회를 세우리라

주님이 이 시대의 교회를 향해 무엇이라고 지금 말씀하고 계시는가?
나는 마태복음 16장 18-19절에 그 해답이 있다고 생각한다.

아무리 세월이 흘러도 2천 년 전에 주님께서 작성하신 건축도면에는 변형이라는 것이 있을 수 없다. 주님의 선언은 2천 년 전이나 지금이나 그의 교회를 지탱시켜 주는 데 뼈대 역할을 했다.

1. 이 반석 위에(마 16:18)

가장 먼저 숙고할 단어는 '반석'이다.
반석이란 무엇인가?
교회는 인간이 아니라 주님에 의해 세워졌다. 그렇지 않다면, 어느 한 인간의 죽음과 동시에 존속되지 못했을 것이다. 교회는 어느 한 개인의 카리스마, 은사, 재능, 심지어 자가용 비행기에 달려 있지 않다. 교회가 교회되는 이유는 예수 그리스도에게 달려 있다.

2. 내 교회를 세우리니(마 16:18)

흔히들 생각하듯이, 예수님은 베드로에게 "이 반석 위에 네 교회를 세우리니"라고 말씀하신 적이 없다. 그 어떤 인간도 교회를 세울 수 없다. 오직 주님만이 교회를 세우시고, 일으키시며, 자라게 하신다. 주님만이 교회에 구원받는 이들을 날마다 더하신다.

이제는 혼동하지 말자.

교회의 성장과 건강은 숫자에 달려 있지 않다.

오해하지 말라.

숫자를 무시하자는 말이 아니다.

제자의 수가 3천 명이나 더해졌다는 것을 세지 않고 어떻게 알 수 있단 말인가?

게다가 민수기란 말은 원래 '숫자'(Numbers)라는 뜻 아닌가?

예수님의 사역을 보면, 숫자가 늘어남에 따라 예수님의 교회도 건강하게 자라고 있음을 누군가는 가늠할 수 있었을 것이다. 수천 명을 먹이는 등 예수님과 제자들의 사역은 승승장구했다. 그러나 매력 넘치는 교회의 주인이신 예수께서 "누구든지 나를 따라 오려거든 자기 십자가를 지고..."라고 말씀하시자, 사람들은 하나둘씩 떠나기 시작했다. 오늘날 흔히 말하는 감소 현상이 나타난 것이었다.

그러나 그것도 잠시, 예수님의 교회는 또 다시 급성장하기 시작했다. 그러던 어느 날 부모보다 예수님을 더 사랑해야 하며, 전 재산을 가난한 자들에게 나누어야 한다는 설교에 사람들은 시험에 들고 성도 수는 줄어들었다.

이 때문에 당신의 목회지에서 성도수가 늘고 줄어드는 현상에 대해 너무 놀라지 말라.

예수님 역시 같은 현상을 겪으셨다.

예수님은 여전히 교회를 자라게 하는 분이시다. 교회를 세우는 일은 그리스도의 일이며, 그리스도께서 교회를 세우고 일으키며 자라게 하신다.

> 이는 힘으로 되지 아니하며 능력으로 되지 아니하고 오직 나의 영으로 되느니라(슥 4:6).

하나님은 말씀 선포를 통해 영광을 받으신다. 하나님은 우리의 목자장이 되시기 때문에 내게 다른 목자들을 돌보실 것을 명하셨다. 목사의 사명은 '양들을 치고 돌보는 것'인데, 이는 양식을 제공하고, 위험으로부터 돌보고, 길을 제시하고, 앞에서 이끌어 주는 것을 포함한다.

일이 너무 많아, 이제 지쳐있는가?

아직 더 남아 있다. 목사는 마음을 고쳐야 하고, 조언을 해주며, 필요시 따끔하게 경고도 해야 하고, 말씀을 가르쳐야 한다. 그러면 나머지는 하나님이 알아서 하신다. 이 원칙은 아직도 변하지 않았다.

> 여호와께서 집을 세우지 아니하시면 세우는 자의 수고가 헛되며 여호와께서 성을 지키지 아니하시면 파수꾼의 깨어 있음이 헛되도다 (시 127:1).

교회가 성장할 수밖에 없는 이유는 하나님께서 그렇게 하겠다고 약속하셨기 때문이다.

2천 년 전에 주님이 "내 교회를 세우리라"고 하시지 않았던가?

지금도 주님은 세계 곳곳에서 당신의 교회를 세우고 계시며, 우리 모두 가 그것의 증인이다.

3. 내 교회를(마 16:18)

그 누구의 교회도 아니다. 그 누구의 소유물도 될 수 없다. 오직 하나님만이 교회의 주인이시다. 예수님은 자기 교회에 대해 강한 애착심을 보이신다. 그 때문에 "내 교회"라고 강조하셨다.

두 번째 목양지를 후배에게 물려주고 나올 때 있었던 일이다. 후임자가 들어온 순간, 주변에 있던 동료 목회자들이 내게 질문했다.

"왜 이제 와서 그런 교회를 떠나려고?"

"자네, 미쳤어?"

"그 동안 투자한 것만 해도 얼마인데?"

"네가 세운 교회잖아."

무슨 말인지는 알겠지만, 그 교회는 내 교회가 아니라는 말을 되풀이해주었다. 그들은 내가 성도들과 영적 교감이 있었기에, 나 없는 교회가 돌아가지 않을 것처럼 말한다.

하지만 결국 내 양들이 아니라 주님의 양들 아닌가?

그들의 목자는 내가 아니라 주님이시다. 성도는 어느 한 목사의 면류관이 아니라, 주님께서 친히 핏값으로 사신 자녀들이다. 우리 목회자들은 그저 잠시 위임장을 받아 그들을 돌보는 것뿐이다.

주님은 교회의 머리가 되신다. 주님은 교회의 건축가이자 세우시는 분이시다. 우리는 살아 있는 돌에 불과하다. 우리 모두는 주님의 교회를 이루는 작은 돌인 것이다. 돌에 관한 이야기가 나와서 하는 말인데, 어느 한 신문에서 미국의 그 유명한 수정교회(Cathedral of Crystal)에 관한 기사를 읽은 적이 있다.

4. 교회는 산 돌로 이루어진 건물이다

가든 그로브(Garden Grove)에 있는 로버트 슐러(Robert Shuller) 목사의 일명 수정교회의 기존 성도들은 자신들이 정성껏 헌금해서 세운 교회(미국 개혁주의 소속)가 파산을 신청해 가톨릭 오렌지 교구의 성당이 되자마자 건물 주변을 둘러싸고 있던 1,800개에 이르는 벽돌을 제거하는 작업을 보고 한탄하고 있다. 한때 슐러 목사는 벽돌 한 장을 3천 달러에 판매(?)해 봉헌한 이들의 이름을 새겨 영원토록 칭송될 수 있도록 했었다.

계산을 했는가?

결과적으로 총 540만 달러가 모금되었다.

그런데 이것이 전부가 아니다. 장의자는 각각 이름이 표기가 되어 있어 마치 입장권을 연상케 한다. 언제 어떻게, 그리고 얼마에 그 좌석이 판매(?)되었는지는 모르겠지만, 아무나 앉으면 안 될 것 같은 묘하고도 위엄한 분위기가 감돌았다.

나 역시 캘리포니아 남부지역에서 첫 교회를 개척했기 때문에 그때 당시 수정교회의 건축 이야기가 신화 그 자체였다는 것을 잘 안다. 한때 적극적 사고방식의 매력을 느낀 성도들이 장사진을 이루었지만, 지금은 누가 보기에도 실패한 목회로 전락하고 말았다.

나는 이것이야말로 인간 중심의 교회의 본보기라고 생각한다. 어느 한 개인의 유명세, 카리스마, 은사, 재능을 중심으로 교회가 세워질 때 결국 무너질 수밖에 없는 운명을 맞이하게 된다. 물론 유명한 목회자일수록 넘어지면 그만큼 파장도 굉장하다.

결국 노먼 빈센트 필(Norman Vincent Peale)의 영향을 받아 만들어낸 적극적 사고방식은 성경과는 거리가 먼 허구에 불과하다는 것을 시간이 증명해 주었다. 또 다른 문제점은 슐러 목사의 가문과 연관되어 있다.

개척자인 슐러 목사는 교회를 사유화하여 자손 대대로 물려주려고 계획했었다.

오늘날 얼마나 많은 이들이 교회를 가족 자산으로 오인하여 분쟁을 발생시키고 있는가?

결국에는 돈과 권력 다툼이 아닌가?

이 글을 쓰는 순간에도 슐러 목사의 손자들이 TV에 등장해 설교하는 모습이 보인다. 과연 그들 역시 할아버지의 가르침을 따를까 하는 의문이 든다. 진정한 교회 모습을 사도 베드로가 말했다.

> 사람에게는 버린바가 되었으나 하나님께는 택하심을 입은 보배로운 산 돌이신 예수께 나아가 너희도 산 돌 같이 신령한 집으로 세워지고 예수 그리스도로 말미암아 하나님이 기쁘게 받으실 신령한 제사를 드릴 거룩한 제사장이 될지니라(벧전 2:4-5).

진정한 교회는 건물이 아니다. 아무리 벽이 크리스탈로 장식되어 있다고 하더라도 말이다. 교회는 어느 한 개인의 야망을 반영한 기념비적인 건물이 되어서는 안 된다. 진정한 교회는 그리스도의 피로 구속받은 사람들로 구성된 믿음의 공동체이며, 우리 모두는 그리스도의 몸을 이루는 지체이다. 머리이신 그리스도로부터 생명을 공급받아 손, 발, 눈 역할을 하는 우리가 진정한 교회이다.

그런 의미에서 봉헌은 언제까지나 하나님께 드리는 예물이 되어야 한다. 무엇인가를 되돌려 받을 것을 기대하고 바치는 것은 헌물이 아니다. 하나님의 경제학에는 이자도, 권리도, 투자 개념도 없다. 우리는 하나님의 복을 돈 주고 살 수 없다. 하나님을 공범자로 만들 수는 없는 노릇이다. 주의 성령께서는 우리에게 영적 귀를 허락하셔서 교회는 우리의 소유물이 아니라 주님의 것이라는 사실을 매번 일깨워 주신다. 우리는 그저 그리스도의 노예일 뿐이다.

사도행전에 나타난 초대 교회의 모습을 보면, 건물도 목사도 헌법도 성경도 없었다. 사실, 그들에게 있어서는 구약성경이 전부였다. 악기도 성가대도 돈도 이름도 전도전략도 예배시간도 법적 특혜도 세례문답교육도 없었다.

그러면 초대 교회가 가지고 있던 것은 무엇인가?

바로 그리스도다. 예수께서 성령을 통해 그들 가운데 거하시고, 성도의 교제를 나누고, 매일같이 기도하고 떡을 나누고, 세상 물질에 대해 애착을 보이지 않고, 그저 즐거워하고 기뻐하고, 진정한 찬양을 부르고, 주님의 부활을 목격한 신선한 증거를 가지고 있었다.

비록 2천 년이 지났지만, 오늘날 교회가 회복해야 되는 것이 바로 이것이 아닌가?

주님은 자신의 핏값으로 교회를 사셨다. 시편 23편에 보면, 하나님이 우리의 목자가 되신다고 했다. 우리는 그분의 양이다. 하나님은 교회를 질투하신다. 2천 년 동안 그러했다. 교회는 주님의 몸으로써 주님 자신만이 알아서 돌보시고 세우신다.

5. 음부의 권세가 이기지 못하리라 (마 16:18)

'하데스'(*hades*)는 죽음이 있는 곳을 가리킨다. 권세는 한 도시의 출입구 역할을 하는 거대한 나무로 만들어진 문을 의미했다. 그 문은, 다시 말해, 권력과 권세의 상징이었다. 그러므로 음부의 권세라는 말은 사망 또는 마귀가 영향력을 행사하는 장소, 즉 지옥을 가리킨다.

교회의 일원이라면, 당신은 마귀의 공격을 받기 마련이다.

그러나 절망하지 말라.

예수께서 죽은 자 가운데서 다시 살아나심으로써 사망 권세를 이기셨다.

6. 내가 천국 열쇠를 네게 주리니(마 16:18)

그리스도께서는 우리에게 천국 열쇠를 주셨기 때문에 이를 사용해야 한다. 천국 열쇠를 사용하지 않으면 음부의 권세를 이기지 못한다.

열쇠는 문을 여는 권세를 가리킨다. 하나님께서 우리에게 천국 열쇠를 주셨다는 것은 그만큼 우리를 신뢰하신다는 뜻이다. 여기서 천국 열쇠는 하늘 열쇠와는 다르다. 하늘의 문을 여는 권세는 베드로를 포함한 그 어떤 인간에게도 주어지지 않았다. 오직 주 예수를 믿는 믿음만이 하늘의 문을 연다.

하나님 나라에는 여러 열쇠가 있다.

어떤 열쇠가 있단 말인가?

잭 헤이포드(Jack Hayford)는 이 부분에 대해 나에게 많은 교훈을 제공한 멘토이다.

1) 찬양의 열쇠

> 호흡이 있는 자마다 여호와를 찬양할지어다 할렐루야(시 150:6).

하나님을 찬양하기 위해서는 그저 입술을 열기만 하면 된다. 찬양할 때 문이 열린다.

2) 경배의 열쇠

우리는 경배하기 위해 창조되었다. 때로는 악기도 음악도 조명도 대표기도도 없이 예배를 드릴 수 있어야 한다. 예배는 언제 어디서나 우리의 중심을 하나님께로 집중하는 생활을 가리킨다. 릭 워렌(Rick Warren)이 말했다.
"경배는 당신의 삶의 일부가 아니라, 당신의 삶 전부이다."

3) 갈보리의 열쇠

십자가의 메시지는 예배실 강단 위에서만 선포되는 메시지가 되어서는 안 된다. 십자가 사건은 우리의 구원을 이해하는 데 있어서 기본이다. 우리는 매번 십자가 밑에 나아가 예수께서 나를 위해 무엇을 하였는지를 묵상해야 한다.

> 그러나 내게는 우리 주 예수 그리스도의 십자가 외에 결코 자랑할 것이 없으니 그리스도로 말미암아 세상이 나를 대하여 십자가에 못 박히고 내가 또한 세상을 대하여 그러하니라(갈 6:14).

사람들의 취향에 맞춰 때로는 십자가가 선포되지 않는 교회들이 몇몇 있는데, 오히려 그 반대로 십자가의 메시지로 인간의 죄를 지적해야 한다.

4) 금식의 열쇠

기도와 금식은 육에 대한 영의 승리는 물론이고, 건강관리에도 큰 도움이 된다. 우리는 위엣 것을 바라보아야 한다. 우리의 몸에 양식을 공급하지 않음으로써 하나님께서 우리에게 영의 양식을 공급하도록 유의해야 한다. 개인 또는 교회 차원에서 행해지는 금식은 엄청난 역사를 일으킨다. 금식을 통해 건강한 교회를 이루라.

5) 말씀의 열쇠

말씀 선포는 최우선 순위이다. 성도의 삶에 말씀은 최고의 가치가 되어야 한다. 말씀이 우선순위 목록에서 밀려 내려오는 순간 문제가 시작된다.

> 천지는 없어질지언정 내 말은 없어지지 아니하리라(마 24:35).

예수께서 말씀하셨다. 하나님의 말씀은 사람의 생각과 마음을 움직이는 능력이다. 말씀 없이는 영적 갱신도 부흥도 없다.

> 네가 땅에서 무엇이든지 매면 하늘에서도 매일 것이요 네가 땅에서 무엇이든지 풀면 하늘에서도 풀리리라(마 16:19)

> ❖ 경고 ❖
>
> 교회는 인간의 뜻을 하늘에서 이루어지게 해달라고 간구하지 않는다. 오히려 그 반대로, 하나님의 뜻이 이 땅에 이루어지기를 기도한다.
>
> 매고 푸는 것은 허용 혹은 금지하는 것과 관련되어 있다. 하나님께서 이미 당신의 말씀에 선언하신 것을 우리는 매고 풀 수만 있다. 우리도 잘 알지 못하는 것을 매고 푸는 것도 아니고, 기분에 따라서 매고 푸는 것도 아니다. 죄악의 쇠사슬에 매어 있는 이를 복음의 능력으로 푸는 것이다. 복음의 메시지는 죄인을 자유케 할 수 있는 능력을 가지고 있다.
>
>> 내가 복음을 부끄러워하지 아니하노니 이 복음은 모든 믿는 자에게 구원을 주시는 하나님의 능력이 됨이라 먼저는 유대인에게요 그리고 헬라인에게로다(롬 1:16).
>
> 또한 매는 것과 관련하여 어느 한 개인에게 영향력을 행하사든지 아니면 사로잡고 있든지 하는 상황에서 그 악한 영을 묶는 것이다. 그러면 성령과 말씀을 통해 그 사람은 자유를 얻는다.

7. 결론

우리 주변에서 지금 영적 전투가 벌어지고 있다.
영의 눈을 열기만 하면 확연히 들여다볼 수 있지 않은가?

우리는 혼자가 아니다. 우리와 함께 참전하는 이들이 있다. 그중에는 적군에 의해 상처투성이가 된 용사들도 있다. 더 이상 싸울 의욕을 상실하고 만 군사들도 있다.

이것이 목회의 현실이다. 그러므로 성공신화를 위한 마법을 기대하지 말라. 쉬운 전쟁은 없다. 지름길도 없다. 힘써 싸워야만 한다. 그러면 그리스도 안에서 넉넉히 이길 것이다.

예수의 이름으로 이겼다고 선언하라.

만군의 여호와 하나님이 우리와 함께 하신다.

우리를 위해 싸우신다.

인간의 힘으로는 도저히 이기지 못할 것만 같다. 그러나 바로 그때 "두려워하지 말라. 내가 너와 함께 함이니라"고 주님이 말씀하신다.

갑옷을 다시 입고 믿음의 선한 싸움을 싸우라. 포기하지 말라. 당신은 혼자가 아니다. 예수께서 우리의 만세 반석이 되시기 때문에 결코 흔들리지 않을 것이다.

군건한 반석 되시는 그리스도 위에 항상 서라(사 26:3).

제12장

건강한 교회

디도서 2-3장에 바울은 건강한 교회에 대해 실용적으로 설명한다.

1. 여성사역

건강한 교회는 여성사역에 대한 이해도가 높다. 일부 교단에서 남성 우월주의가 여성의 리더십, 재능, 은사가 개발되지 못하도록 막는 것을 목격했다. 예수께서 2천 년 전에 십자가를 지실 때 남성 여성할 것 없이 인간의 모든 종교적, 영적, 그리고 사회적 결박을 풀어주셨음을 나는 확실히 믿는다. 그러므로 그리스도의 구속 사건으로 해방된 여성은 마땅히 자유를 누리고 말씀의 지배를 받아야 한다.

나의 목회사역에 있어서도 여성들의 헌신, 노력, 보탬이 없었더라면 이루어지지 않을 일들이 많을 수밖에 없었음을 회고한다. 여성 없이 움직이는 교회는 없다.

그렇다면, 성경은 여성사역에 대해 무엇이라고 말하는지 살펴보자.

바울은 디도에게 열 가지 사항을 열거한다. 물론 이 사항은 당시 문화적 배경 속에서 이해되어야 하지만, 변화되지 않는 하나님의 말씀으로서 오늘날에도 얼마든지 적용 가능한 원칙이다.

1) 늙은 여자로는 이와 같이 행실이 거룩하며(딛 2:3)

연장자는 믿음의 수준에 맞게 행실이 거룩해야 한다. 여기서 거룩이라는 말은 시대적 배경에 따라 그 동안 다양하게 해석되어 왔다. 어찌됐든 극단은 피해야 한다는 것이 나의 생각이다. 거룩은 본래 내면에서 시작하여 외면으로 반영되는 법이다. 그러나 여기서도 균형을 잃어서는 안 된다.

그런데 우리는 늘 극과 극을 달린다는 데 문제가 있다. 여러 교회를 방문하면서 느낀 것은 여성들이 지나치게 율법주의적 사고로 필요 이상으로 몸을 가리는가 하면, 반대로 노출이 과하다는 생각을 금할 수가 없었다.

그러므로 균형 있는 복장은 건강한 교회의 표징이다. 여성의 아름다움이라는 것이 내면에만 국한되는 것은 아니다. 예수님은 십자가에서 여성을 자유케 하셨지만, 현대판 바리새인들은 복장에 대해 새로운 교리를 퍼뜨리고 있다. 세상을 닮아가서는 안 되겠지만, 그렇다고 해서 세상을 역행할 필요는 없다.

바울이 여기서 가르치고 있는 것은 여성들에게 거슬리게 옷을 입고 다니지 말라는 것이다. 화장도 이런 맥락에서 이해해야 한다. 화장을 통해 여성미를 더욱더 드러내고 아름다워지려고 하는 것은 결코 죄악이 아니다.

샤넬(Coco Chanel)의 말을 들어보라.

유행이라는 것은 언제나 지나가기 마련입니다. 그러나 스타일은 그렇지 않습니다. 결국 보이는 게 중요한 것이 아니라, 본질이 중요한 것이죠. 돈보다는 교육이, 옷보다는 클래스를 보이는 것이 중요합니다. 옷을 잘 못 입으면 옷만 보이지만, 옷을 잘 입으면 사람이 보이거든요.... 진정한 우아함의 비결은 단순함입니다.

2) 모함하지 말며(딛 2:3)

여기서 모함이라는 말은 흔히 말하는 수다쟁이를 가리킨다.
소그룹 기도모임을 생각해보라.
기도제목을 내놓는다고 하면서 어려움을 당하고 있는 모 성도의 개인 사정을 공개한다면?
혹은 어떤 성도에게 최근에 일어난 일 때문에 요즘 마음이 괴롭다고 누군가에게 전화를 건다면?
요즘에는 SNS 시대이기 때문에 손가락 끝에 유혹이 있다. 그러나 유언비어는 매우 위험한 짓이다.
근거 없는 말을 퍼뜨리지 말라.
누군가 말한다.
"우리끼리 이야기인데..."라고 말을 시작하면, 듣기 싫다고 과감하게 잘라 말하라.
당신은 온갖 이상한 소문을 담는 쓰레기통이 아니지 않는가?

3) 많은 술의 종이 되지 아니하며(딛 2:3)

술을 마시지 말라고 하지 않고, 술의 종이 되지 말라고 한 점을 유의하라. 바울 당시 어느 정도의 술은 성도에게도 허용되었던 모양이다. 그것 때문에 적당한 음주를 권하고 있는 것이다. 술은 마신다고 해서 더러워지는 것도 아니고, 안 마신다고 해서 더 거룩해지는 것도 아니다. 그러나 술의 중독이 되면, 건강도 영성도 해치게 된다.

이 때문에 많은 크리스천들은 아예 술을 가까이 하지 않는 대안을 선택했다. 친족 중에 알코올중독으로 건강이나 생명을 잃은 사람이 있는 경우에는 한 방울의 술도 손대지 않는 것이 현명한 일이다. 그러나 원래 바울이 말하고자 했던 것은 술을 아예 마시지 말라는 것이 아니라, 술에 취하지 말라는 것이다.

4) 선한 것을 가르치는 자들이 되고(딛 2:3)

오늘날 각 교회에서 선한 것을 가르치는 교사들이 얼마나 절실한가?

나의 경우, 나의 모친보다 나은 교사가 없었고, 주일학교에서도 탁월한 교사들만 만났었다. 믿음의 선배들이 교사로서 선한 것을 가르치는 것이 얼마나 중요한지 모른다.

대개의 경우, 남성보다 여성 교사들이 성경도 더 잘 가르치고, 상식도 많고, 지혜가 풍부하다. 여성 교사들이야말로 무명의 영웅이라고 할 수 있다.

이 지면을 통해 나는 그들에게 박수를 보내고 싶다.

5) 그들로 젊은 여자들은 교훈하되 그 남편과 자녀를 사랑하며
　　(딛 2:4)

인생의 지혜는 스스로 터득되는 법이 없다. 연장자는 젊은이들에게 풍부한 경험을 통해 인생의 지혜를 전수해야 한다. 이제 갓 결혼하여 아이를 낳은 여성들에게 연장자의 경험보다 값진 것은 없다. 오늘날 교회에서 이런 유형의 교육이 활발하게 이루어지지 않는 부분에 나는 매우 안타깝게 생각한다. 결국 주님이 주시는 교훈이 아닌가 싶다.

결혼생활도 쉬운 일이 아니다. 게다가 죽음이 갈라놓을 때까지 사랑하고 보호한다고 하였으니 연장자들에게 더욱더 겸손한 자세로 배워야 한다. 가정이 건강해야 교회가 든든하다.

무엇을 가르치란 말인가?

사랑을 가르치라는 말이다. 어쩌면 비기독교인 가정에서 자란 신혼부부들은 그리스도인 가정의 모델을 본 적이 없을 수도 있다. 그렇다면, 그들에게 하나님을 중심으로 서로를 사랑하고 돌봐줄 것을 가르쳐야 한다.

가정생활에 있어서 사랑보다 중요한 것은 없다. 중동과 같은 지역에서는 연애라고 하는 개념을 찾아보기 힘들다. 계약 결혼이라고 하는 제도가 있어서 사랑하지도 않은 채 결혼하는 문화이다. 이 때문에 그 지역의 복음을 접한 여성들은 남편을 사랑하는 법을 새롭게 배워야 한다.

자녀를 낳고 양육하는 것은 크나큰 책임이 아닐 수 없다. 하나님을 경외하는 마음으로 키워야 하는데, 이 모든 일에는 끝없는 인내와 연장자들의 경험이 절대적이다. 옷을 다리고 집 안 청소를 하는 비법을 전수하는 것이 아니라, 믿음의 후배들에게 올바른 정신과 마음을 심어주는 것이다.

올바르고 시기적절하며 지나치지 않는 훈계는 자식에 대한 진정한

사랑의 표징이다. 이 외에도 연장자들은 젊은 여성들에게 어떻게 기도하고 봉헌하며, 심방하고 말씀을 가르쳐야 하는지를 전수한다.

6) 신중하며 (딛 2:5)

여기서 신중이라는 말은 실용성과 연관되어 있다. 다시 말해, 상식에 어긋나지 말라는 충고이다. 모든 면에 있어서 균형 있게 행동하고, 평상심을 유지하는 것을 가리킨다. 자기 자신도 조절하지 못하는 여성이라면, 어머니로서는 빵점이다.

7) 순전하며 (딛 2:5)

순전은 곧 정신과 마음과 결부되어 있다. 남편과 자녀들에 대해 충성하며 진실하다는 말이다. 또한 거짓이나 위선이 없는 여성을 떠올릴 수 있다.

8) 집안일을 하며 (딛 2:5)

집안일은 알아서 되는 법이 없다. 여성의 세심하고도 깔끔한 정리정돈이 꼭 필요하다. 가사 일은 기혼 여성의 사역 현장이다. 집안 형편은 누구에 의해 그 집이 관리되고 있는지를 영락없이 드러낸다.
그러므로 질서 있게 정돈하고, 깔끔하게 청소하며, 아름답게 꾸미라.
물론 집안을 화려하게 꾸미려면 돈이 많이 든다는 것을 나도 잘 안다. 그러나 내 아내를 볼 때면, 돈을 많이 쓰지 않아도 집안을 아름답게 꾸밀 수 있구나 하는 생각이 든다. 나는 시간 날 때마다 인테리어를 다루는 TV 프로그램을 아내와 함께 시청하곤 한다.

9) 선하며(딛 2:5)

선하다는 말은 친절하며 사랑스럽다는 이야기이다.
사람이 선하다는 것이 얼마나 중요한가?
하나님의 선하심을 체험해야 자신의 삶에도 그 선함이 드러나기 마련이다. 때로는 선하다는 것이 곧 어리석고 바보처럼 당하는 행위와 연관되는데, 결코 그렇지 않다.
당신은 절대 진리를 아는 크리스천이다. 하나님께서는 당신에게 영적 분별력을 허락하셨다.
그러므로 그분의 선하심을 만만에게 드러내라.
바보 취급을 당하지 말고, 친절을 베풀라.

10) 자기 남편에게 복종하게 하라 이는 하나님의 말씀이 비방을 받지 않게 하려 함이라(딛 2:5)

어느 한 가정의 영적 제사장은 바로 남편이다. 이것은 남성우월주의의 발로가 아니라, 하나님의 질서체계이다. 아내가 남편에게 복종해야 하는 이유는 자신이 못 나서가 아니라, 하나님의 제단에서 "예"라고 서약했기 때문이다.
진정한 사랑이 있는 곳에는 복종의 문제가 없다. 하나님께 영광을 드리는 삶을 살기로 작정한 부부 사이에는 어떤 갈등도 극복되기 마련이다. 오늘날 하나님의 말씀이 이방인들 사이에서 비방을 받는 이유는 믿음의 가정들이 이혼하고, 헐뜯고, 싸우기 때문이다. 게다가 타락한 자녀들은 한 몫을 더한다. 결국 하나님의 영광이 가려지는 것이다.

11) 결론

나는 훌륭한 모친 밑에서 양육받고, 지난 30여 년간 여성 사역자의 롤 모델이 되는 나의 아내와 함께 살고 있다는 것이 감사제목이다. 나는 이들을 진심으로 사랑하고 존경한다.

2. 남성사역

건강한 교회는 건강한 남성들로도 구성되어 있다.
이런 의미에서 바울이 남성사역에 대해 디도에게 무엇이라고 말하는지를 살펴보자.
바울은 장로들이라고 했는데, '프레스부테스'(presbutes)라는 말은 좀 더 넓은 의미에서 믿음의 남성 연장자들을 가리킨다.
이런 말이 있다.

> 우선순위와 우월주의는 다르다. 남자나 여자나 하나님의 형상대로 창조되었다. 그러나 남자가 먼저 창조되었다는 의미에서 남성은 여성에 대해 권위를 지닌다.

1) 늙은 남자로는 절제하며(딛 2:2)

여기서 절제라는 말은 술을 절제하라는 뜻이다. 적당한 음주는 괜찮지만 과음은 안 된다. 어떤 이들은 주변에 알코올 중독자가 있어서 고통을 당해봤기 때문에 금주하는 편을 택하는데, 매우 지혜로운 처사인 것 같다. 중요한 것은 건전한 음주문화를 만들어내고, 술에 취하는 일은 없어야 한다는 것이다.

2) 경건하며(딛 2:2)

경건하다는 말은 무표정을 짓거나 무조건 침묵을 지키라는 뜻이 아니다. 경건은 그리스도의 대사가 마땅히 지녀야 할 덕목 중의 하나이다. 이런 의미에서 경건은 하나님의 일, 즉 사역과 연관된다. 즉, 사역을 대충하지 말고, 말 그대로 경건한 자세로 임하라는 뜻이다.
오늘날 교회에 경건한 남자들이 얼마나 많이 필요한가?
경건한 언행을 통해 하나님을 예배하고 찬양하고, 주님의 이름을 존귀케 하는 남성들이 있어야 한다.

3) 신중하며(딛 2:2)

신중은 머리털의 색상이 변함에 따라 자연스럽게 터득되는 덕목인 것 같다. 남성 연장자들의 신중함은 교회에 큰 덕이 된다. 『스트롱 사전』(Strong Dictionary)에 따르면, '정신적으로 건강하고 자신감이 있으며, 스스로 통제하는 능력이 있어 매사에 균형 있는 덕목'을 가리킨다. 친절과 존중을 표현할 줄 아는 남성들이 각 가정과 교회에 있어야 한다.

4) 믿음과 사랑과 인내함에 온전하게 하고(딛 2:2)

여기서 믿음이 먼저 나오는 이유는 믿음이 선행되어야 사랑과 인내함이 따라오기 때문이다. 믿음의 연장자들은 젊은 사람들에 비해서 당연히 믿음과 사랑과 인내에 보다 온전해야 한다. 앞서 열거된 세 가지 덕목은 그리스도의 몸에 큰 유익을 준다.

신앙생활의 연륜이 좀 더 깊은 이들은 남들에 비해 교리적으로 볼 때 좀 더 깊고 확고한 믿음과 신념을 가지고 있어야 한다. 안타깝게도 오늘날 도덕적 상대주의를 포함한 온갖 세속 문화가 교회를 뒤흔드는 모습을 볼 때 어떻게 보면 이런 믿음의 연장자들이 없어서가 아닌가 하는 고민을 해본다.

기초가 튼튼하지 않으면, 교회는 흔들릴 수밖에 없다.

리더가 요동하는데, 아랫사람들은 오죽하겠는가?

건강한 교회는 성숙한 리더들로 구성된 교회이다.

5) 경건하지 않은 것과 이 세상 정욕을 다 버리고(딛 2:12)

여기서 "다 버리고"라고 하는 말은 현재진행형이다. 이는 하나님으로부터 비롯되지 않은 것을 과감하게 거절하는 믿음을 가리킨다.

경건하지 않은 것과 이 세상 정욕을 다 버리는 것이 과연 가능한가?

그렇다!

가능하다.

경건하지 않은 것과 이 세상 정욕은 두 가지 요소를 기준으로 알아차릴 수 있다.

첫째, 양심이다.
둘째, 성령의 능력이다.

성령이 우리 안에 거주하지 않으신다면, 매일 노출되는 공격에 우리는 속수무책일 수밖에 없을 것이다. 주의 성령께서는 우리를 보호하시고, 때로는 훈계하신다. 우리가 의지적으로 성령 하나님께 주도권을 내드리지 않을 때에는 훈계하시고, 우리의 약함을 진솔하게 고백할 때 주의 성령은 능력으로 우리를 온전케 하신다.

경건하지 않은 것과 이 세상 정욕을 버리는 결과는 무엇인가?

(1) 신중함과(딛 2:3)
신중함은 내면에서 이루어지는 절제 내지 통제이다.

(2) 의로움과(딛 2:3)
의로움은 외면으로 드러나는 사회적 균형을 가리킨다.

(3) 경건함으로 이 세상에 살고(딛 2:3)
경건함은 위로 하나님께로 향하는 헌신이다.

그 동안 경건이라는 말이 지나치게 종교적인 함축적 의미를 내포했다. 경건은 행동보다는 마음과 결부되어 있다. 경건한 삶은 육신의 정욕을 버리고, 영으로 사는 삶을 가리킨다.

6) 결론

13절에 나타나 있듯이, 이에 대한 상급은 "복스러운 소망과 우리의 크신 하나님 구주 예수 그리스도의 영광이 나타나심을 기다리게 하는" 교회, 즉 주님의 재림을 가르치고 선포하는 교회이다. 이 땅의 변화를 꾀하면서 언제든지 휴거를 당할 것을 아는 믿음의 공동체이다.
너무 단순한 이야기인가?
결코 아니다.
성경이 그렇게 가르치고 있다.

3. 교회와 야구

본래 교회는 여러 단계에 걸쳐 성장하기 마련이다. 나의 첫 목양지가 바로 이런 단계를 거쳤다. 개척 당시 우리는 가정집 거실에서 시작하여 주차장을 거쳐 조그마한 예배실, 그리고 나중에는 월마트(Wallmart) 내 약국으로 사용되고 있던 공간에서 성전을 비로소 건축하게 되었다.
이런 모든 과정을 겪으면서 2, 3루를 생략하고 홈으로 바로 들어오면 안 되나 생각했던 적이 한두 번이 아니다. 교회에는 포기할 줄 모르고 실패를 두려워하지 않는 리더들이 있어야 한다.
만일 어느 계획이 뜻했던 대로 되지 않았다면, 최소한 시도를 해보았다는 자부심이라도 남는 것 아닌가?
시도조차 해보지 않는 이들이 얼마나 많은가?
또한 첫 장애물 앞에서 포기하는 이들이 얼마나 많은가?
그러므로 포기하지 말라.

다시 말하지만, 포기하지 말라.

하트(Hart) 박사는 '성공신학'(theology of success)이 필요하다고 역설한다. 물론 신학대학에 이런 과목이 있다기보다는 오늘날 너무나도 많은 사역자들이 목회에 첫 발을 내딛자마자 포기하는 것을 비꼬아서 하는 말이다. 경쟁 사회에서 좀 더 낫고 보람 있고 의미 있는 사역에 대한 갈망이 수반되어야 한다. 물론 사역에는 이기고 지는 스포츠 게임이 아니다.

하나님 나라에서는 모두가 다 한 하나님과 주인을 섬기고 있다. 목적이 같으므로 누가 승리하고 누가 패배하는 도식은 성립될 수 없다. 그런 의미에서 승패를 가리는 식의 교회 성장운동은 나는 반대한다. 어느 한 유명세를 타는 목사가 교회를 개척하고 성장시키는 배후에는 같은 동네의 희생되는 작은 교회들이 너무나도 많기 때문이다.

도대체 누가 승리하고 누가 패배했다는 이야기인가?

고난의 신학 없이 신유의 교리가 무의미하듯이 실패의 신학 없이 성공의 신학은 존재할 수 없다. 하나님은 우리의 실패와 절망 가운데서도 성공과 승리의 순간처럼 동일하게 역사하신다.

마지막으로 남기고 싶은 말은, 투쟁할 줄 아는 리더들이 너무나도 절실하다는 것이다. 9이닝에서 아무리 스코어에서 뒤지고 있어도 포기할 줄 모르는 끈기 있는 리더들 말이다.

제13장

건강한 교회에서 사람들은 무엇을 찾는가?

식상한 이야기 같으나 아무리 강조해도 지나치지 않는 말이기에 사람들이 찾는 건강한 교회의 4가지 요소를 언급하겠다.

1. 설교

"사람들은 당신에게서 탁월한 커뮤니케이션의 예술을 느끼고 싶어 한다. 아무리 탁월한 성경 해석이 있어도 이를 전달하는 데 있어서 능통하지 못하면, 당신은 설교자로서 실패할 수밖에 없다."
어느 한 선배 설교자가 한 말이다.
쉽게 말해, 사람들은 당신이 얼마나 성경을 잘 해석하고 잘 전달하는지를 듣고 싶어 한다.
예화를 적극적으로 활용하라.
예수님도 비유를 통해 회중의 시선을 끌어당기지 않았는가?
말 재주가 없으면, 연습하라.

이미 언변에 능한 사람이라면, 더욱더 노력하라.

세례 요한도 자신의 사명이 말씀을 전하는 것임을 잘 알고 있었다.

주의 길을 곧게 하라고 광야에서 외치는 자의 소리로다(요 1:23).

우리는 하나님께서 인류에게 전하시고자 하는 메시지의 커뮤니케이션 통로이다. 우리는 말씀을 외치는 자의 소리이기 때문에 목소리라고 하는 통로를 보다 잘 관리해야 한다.

그러므로 말을 잘하라.

필요하다면, 스피치도 배우고 설교의 기술을 익히라.

전문가들에 따르면, 한 편의 설교 준비에 소요되는 시간은 평균 20-35시간이다. 시간이 없다는 사실을 나도 잘 알고 있다. 대부분의 우리들은 토요일 밤에 설교 준비를 시작하여 주일 아침에 마무리를 짓는다. 게다가 우리 모두가 목회에만 전념하는 풀타임 사역자들이 아니기 때문에 몸이 지쳐 설교를 제대로 준비할 여유가 없다.

나의 설교에 대한 제1호 비평가는 나의 아내이다. 아내의 비판은 예리하다. 마음에 안 들어도 어쩔 수 없다. 이러면서 설교의 실력이 상승한다.

설교를 잘하도록 피나는 노력을 하라.

설교에는 올바른 해석이 선행되어야 하겠지만, 회중의 컨텍스트와 그들이 사는 시대를 읽는 안목을 키워야 한다. 올바른 교리를 전하되 그들이 호흡하고 있는 세상과 연결시키는 데 실패한다면, 아무런 충격을 가할 수 없다.

어쩌면 아직도 많은 목회자들이 자신의 설교가 담긴 우편물을 일일이 보내고 있는지도 모른다. 문제는 그들이 이사한 지 벌써 수개월이 지낮는데도 낡은 방식을 고집하는 데 있다. 다시 말하면, 사람들이 더 이상 사용하지 않는 방식과 언어를 사용하는 데 문제가 있는 것이다. 이렇게 되면, 회중과의 호흡이 단절되고 만다.

우리에게 필요한 것은 창조적 아이디어다. 그런 의미에서 시청각 자료를 사용하는 것은 회중과의 호흡을 가능케 하는 훌륭한 통로이다. 백문이 불여일견이라는 말이 있다.

그러나 말하는 것에 자신감을 가지라.

결국 우리가 선포하는 말은 골수를 찔러 쪼개기까지 하는 하나님의 살아 있는 능력의 말씀이다. 나는 파워포인트라는 소프트웨어가 나오자마자 이를 활용하기 시작했다. 그러나 세월이 흐르면 흐를수록 파워포인트보다는 성령의 능력을 의지하는 것이 보다 효과적이라는 사실을 새삼 깨닫는다. 올드(?)하게 보이고자 하는 게 아니라, 해보니까 실제로 그렇더라 는 경험담이다.

어느 한 설교자가 강단에 페라리(ferrari) 스포츠카를 올려놓고 이를 예화로 든 기억이 난다. 성(sex)에 관한 설교였는데, 회중이 이를 거리낌 없이 받아들인다면 이 같은 방법도 전혀 문제가 없어 보인다. 단, 그 화려한 빨간 색상의 스포츠카는 그 교회 성도의 개인 소유였다.

존 스토트(John Stott)는 1989년 "설교의 능력"(power of preaching)이라는 제목의 기사에서 이런 말을 한 적이 있다.

> 나는 아직도 교회의 갱신에 있어서 설교가 비결이라고 생각합니다. 나는 설교의 능력을 믿는 그리스도인입니다. TV 시대에 살고 있는 사람들에게 어느 한 사람이 강단에 서서 말하는 것이 지루하고 따분하기만 하다는 발언 등 설교의 능력을 무마시키려고 하는 온갖 평계를 듣습니다.

그럼에도 불구하고, 하나님의 사람이 하나님의 백성 앞에 하나님의 말씀을 들고 서는 행위는 커뮤니케이션에 있어서 유일무이한 기회라고 생각합니다.

역사적으로 볼 때 교회가 타락할 때마다 설교의 타락이 선행되었다는 마틴 로이드 존스(Martin Lloyd Jones)의 주장에 나는 전적으로 동의합니다. 그런데 그것은 안 좋은 면을 본 결과이고, 좋은 점을 취급하자면, 하나님의 말씀이 충실하게 선포될 때 교회는 그만큼 성숙한다는 것입니다.

사람이 떡으로만 살 것이 아니요 하나님의 입에서 나오는 모든 말씀으로 살리라고 하는 말씀이 진리라면, 교회도 이와 마찬가지 입장에 있는 것입니다. 교회는 하나님의 말씀에 충실할 때 성장하게 되어 있습니다. 나는 하나님의 말씀이 체계 있게 그리고 충실하게 선포되는 교회가 되살아나는 것을 여러 번 목격한 바 있습니다.

나의 부친은 이야기식 설교를 즐겨 인용하곤 하셨다. 회중과 호흡하기 위해 개인간증을 주로 사용하셨는데, 이 같은 예화는 메시지를 더욱 더 화려하게 장식하곤 했다.

그렇다.

예화는 장식물에 불과하다. 여기서 중요한 것은 예화나 개인간증이 아니라, 하나님의 말씀이다. 이런 의미에서 예화를 남용해서는 안 된다. 자기 스스로의 이야기라는 덫에 걸려 헤어 나오지 못하는 설교자들이 있는데, 우리의 중심 메시지는 언제나 그리스도라야 한다.

우리는 메신저에 불과하지 메시지 그 자체가 아니다. 우리 스스로를 무대의 중심에 올려놓는 어리석음을 범해서는 안 된다.

세례 요한이 그러했던 것처럼 항상 그리스도께 초점을 맞추라.

2. 예배음악

예배에서 중요한 것은 레이저 조명, 카펫, 고화질 스크린 등 온갖 화려한 장치가 아니다. 오해가 없기를 바란다. 나는 이런 장치를 반대하는 것이 아니다. 전도하고자 하는 이들에 대해 당신은 당연히 민감해야 한다.

그러나 매주일 당신의 설교를 들으러 오는 이들이 어떤 스타일인지를 먼저 충분히 파악하라.

교회음악은 오늘날 극과 극을 달리한다. 이유는 찬송가를 고집해야 한다는 전통파들이 있는가 하면, 다른 편에서는 새로운 복음성가를 매번 도입하자는 신세대가 있기 때문이다. 한 마디로, 찬송가 대 복음성가의 갈등 아닌 갈등이다. 게다가 복음성가를 선호하는 젊은 층도 락(rock) 분위기를 원하는 이들이 있는가 하면, 좀 소프트(?)한 느낌에 더 익숙한 이들이 있다.

그렇다면 중도 입장을 지키는 게 해결책이란 말인가?

누가 누구에게 영향을 끼쳐야 하는가?

무엇이 기준인가?

목회자와 음향 담당자들 사이에 눈에 보이지 않는 갈등이 있다. 볼륨이 너무 높다든지, 음악 템포가 너무 빠르다든지 잡음은 항상 있기 마련이다.

또한 후렴은 몇 번이나 반복해야 한단 말인가?

안 하면 안했다고 얼굴을 붉히고, 반복하면 시간을 너무 끈다고 화를 내는 등 갈등은 끝없어 보인다. 그런 의미에서 사전에 찬양팀과 조화를 이루는 게 필수이다.

지난 30년 간 세상 음악이 교회 음악에 침투했다는 사실은 그 누구도 부인하기 힘든 사실이다. 옳고 그름을 떠나서 믿음의 공동체로서 우리는 세속문화가 판치고 있는 세상 한 가운데서 보다 성숙한 교회의 모습을 보여야 할 책임을 안고 있다.

요즘에는 아티스트(artist)라는 명함을 내놓고 앨범을 내는 이른 바 찬양 사역자들이 있다.

무슨 말인지는 알겠는데, 그렇다면 설교자 역시 커뮤니케이션의 아티스트 아닌가?

그럼에도 불구하고, 설교자를 아티스트라고 칭하는 사람은 없다. 나는 오늘날의 교회가 예술을 적극적으로 도입해야 한다고 확신한다. 예술의 다양한 표현은 예배에 도움이 될뿐더러 세상에서도 소통하는 교회로 알려지기 마련이다. 그러나 동시에 세상 사람들이 특정 예술 분야에 대해 어떤 이미지를 가지고 있는지를 파악하는 것 역시 중요한 일이 아닐 수 없다.

나는 이런 이유 때문에 크리스천 아티스트라는 말을 별로 좋아하지 않는다. 이유인즉, 교회가 세상을 너무나도 따라가려고 하는 움직임이 보이기 때문이다.

좀 더 넓은 의미에서 본다면, 헨델(Hendel)의 "할렐루야"는 하나님을 찬양하는 예술이며, 반 고흐(Van Gogh)의 "별이 빛나는 밤"은 창조주를 높이는 예술로 볼 수 있지 않는가?

특히 반 고흐가 목사가 되지 않은 부분에 대해 매우 감사하게 생각하고 있다.

아니면, 우리가 어떻게 그의 작품을 감상할 수 있단 말인가?

데이빗 라미레즈(David Ramirez) 박사는 이런 말을 했다.

우리는 무엇보다 예배에 사용되고 있는 음악이 무엇을 전달하는지, 그리고 그 노래를 불렀을 때 누구를 묵상하는지를 점검해야 한다.
불신자들을 대상으로 한 것인가?
아니면, 기존 성도들을 위한 찬양인가?
그런 의미에서 예배음악은 시급한 개선점에 이르렀다고 볼 수 있다.

나는 교회의 오랜 전통과 우리를 연계시켜 주는 찬송가를 잊지 않았으면 하는 바람이다.

미국에서는 구도자 예배(seeker friendly)가 유행한 적이 있다. 불신자가 교회에 발을 들여놓는 순간부터 예배가 시작되기까지 모든 조명이나 음악 등, 즉 분위기가 어색하지 않게 하는 하나의 운동이다. 교회의 비전과 정체성을 지키되 불신자로 하여금 최대한 편안하게 해주자는 취지가 구도자 예배이다.

그런 의미에서 음악은 밝아야 하고, 축제의 분위기를 연출하되 고요한 침묵과 경배의 시간을 충분히 가져야 한다. 회중으로 하여금 그들의 마음과 정신이 주님과 설교에 집중하게 해야 한다.

오늘날 부르고 있는 찬양 가사를 신학적으로 집중 조명하는 것은 필수이다. 그럼에도 불구하고, 지나치는 법이 많다. 오히려 중독성(?) 있는 멜로디이면 충분하고, 게다가 회중의 어깨와 허리를 조금이라도 움직이게 했다면, 그것으로 충분하다는 생각이 지배적이다.

물론 지루하다 못해 회중이 잠들어버리면 그것도 큰 문제가 되겠다. 그러나 신학적으로 문제가 되는 가사를 되풀이해서 부를 필요가 있는가 하는 생각이 든다. 성경적으로 볼 때 가사에 문제가 있다고 판단되는 경우에는 아무리 인기 있는 찬양이라고 해도 과감하게 부르지 말라.

당신의 예배신학을 점검하라.

회중의 마음을 감동시키는 것이 전부가 아니다.

이성도 감화해야 하는 것 아닌가?

그런데 오늘날의 교회는 너무나도 감정적 터치에만 집중하는 모습에 나는 매우 안타깝다. 우리는 비판적 사고를 놓쳐서는 안 된다.

좀 더 생각하는 크리스천이 되자.

유행에 민감한 크리스천이 되지 말라.
나는 여러 차례 내가 설교하는 것이 성경적으로 맞는 것인지 분별하라고 성도들에게 말한 적이 있다.
성도들을 위한 예배보다는 이제는 불신자들을 위한 예배도 도입해보자.
성도들의 친척 내지 친구들을 생각하면서 예배의 새로운 콘티를 한 번 짜보는 것은 어떨까?

3. 어린이사역

어린이사역에 투자하지 않는 교회는 성장이 중단될 뿐만 아니라, 언젠가는 문을 닫게 되어 있다.
어린이 사역을 아이들 돌보는 차원에서만 이해하지 말고, 우선순위에서 하위권으로 밀어두지 말라.
어린이 사역 역시 교회의 일부이다.
그러므로 훈련받은 리더들에게 맡기되 시간과 물질을 아끼지 말라.
어린 영혼들을 사랑하는 교사들을 세우라.
미국의 경우, 주일학교 교사들은 사전 테스트를 받게 되어 있는데, 그 이유는 미성년자들을 대상으로 하는 사역에는 때로는 민감한 부분이 있기 때문이다. 이렇게 함으로써 학부모들은 훈련받은 교사들의 손에 아이들이 있다는 것에 안심할 수 있게 된다.
그런데 주일학교를 얼마나 소홀히 해왔는가?
교사가 결석할 경우, 아무나 땜빵(?)하는 식의 어린이 사역은 이제 중단해야 한다. 어설픈 주일학교 수준은 더 이상 용납해서는 안 된다. 가정 전체가 다니는 교회가 되게 하기 위해서는 어린이 사역이 탁월해야 한다.

일부 대형 교회에서는 디즈니랜드를 연상케 하는 어린이들만을 위한 공간 내지 빌딩이 따로 있다. 상황이 어찌됐든, 하나님께서 주신 자원으로 최대한 창조적인 공간을 꾸며야 한다. 작은 일에 충성하면 주님께서는 반드시 큰 사역을 맡기실 것이다.

연령별로 교과서를 만들어 6개월마다 이를 교체할 것을 권한다.

나라는 존재 역시 주일학교의 유산이다. 전통적인 방식이든 현대식이든, 우리 모두는 주일학교의 열매이다. 사실 주일학교(sunday school)라는 것은 영국을 배경으로 20세기 전에 생긴 것이다. 주일 아침에 거리를 배회하는 아이들을 본 어느 한 목사가 창안한 것인데, "믿는 사람들은"이라는 찬송을 지어 교회로 향하는 길에 힘차게 불렀다는 감동 넘치는 이야기가 전해온다.

4. 청년사역

청년사역의 성공비결은 올바른 리더를 세우는 데 있다. 마이애미(Miami)에서 목회할 당시 청년 그룹에서 자연스럽게 어느 한 리더가 나왔다. 내가 그를 처음 알게 되었을 때에 그는 기타를 칠 줄 알았는데, 외모가 매우 특출했었다. 긴 머리에 바지는 얼마나 짧은지 속옷 브랜드로고가 보일 정도였다.

게다가 내가 기억하기로는 잘 씻지도 않아 좀 문제가 있어 보였다. 그러나 예수님을 사랑하는 마음 하나만큼은 대단했다. 자기 세대의 청년들을 주께로 이끄는 데 매우 열정적이었다. 외모를 보고 그가 리더가 되는 것을 반대했더라면, 아마도 돌이킬 수 없는 실수를 범했을 것이다.

청년사역은 어느 나라를 막론하고 가장 어려운 사역 중의 하나임에 틀림없다. 청년사역에 있어서 인터넷과 언론매체는 오늘날 예수님과 경쟁 구도를 이룬다.

그러나 청년들의 필요성은 시대가 지나도 변하지 않는다. 전도 전략을 달리해야 하겠지만, 그들에게 가장 필요로 하는 것은 바로 예수님이시다.

1980년 나는 마드리드에서 마이애미로 이주했다. 그때 당시 나는 우리를 후원하던 어느 한 교회에 출석하기 시작했다. 어느 한 백인 교회에 속한 히스패닉 교회였다. 도착하자마자 청년부를 도우라는 요청을 받았는데, 그곳에는 이미 다른 사역자가 있었다. 그 여자 청년은 매우 매력적이었는데, 오늘날 그녀와 결혼해 같이 살고 있다!

처음에는 수련회, 농구대회, 야구대회, 외식 등 별의별 프로그램을 다 동원해봤다. 매주 70-80명의 혈기왕성한 청년들을 대상으로 사역한다는 것 자체가 보람이 있는 일이었다. 특히 음식이 있는 곳에는 출석률이 100%에 달했다.

그러나 얼마 안 있어 세속적인 것보다는 영적인 것을 부각시키려고 노력했다. 이렇게 하여 성경공부, 기도모임, 찬양, 제자훈련의 양을 대폭 늘었다. 그러나 기대와는 달리 청년부가 부흥하기는커녕 출석률이 현저하게 떨어지기 시작했다. 결국 12-15명만 남게 되었다.

그때 당시 나의 아내는 개인 차량을 이용하면서까지 청년들을 집집마다 돌았다. 나 역시 그렇게 했다. 그 중 한 명이 후안 바예호(Juan Vallejo)라고 하는 사람이다. 당시 그는 16세의 고민 많은 청년이었다. 1년 동안 성경공부도 같이 했지만, 다른 도시로 이사하는 바람에 그와의 연락이 끊겼다.

약 3-4년 전에 우리 교단총회에서 그를 만나게 되었다.

세미나 직후 어느 한 부부가 나에게 다가오더니 반갑게 인사하는 것이 아닌가?

"목사님, 후안 바예호입니다. 그리고 이 사람은 나의 아내 그라시엘라(Graciela)에요."

나는 아직도 가슴이 벅차다. 아마 그 순간을 평생 잊지 못할 것 같다. 누군가로부터 목사가 되었다는 소식을 어렴풋이 듣기는 했는데, 같은 교단에서 섬기고 있는지는 꿈에도 몰랐다. 그 동안 남미를 돌아다니면서 순회 선교사역을 하다가 캘리포니아에서 개척을 했다는 소식은 매우 감동적이었다.

나와 함께 한 1년의 성경공부가 그로 하여금 주님을 섬겨야겠다는 결심을 한 계기가 되었다고 털어놓았다. 나의 제자이지만, 오늘날 그는 우리 교단에 주요 직책을 맡고 있는 인재이다.

청년사역이든, 평범한 목회이든, 주일학교사역이든, 하나님께서는 어떤 인재들을 우리에게 맡겨주셨는지 감히 알 리가 없다.

그때 당시 고민 많았던 청년이 오늘날 이렇게 큰 인물이 될 줄 누가 상상이나 했겠는가?

나는 후안, 그리고 그의 아내와 같은 제자들을 두었다고 하는 것이 얼마나 감격스러운 일인지 모른다.

제14장

트로이 목마와 같은 교회

1. 지역주민과 가까워지는 교회

교회는 트로이 목마와 같은 교회가 되어야 한다. 세상은 기독교인들에게는 쉽게 문을 열어주지 않는다. 성벽은 높고, 문은 굳게 닫혀 있다. 그리고 이와 같은 적대감은 시간이 가면 갈수록 가중될 것으로 전망된다.

고대 그리스인들은 10년 동안 트로이를 침략하려고 했지만 실패했다. 그러던 어느 날 나무로 된 커다란 목마를 선물하기로 했다. 이것이 하나의 평화의 협정으로도 받아들여질 수 있었던 이유는 그리스인들은 이미 자리를 떴기 때문이다.

트로이 사람들은 그 선물 아닌 선물을 성 안으로 끌어들이자 이것이 화근의 시발점이 되었다. 다름 아닌 30명의 적군이 목마 안에 숨어 있었던 것이다. 이렇게 하여 트로이는 그리스에 의해 함락되고 말았다.

어떻게 하면 교회가 세상에 침투할 수 있을까?

무엇보다 교회는 세상과 가까워져야 한다.

당신 주변에 몇 명의 친구들이 아직 거듭남을 체험하지 못했는가?

특히 목회자들은 우물 안 개구리식 생활을 하는 경우가 대부분이다. 이런 생활방식으로 어떻게 세상을 변화시킬 수 있단 말인가? **교회는 지역 주민들이 교회와 함께 하기 전에 그들과 함께 해야 한다. 교회는 세상을 알고 이해하고 구원하기 위해 세상과 섞여야 한다.**

세상에 살지만 세상에 속한 사람들이 아니라는 말씀을 우리는 잘 기억하고 있다. 그런데 우리는 이 성구의 후반부만 기억하고 전반부는 망각해버린다. 좀 더 정확하게 말하면, 우리 스스로를 세상으로부터 고립시킨다. 그리고 교회라는 건물 안에 갇혀 산다.

소금이 어디에 있는가?

빛이 어디에 있는가?

세상 한 가운데에는 없다.

트로이 목마 이야기를 새겨들어야 한다. 시에서 어떤 대회를 개최할 때 교회는 반드시 출전해야 한다. 가서 개그맨 노릇을 하라는 뜻이 아니다. 그러나 흑암이 있는 곳에 빛이 비춰야 한다. 어떤 정책에 대해 '결사반대'라고 하는 팻말을 들고 시위를 한다고 해서 될 일이 아니다. 우리의 무기는 힘과 능이 아니라 성령의 능력이다.

빛이 어둠의 세상과 타협하면 안 된다고 생각하는 이들이 있다. 그러나 이것은 세상이 사회적으로 또는 도덕적으로 몰락하기까지 교회 안에만 갇혀 있으라는 말이 결코 아니다. 빛은 어두운 곳에 더욱더 환한 법이다. 빛은 흑암을 물리친다고 성경은 가르친다.

멕시코 과달라하라(Guadalajara)에서 매년 개최되는 출판협의회컨퍼런스에서 어느 한 기독교 출판사를 대표할 기회가 주어졌다. 스페인어권에서는 가장 큰 대회인데, 수년 동안 내가 대표하는 기독교 출판사는 자리를 굳게 지켰다. 흥미로운 것은 바로 오른편에 있는 스탠드가 처세술, 운세, 백마술, 흑마술 등 누가 봐도 악마를 대표하는 책들이 나열되어 있었다. 그리고 바로 원편에는 뉴에이지, 그리고 포르노그래피와 연관된 책들이 진열되어 있었다. 그 한 가운데 우리는 성경, 기독교 가정, 성경공부 교재, 어린이들을 위한 도서를 진열해 놓았다. 우리는 있어야 할 자리에 있었다. 어둠이 있는 곳에 빛이 비춰야 예수의 이름이 높임을 받는다.

세상 어디에나 죄는 있고, 악은 증가하고 있다. 교회는 악이 있는 곳에 주님의 은혜가 더욱 더 크게 나타난다는 사실을 알고 있어야 한다. 수련회를 떠나는 일도 중요하다. 그러나 이런 행사의 최종 목적 역시 우리를 영적으로 성숙시켜야 의미가 있다.

혹자는 말하기를 "교회는 모든 거울을 유리로 교체해야 한다." 우리끼리 보는 일은 이제 중단하고, 외부 세상을 내다보고 잃어버린 영혼에게 눈길을 돌려야 한다는 말이다.

교회는 그 어느 때보다 하나가 되어야 한다. 교회가 하나가 될 때 임팩트를 가할 수 있다.

얼마 전 나는 어느 한 자동차 회사의 CF를 보고 신선한 충격을 받은 적이 있다. 교회도 이처럼 동기화되기만 하면 얼마나 좋을까 하는 생각이 번쩍 들었다. 몇 초 안 되는 광고를 촬영하기 위해 수십억 원이 들었다고 한다. 게다가 완성도를 높이기 위해 600회에 걸쳐 편집이 진행되었다고 한다. 게다가 "디스커버리"(Discovery) 채널에서 일하는 2명의 과학자들을 채용해 성공적인 홍보를 완성했다.

나는 이 영상을 보면서 다음과 같은 성구를 떠올렸다.

> 몸은 하나인데 많은 지체가 있고 몸의 지체가 많으나 한 몸임과 같이 그리스도도 그러하니라 우리가 유대인이나 헬라인이나 종이나 자유인이나 다 한 성령으로 세례를 받아 한 몸이 되었고 또 다 한 성

령을 마시게 하셨느니라 몸은 한 지체뿐만 아니요 여럿이니… 그러나 이제 하나님이 그 원하시는 대로 지체를 각각 몸에 두셨으니… 이제 지체는 많으나 몸은 하나라(고전 12:12-20).

콜로라도(Colorado) 주의 어느 한 교회가 축구경기장을 빌려 고등학교 학생들을 대상으로 전도집회를 한 적이 있다. 그 집회는 "해리포터"(Harry Potter) 영화 상영으로 개막되었다. 물론 내부의 비판의 목소리가 높았다. 그러나 그 집회는 실로 놀라운 성과를 거두었다. 담당 목사님은 아이들과 소통하기 위해 위의 영화를 상영했다고 털어놓았다.

물론 기존 방식과는 많이 다르다는 것을 인정한다.

그러나 해리포터의 영화 내용은 선과 악의 싸움으로서 결국 선이 악을 이긴다는 내용 아닌가?

그렇다고 해서 복음을 전하지 않은 것도 아니다.

미국의 전통 교회가 이와 같은 복음전도 방식을 채택하기란 정서적으로 무리가 있다고 본다. 그러나 내가 역시 짚어보고 싶은 것은 연결고리이다. 영화를 상영하든, 운동대회를 열든, 교회는 세상과 소통해야 한다. 우리는 하나님과 멀리 떨어져 있는 사람들의 다리 역할을 해야 한다. 최소한 우리 때문에 그들이 하나님을 멀리해서는 안 되는 것이다.

2. 교회와 금식

내가 시무했던 두 교회에서 금식운동을 벌였다. 근래에 금식의 중요성이 다시 급부상하는 움직임이 보이는데, 아직까지 대부분의 교회에서는 개인 또는 전 교인 차원에서의 금식을 강조하지는 않는 분위기이다. 유행의 유무를 떠나 금식은 성경에 기록된 명백한 영성운동이다.

나의 경우 전 교인들과 함께 '다니엘기도회'를 개최했다. 21일 동안 성도들이 다 같은 말씀을 먹을 수 있도록 성구카드도 배부했다. 그리고 성도들이 도중에 포기하지 않도록 금식 중 먹고 마실 수 있는 음식은 무엇인지도 전문가의 조언을 구했다. 이렇게 하여 공통의 기도제목을 놓고 전 성도들이 마음을 합했다.

약 40여 명의 성도들이 다니엘기도회에 동참했다. 금식의 목적은 다이어트를 하는 것이 아니라는 점을 공고히 한 채 금식의 정당함을 성경적으로 풀어주기도 했다. 또한 누가 더 인내하는가 하는 경쟁도 아님을 강조했다. 만일 3일을 작정하였으면 3일만 하고, 7일까지 해본 후 더 이상 힘들다고 판단되면 즉각 중단하라고 귀뜸해 주었다. 결국 나를 포함하여 20여 명의 성도들이 21일 금식 목표를 달성했다.

고속도로를 질주할 때면 햄버거 광고 간판이 왜 그렇게 크게 보이는지 알 길이 없었다. 정말 참기 어려웠다. 금식 기간 동안 내 막내아들 다니엘(Daniel) 덕택에 정해진 음식 외에 다른 것을 섭취하지 않을 수 있었다. 기도와 금식에 열중하려면 서로 돕는 것이 큰 효과를 발휘한다.

돌아보건대, 전 교인이 성령으로 하나 됨을 체험했다. 개인적으로도 둘도 없는 소중한 추억이었다. 기도와 금식이 아니면 도저히 해결할 수 없는 문제가 있다. 또한 금식에 동참한 모든 성도들에게도 이와 비슷한 기적들이 훗날에 나타났다. 게다가 나의 몸무게를 8.5kg 정도 감량시키는 데 성공했다.

개인 또는 교회 차원에서의 금식은 앞으로 그리스도의 몸에 지체가 될 새로운 세대에게 물려주어야 할 소중한 자산이다.

제15장

봉사

1. 주의 종

주의 종(servant of God)이라는 말은 성도는 물론이고 심지어 목회자들까지도 혼동하는 개념이다.

주의 종이라고 할 때 우리는 목회자를 어느 한 신분으로 부르는 것인가?

주의 종은 교회의 노예 또는 성도들의 말단 직원이라는 뜻이 아니다. 물론 좀 극단적인 표현이기는 하다. 그러나 내 주변에는 십일조를 바친다는 명목하에 목회자를 24시간 대기 상태로 가두어두는(?) 일부 성도들 때문에 고개를 절레절레 흔드는 이들이 한둘이 아니다. 목회자들 중에도 타인에게 사역을 분담할 줄도 모르고, 지칠 때까지 일하는 이들이 의외로 많다.

또 다른 극단이 없는 것은 아니다. 당회장직을 권위의 상징으로 여긴 나머지 설교를 하거나 서류에 서명할 때에만 모습을 드러내는 이들이 있다. 식당에서도 VIP대접을 받지 못해 안달하여 웨이터에게 필요 이상의 무례한 요구를 하는 목사들을 본 적도 있다. 주의 종(?)이라는 사람이 보내신 이의 본을 받아 섬겨도 모자랄 시간에, 교만한 모습만을 드러내는 것은 참으로 꼴불견이 아닐 수 없다.
하나님의 말씀을 보라.

너희 관용을 모든 사람에게 알게 하라 주께서 가까우시니라(빌 4:5).

우리는 종이다. 이 때문에 예수님의 마음으로 사람들을 대해야 한다. 두말할 것도 없이 예수님은 우리의 표본이 되신다.

인자가 온 것은 섬김을 받으려 함이 아니라 도리어 섬기려 하고 자기 목숨을 많은 사람의 대속물로 주려 함이니라(마 20:28).

예수께서 직접 하신 말씀이다. 예수님은 자신의 지위, 권위, 능력, 영향력 등이 어디까지 미치는지를 잘 알고 계셨으므로 이것을 남용하지 않으시고 오히려 섬기셨다.
정말 믿지 못할 일이다.
천군천사들을 동원하실 수 있는 그분이 우리를 섬기시려고 이 세상에 오시다니!
목사는 섬김의 은사를 갖고 있기 때문에 목사이다.

2. 베드로의 경우

요한복음 21장 1-22절에 보면, 베드로가 주님을 버리고 부르심에 합당하지 않은 선택을 하는 장면이 나온다. 베드로를 보면 참으로 나를 닮았다는 생각을 떨칠 수가 없다. 그는 말실수도 많이 하고 생각보다 손이 앞서는 리더의 모델이다.

하루는 대제사장의 종인 말고의 귀를 잘라버리기도 하는가 하면, 아무런 도구도 없이 물 위를 걸은 최초의 인간이라는 신기록도 세웠다. 좀 더 정확하게 말하자면, 물 위를 두 번이나 걸었다. 배에서 나와 예수님께 걸어갈 때가 처음이고, 예수님의 손을 붙잡고 배로 돌아갈 때가 나중이니까 총 두 번이다.

그러던 베드로가 결국 좌절했다. 영적 그물을 버리고 사역의 배에서 나오고자 했던 것이다. 옛생활로 돌아가겠다는 것인데, 바로 우리의 모습이 아닐 수 없다.

"이건 내가 기대했던 것과는 좀 거리가 있네요"

베드로처럼 모든 것을 집어던지려고 하는 우리의 모습이 아닌가?

3절에 보면, 베드로가 "나는 물고기 잡으러 가노라"고 말한다. 그러자 그와 함께 있던 제자들 역시 "우리도 함께 가겠다"고 발벗고 나섰다. 다시 말해, "네가 사역을 그만둔다면, 우리도 다 떼려 칠 거야!"라는 것이다.

좌절이 무서운 것은 엄청난 전염성을 가지고 있기 때문이다.

만일 당신이 영향력을 끼칠 수 있는 리더의 자리에 있다면, 그 힘을 긍정적으로 활용하고 부정적인 일에 쏟아 붓지 말라.

흥미로운 것은 베드로와 함께 있던 모든 제자들이 그를 따랐다는 것이다. 결과는 무엇인가?

> 그날 밤에 아무 것도 잡지 못하였더니(요 21:3).

베드로는 물개와 같은 존재이다. 베드로처럼 낚시에 대해 잘 아는 전문가도 별로 없다. 그 때문에 좌절은 더욱더 컸을 것이다.

영적 사역에도 열매가 없었는데, 이제 세상 일에도 열매가 없다니!

혼동, 좌절, 절망의 상황 속에서 주님을 알아본다는 것은 쉬운 일이 아니다.
그럼에도 불구하고, 예수님은 상황을 반전시킨다.

> 그물을 배 오른편에 던지라 그리하면 잡으리라 하시니 이에 던졌더니 물고기가 많아 그물을 들 수 없더라(요 21:3).

뭍에 다다르자 주님은 제자들과 함께 조식을 드셨다. 그리고 곧이어 침묵이 흘렀다. 바로 그때 주님은 베드로에게 양을 칠 것을 부탁하셨다. 예수님은 같은 질문을 세 번이나 하셨다.

> 요한의 아들 시몬아 나를 사랑하느냐?(요 21:16)

이 질문은 다음과 같은 뜻이다.
"너의 부르심에 다시 한 번 응하겠느냐?"
"네 사명을 다시 붙들려느냐?"
주님은 한번 "양을 치라"고 하셨고, 두 번 "양을 먹이라"고 말씀하셨다.
"네가 네게 행한 것처럼 내 양들을 푸른 초장으로 이끌어 먹이렴."
한 마디로, 종이 되라는 초청이였다.
베드로의 사역을 완전히 뒤바꾸어놓을 이 말씀을 하신 다음, 두 번 "나를 따르라"고 말씀하셨다. 두 번째 "나를 따르라"고 하신 대목은 매우 흥미롭다. 이유인즉, 베드로는 다른 제자와의 비교를 통해 자신의 지위를 결정지어 달라는 암묵의 부탁이 있었기 때문이다.
내가 목회자들에게 적용되는 말로 재해석해보겠다.
"내가 다른 종을 어떻게 대하든 그건 네가 상관할 바 아니다.
너는 다른 교회를 걱정하지 말고 너의 사명에 충실하렴.

너는 나를 따르라."

3. 하나님을 섬기는 일

- 최선을 다하는 것이다.
- 가랑이가 찢어질 정도로 고되다.
- 당신의 믿음이 매번 테스트될 것이다.
- 강인하지 않으면 못한다.
- 인생 전체를 걸어야 한다.
- 모험을 시작하기 전의 꿈과 계획은 물거품이 된다.
- 다양한 길로 가야 한다. 일직선 도로도 있는가 하면, 심한 급커브가 많은 오르락내리락 하는 길도 있다.
- 모험을 넘어서 위험이 도사리고 있다. 히브리서 11장은 하나님을 섬긴다는 것이 무슨 뜻인지를 잘 정리하고 있다. 지금 이 시각에 세계 각지에서 복음을 전한다는 이유 하나만으로 순교당하는 이들이 있다.
- 지금이라고 해서 사자굴이 없는 것은 아니다. 서구에서도 기독교에 대해 배타적인 흐름이 가중되고 있는 지역들이 증가 중이다.

4. 예수님

하나님의 말씀에 비추어서 주의 종이 하나님을 섬긴다는 것은 무슨 의미인가?

섬김이란, 주는 것, 돕는 것, 헌신하는 것, 일용할 양식을 준비하는 것 등이다.

마태복음 20장 28절에 "자기 목숨을 많은 사람의 대속물로 주려 함이니라"고 되어 있다. 서빙(serving)이라는 말이 스페인어로는 '쓸모있다'(useful)이라는 뜻이다. 다시 말해, 섬기면 쓸모있는 사람이 되는 것이고, 섬기지 않으면 쓸모없는 사람이 되는 것이다. 목회자는 성도들에게 영의 양식을 공급한다는 의미에서 섬기는 사람이다.

요한복음 13장 1-17절에서 참된 종의 모습을 예수님을 통해 보게 된다. 최후의 만찬은 예수님께서 제자들에게 앞으로 어떻게 섬겨야 하는지를 몸소 가르쳐주신 감동적인 장면이다. 유월절 전 마지막 저녁식사가 있기 직전 제자들은 누가 하나님 나라에서 가장 큰가를 논하고 있었다. 누가복음 22장 24절에 보면 보다 그 갈등이 확실히 표기되어 있다.

또 그들 사이에 그 중 누가 크냐 하는 다툼이 난지라 (눅 22:24).

흥미로운 것은 오늘날에도 목회자들끼리 누가 큰지를 논하는 자리가 무수히 많다는 것이다.

예수님의 제자들은 면류관을 받을 준비만 했지 희생할 마음은 없었다.
주님께서 우리를 부르신 목적은 다른 교회와 경쟁하기 위한 것인가?
아니면 서로를 긍휼히 여기기 위한 것인가?

목회자들끼리 서로 경쟁하는 것은 아무런 의미가 없다. 그러나 옛사람이 모습을 드러내 자신이 높임을 받고자 할 때 문제가 시작된다.

그런데 초대 교회의 리더가 될 사람들인 제자들은 면류관을 받을 준비만 했지 희생할 마음은 없었던 것이다.

우리도 다를 것이 없다. 그러나 주님께서는 우리의 지엽적인 목회 환경을 초월하는 하나님 나라를 보여주심으로써 우리가 생각하는 것이 전부가 아님을 일깨워 주신다. 가끔 우리는 하나님 나라의 일원으로 부름 받았음을 망각할 때가 있다. 하나님 나라에는 지위도 계급도 없다. 하나님 나라에는 오직 만왕의 왕이 되시며 만주의 주가 되시는 주님의 상에서 함께 먹고 마시는 기쁨이 있을 뿐이다.

종종 우리는 예수님의 상에 앉을 때에도 한주간 동안 끌고 온 인생의 무거운 짐을 내려놓지 않으려고 한다. 주님께서는 우리가 그분의 임재 앞에서 안식하면서, 친히 우리 신발을 벗기시고 씻겨주시기를 원하신다.

주님의 상에 앉은 우리의 모습은 어떠한가?

더럽고 지치고 피곤하지 않은가?

주님은 이러한 우리에게 쉼을 주기를 원하신다.

영적으로 우리가 쉼을 얻을 수 있는 길은 많다.

- 가면을 쓰지 않고도 편안하게 대화할 수 있는 동료 사역자들을 만나서 함께 기도할 때 서로의 짐을 나누게 된다.
- 교회에서 함께 경배와 찬양을 드릴 때 주님은 내 마음을 씻기시고 치유하시고 새롭게 하신다. 찬양은 주님과 친밀감을 만끽할 수 있는 시간이다.
- 영적 스승을 만나 서슴없이 내 부족함을 털어놓을 때 영혼의 위로를 얻는다.
- 하나님의 말씀을 읽고 연구하면서 "이거 굉장한데?!"라는 외침이 자기도 모르는 사이에 나올 때 영적 힘이 생긴다.
- 하나님과 일대일로 대면하며 기도하고 묵상할 때 인생의 독소도 제거되며 새로운 영적 차원에 거한다.

하나님의 일을 하는 주의 종들에게 쉼을 얻는다는 것이 얼마나 중요한 일인가?

> 세상에 있는 자기 사람들을 사랑하시되 끝까지 사랑하시니라 (요 13:1).

예수님의 부활 이후 오순절이 이를때까지 제자들은 이 말씀의 의미를 깨닫지 못했을 것이다. 그러나 지금 이 순간 그들의 발을 친히 씻기심으로써 그들을 향한 사랑을 몸소 보이셨다. 2-3절에 보면, 예수님은 가룟 유다의 생각을 알고 계셨으면서도 그와 함께 식사하는 장면이 나타난다.

> 그러므로 누구든지 주의 떡이나 잔을 합당하지 않게 먹고 마시는 자는 주의 몸과 피에 대하여 죄를 짓는 것이니라(고전 11:27).

가룟 유다는 그 상에 있을 자격이 없는 사람이었다. 그러나 예수님은 그도 끝까지 사랑하셨다. 결국 하나님은 만홀히 여김을 받지 않으시는 분이시기 때문에 그는 심판을 받아야만 했다.

4절에 보면, "자리에서 일어나"라고 표기되어 있다. 곧이어 "겉옷을 벗고," "수건을 가져다가 허리에 두르시고"라고 했다.

빌립보서 2장 5-8절은 예수님이 어떤 심정으로 제자들의 발을 씻기셨는지를 보여준다.

> 너희 안에 이 마음을 품으라 곧 그리스도 예수의 마음이니 그는 근본 하나님의 본체시나 하나님과 동등됨을 취할 것으로 여기지 아니

하시고 오히려 자기를 비워 종의 형체를 가지사 사람들과 같이 되셨고 사람의 모양으로 나타나사 자기를 낮추시고 죽기까지 복종하셨으니 곧 십자가에 죽으심이라(빌 2:5-8).

예수님은 원래 하나님이시지만, 그분의 능력과 권세를 사용하지 않으시고 인간의 몸을 입고 이 땅에 내려오셨다.

여기서 겉옷을 벗었다는 말은 예수께서 하나님과 동등됨을 취할 것으로 여기지 않으셨다는 뜻이고, 수건을 가져다가 허리에 두르셨다는 말은 인간의 몸을 입고 이 땅에 내려오셨다는 의미이다.

그렇다면, 전지전능하시며 무소부재하신 하나님 곧 온 우주의 창조주이신 그분이 무엇 때문에 이 땅에 내려오셨다는 말인가?

몇 명 안 되는 제자들의 더러운 발을 씻기 위해서?

예수님은 정체성의 문제를 갖고 계신 분이 아니었다.

> 자기가 하나님께로부터 오셨다가 하나님께로 돌아가실 것을 아시고 (요 13:3).

아마 예수님께서 자리에서 일어서서 겉옷을 벗으시고 허리에 수건을 두르시는 것을 본 제자들은 이런 생각을 했을 것이다.

이 양반이?!

또 재주를 부리려고 하는구먼!

이제는 또 어떤 표적을 보이시려나?

수건을 갖고 묘미를 부리시네?!

그러나 그 집에는 종도 노예도 없었다. 예수님은 오직 그의 열두 제자들과 함께 있기를 원하셨던 것이다. 어쩌면 이러한 조용한 시간을 갖기 위해 특별한 공간을 미리 마련하셨는지도 모른다.

왜냐하면, 그때 당시의 문화가 주인이 집을 빌려줄 때에는 그의 종도 붙여주는 것이 관례였다. 발을 자기 스스로 닦는 일은 없었다. 이는 하인들이 하는 일이었다.

그렇다면, 지금까지 누가 큰 사람인가를 논쟁하던 제자들이 이제는 누가 발을 닦을 것인가를 놓고 다툴 때가 이른 것이다. 그러나 예수님은 이런 분위기 가운데 친히 발을 씻기신 것이다. 이렇듯 예수님은 누가 먼저 섬기는지를 때로는 지켜보실 때에도 있다.

우리가 그 자리에 있었더라면 어떻게 행동했겠는가?

혹시 냄새나는 양말을 벗고, 바지를 걷고, 여러 번 헛기침을 한 후 들릴 듯 말 듯 한목소리로 말한다.

"여기, 혹시 발 씻겨줄 사람 없나요"라고 하지 않겠는가?

누군가 내 대신 섬겨주기를 바라는 마음이다.

4절에 보면, 예수님께서 식사 도중 일어나셔서 지금까지 제자들이 전혀 보지 못했던 일을 하기 시작하셨다. 자신의 모든 능력과 권위를 벗어 던지고, 제자들의 더러운 발을 하나도 남김없이 씻으신 것이다.

당신은 동료 목회자나 성도의 발을 씻기지 못할 정도로 심각한 정체성의 문제를 안고 있는가?

다른 사람들 앞에서 겸손해지는 것이 그토록 두려운가?

당신이 얼마나 대단한 사람이기에 이토록 작은 일을 하지 못한다는 말인가?

대개의 경우, 일인자가 되기를 좋아하는 사람들은 남의 발을 닦는 것을 생각조차 못한다. 사실 남의 발을 닦는다는 것, 즉 섬긴다는 것은 생각처럼 쉬지는 않다.

이에 대야에 물을 떠서 제자들의 발을 씻으시고 그 두르신 수건으로 닦기를 시작하여(요 13:5).

대야에 물이 채워지는 내내 제자들은 매우 부끄러워했을 것이다. 왜냐하면, 자신들이 해야 했던 일이기 때문이다.

잠시 상상의 날개를 펴고 이 순간을 생각하라.

대야에 물을 뜬 예수님이 당신의 발을 씻기시기 위해 고개를 숙이시는 모습을!

당신을 응시하는 예수님의 시선에는 무엇인가 엄청난 카리스마가 묻어나온다. 그러나 그 위력은 결코 당신을 누르지(?) 않는다.

이때 당신은 어떻게 반응하겠는가?

아니, 반응을 할 수는 있겠는가?

예수께서 직접 당신의 신을 벗기시고 발을 씻기신다. 당신의 발을 씻기심으로써 예수님은 그 동안 쌓여있던 모든 사회적, 영적 시스템을 파괴하시는 것 같다. 결코 서두르지 않으시면서 제자 한명 한명의 발을 정성스레 닦아주신다.

예수님과 같은 섬김의 리더십을 발휘하기 위해서는 보통 결단으로는 불가능하다. 열두 제자의 발을 씻기셨다는 것은 그들에 대한 애정과 헌신의 표징이다. 그 어느 누구도 이런 경험을 해보지 못했을 것이다. 그래서인지 기나긴 침묵의 시간이 흘렀다.

성찬식과 같은 자리에서 이른바 세족식을 한다면, 아마 발톱 깎기와 향수 등 다양한 물품을 찾는 성도들로 인해 분위기가 산만해질 것이다. 사실 편안한 일은 아니다. 그러나 주님은 제자들의 발을 씻기심으로 이 땅에 오신 이유를 직간접적으로 말씀하셨다.

앉아서 먹는 자가 크냐 섬기는 자가 크냐 앉아서 먹는 자가 아니냐 그러나 나는 섬기는 자로 너희 중에 있노라(눅 22:27).

예수님은 자신이 먼저 하신 일이 아니면 우리에게 요구하지 않으신다. 심지어 가룟 유다의 발도 요한의 발처럼 정성껏 씻어주셨다.

실로 감동적인 장면이 아닐 수 없다.

가룟 유다와 눈이 마주쳤을 때를 상상해 보라.

아마 가룟 유다를 보실 때는 너무 힘드셨을 것이다. 하지만 예수님이 가지고 있었던 유일한 무기는 사랑이었다. 예수님은 가룟 유다에게 계획한 바를 취소하라고 명령하지 않으셨다. 오히려 발을 씻기심으로 그에 대한 사랑을 재확인시켜주셨다.

이는 매우 중요한 포인트이다. 예수님은 사랑이 아니고서는 우리의 마음을 얻는 데 다른 방법을 사용하지 않으신다. 이것이 바로 무조건적인 아가페 사랑이다. 그러므로 우리 역시 사랑이라는 무기 외에 다른 방법을 동원해서는 안 된다.

사람들이 당신을 충분히 존중하지 않을지라도 당신은 어떻게 반응하는가?

누군가 자존심을 건드릴 때 무조건 폭발하지 않는가?

아니면 원수를 주님의 사랑으로 품는가?

예수님과 같이 그들의 발을 씻겨주는가?

아니면, 자존심이 너무나도 강한 나머지 이 같은 일을 철저히 무시하는가?

우리는 주님께 겸손하게 무릎을 꿇고 적의 발도 씻길 수 있는 용기를 달라고 간구해야 한다. 예수님은 발을 씻긴다고 해서 자신의 정체성이 흔들리지 않는다는 사실을 잘 알고 계셨다. 그는 어디에서 와서 어디로 가는지를 분명히 인지하고 계셨다.

> 시몬 베드로에게 이르시니 베드로가 이르되 주여 주께서 내 발을 씻으시나이까?(요 13:6)

드디어 베드로의 차례가 돌아왔다. 그런데 베드로는 수건을 건네받지 않고, 오히려 되물었다.

"진짜 저의 발도 씻으시려고요?"

베드로는 아마 발을 뒤로 숨기는 동작을 취했을 것이다. 이런 모습을 보면, 우리는 얼마나 베드로는 닮았는지 모른다. 동료의 도움을 받지 않으려고 하는 목회자들은 "괜찮습니다. 저 혼자 할 수 있습니다"라며 이웃의 친절한 손길을 거절한다. 타인의 발을 씻겨주는 것에 익숙한 탓인지 타인이 우리의 발을 씻겨주는 것을 매우 어색해 하는 것이다. 그러나 이런 모습 역시 거만함이다. 주님께서 우리의 자존심을 깨뜨리셔야 한다.

> 예수께서 대답하여 이르시되 내가 하는 것을 네가 지금은 알지 못하나 이 후에는 알리라(요 13:7).

베드로는 도저히 이해하지 못하겠다는 눈치였다. 그러나 예수님의 메시지는 분명했다.

"베드로야, 나를 믿어라. 나는 온 천지를 창조한 이다. 지금은 이해하지 못해도 나중에 세월이 흐르면 이해하게 될 것이다."

"네게 익숙하지 않은 방법일 수는 있지만, 내가 이렇게 네 삶 가운데 역사할 수 있도록 마음의 문을 열어라."

"지금 나는 너를 인도하고 있다. 너를 훈련시키고 있는 중이다. 나를 믿어라. 그러면 나중에 이해하는 날이 올 것이다."

베드로의 반응을 주목하라.

내 발을 절대로 씻지 못하시리이다(요 13:8).

인간은 하나님께 아니오!(no!)라고 말할 수 있다. 오히려 베드로는 "절대"라는 말을 사용한다.
"하나님, 이건 무의미한 일인 것 같습니다.
왜 제가 이런 일을 해야 하나요?"
이것이 바로 슈퍼맨 신드롬이 아니면 무엇인가?

내가 너를 씻어주지 아니하면 네가 나와 상관이 없느니라(요 13:8).

신앙생활의 경륜이 있는 목회자일지라도 위기의 순간이 오면 이와 같이 거부 반응을 보일 수도 있다. 주님의 역사를 환영하고 받아들이지 않으면 주님과의 교제가 끊어질 수 있다.
그러므로 주님의 뜻에 반항하고자 하는 옛사람을 버리라.
그러자 베드로의 생각이 순식간에 달라졌다.
그런데 여기에서의 문제는 극과 극을 달리는 데 있다.

주여 내 발뿐 아니라 손과 머리도 씻어 주옵소서(요 13:9).

당연히 주님은 베드로의 극단적인 반응에 균형을 잡아주셨다.
10절에 보면, "예수께서 이르시되 이미 목욕한 자는 발밖에 씻을 필요가 없느니라 온 몸이 깨끗하니라 너희가 깨끗하나 다는 아니니라"고 기록되어 있다. 그 당시 문화를 좀 부연 설명해보겠다. 어느 한 사람이 저녁식사 초대를 받게 되면, 그는 대중 목욕탕에 가서 온 몸을 씻는 관습이 있었다.

그런데 초대받은 집까지 이동하는 과정에서 촉촉한 발은 흐르는 물기 때문에 먼지가 붙기 마련이었다. 그때 당시의 길은 흙길이었고, 신발은 샌들과 같은 모양이었다. 이 때문에 초대받은 집에 들어가자마자 하인이 와서 발을 씻겨주는 관습이 오래 전부터 내려오고 있었다.

우리는 그리스도 안에 있으므로 이미 깨끗한 사람이 되었다. 그러나 매일 우리 발에 붙는 먼지가 있기 때문에 발을 씻어야 한다. 한번 구원을 받았으면 다시 거듭날 필요는 없다. 그저 주님께 나아가 "주님, 저의 더러운 발을 씻어주세요!"라며 죄를 고백해야 한다.

12절과 17절 사이에 엄청난 차이가 드러난다.

4절을 보라.

- "겉옷을 벗고."
  하늘의 모든 영광을 버리고 이 땅에 내려오셨다.
- "수건을 가져다가 허리에 두르시고."
  인간의 몸을 입고 오셨다.

12절을 보라.

- "그들의 발을 씻으신 후에."
  이 땅에서의 모든 사명을 완수하신 후에...
- "옷을 입으시고."
  다시 하늘의 모든 영광을 취하셨다는 뜻이다.
- "다시 앉아."
  보좌에 다시 앉으셨다는 의미로서 원래의 자리로 돌아가셨다는 해석이다.

최후의 만찬을 보면, 예수님께서 이 땅에서 행하신 모든 일의 요약을 파워포인트로 보는 것처럼 간략하고 선명하다.

> 내가 너희에게 행한 것을 너희가 아느냐?(요 13:12)

13절에 보면, "너희가 나를 선생이라 또는 주라 하니..."라고 말씀하신다. 제자들에게 있어서 예수님은 주보다는 선생이었다. 그러나 최후의 만찬 이후에 예수님은 그들의 주인이 되셨다.

> 내가 주와 또는 선생이 되어 너희 발을 씻었으니 너희도 서로 발을 씻어주는 것이 옳으니라 내가 너희에게 행한 것 같이 너희도 행하게 하려 하여 본을 보였노라(요 13:14-15).

17절을 계속해서 보자.

- "너희가 이것을 알고."
  이론은 매우 중요하다. 그러나...
- "행하면 복이 있으리라."
  실천으로 옮기면 복을 받는다는 것이다.

이와 같이 타인을 섬기는 것은 만족, 기쁨, 행복, 복을 가져온다. 내 경험으로 비추어볼 때 성도나 동료 목회자를 섬길 때 진정한 교제의 의미를 발견하곤 했다. 이런 의미에서 목회자의 삶에 활력을 불어넣는 일들을 한번 적어보기로 한다.

- 말 한마디
- 인사
- 안부전화
- 포옹
- 경청
- 믿음과 희망이 담긴 격려
- 축복
- 오늘의 성구
- 눈물
- 웃음

하나님과의 교통과 성도들과의 교제가 원만하게 이루어지면 삶에 활기가 북돋고 깨끗해진다.

탈진(burn out)되기 쉬운 험한 세상에서 활력을 불어넣는 건전한 방법을 찾아보자.

주님 안에서도 활력이 필요하다.

5. 마지막 조언

성도의 발을 씻어줄 때 우리 안에 있는 마음가짐과 동기부여를 점검하자.

'그러니까 네가 나에게서 섬김을 받겠다는 거지?' 같은 생각은 매우 위험하다.

남의 발을 씻어줄 때 사용하는 물이…

- 매우 차가울 수도 있다.
- 매우 뜨거울 수도 있다.

게다가 발을 씻어줄 때...

- 빼빠질을 할 수도 있다.
- 마사지를 둔갑한 폭력을 가할 수도 있다.

수건을 두를 것인가, 아니면 보좌에 앉을 것인가?
경쟁할 것인가, 아니면 긍휼히 여길 것인가?
섬길 것인가, 아니면 섬김을 받을 것인가?

6. 결론

1) 라이언 일병 구하기

내가 가장 좋아하는 영화 중의 하나가 '라이언 일병 구하기'이다. 실화를 바탕으로 한 이 영화는 1944년 제2차 세계대전을 배경으로 한다. 당시 미군이 노르망디상륙작전을 펼쳤는데, 제임스 라이언 일병이 사라졌다. 네 명의 형제가 모두 참전한 라이언 가에서 유일하게 살아남은 라이언 일병이었기에 그를 구하라는 명이 떨어졌다. 유일하게 아는 것은 그가 낙하산을 타고 나치 독일군 사이에 낙하했다는 것뿐이다. 그의 정확한 위치 파악이 어려운 상태에서 그를 찾는다는 것 자체가 큰 모험이었다.

존 밀러(John Miller) 대위는 라이언 일병이 집으로 돌아갈 수 있도록 최선을 다한다. 이미 나치군에 점령된 프랑스에서 밀러는 이미 세 아들을 잃은 라이언 일병의 어머니를 위해서라도 이 구조작전에 실패해서는 안 된다.

나에게 가장 감명 깊은 장면은 밀러 대위가 숨을 거두기 직전에 라이언 일병의 귓가에 "제... 제임스, 꼭 살아서 돌아가!"라고 말하는 대목이다.

나는 이 가슴 뭉클한 장면을 볼 때마다 주님을 섬기는 전투에 이미 참전한 주의 종들을 묵념 가운데 생각해 본다. 우리 주님은 우리를 위해 가장 큰 값을 치렀다. 나와 당신을 위해 주님은 십자가에서 죽기까지 자기 자신을 아낌없이 내어주셨다. 그 때문에 주님과 또한 주님을 섬기는 동료들에게 실망을 안길 수 없다.

사랑하는 동역자여.
"꼭 살아서 돌아가자!"

2) 활력의 말 한마디

가끔 우리는 생각지도 못했던 활력을 불어넣는 말 한마디를 듣는 순간을 맞이하게 되는데, 이는 엄청난 긴장된 분위기를 풀어주는 마법과도 같다.

나는 목회사역을 하면서 수많은 편지를 받아보고, 수없이 칭찬과 격려의 말을 들어봤다. 물론 나의 사기를 꺾는 말 또한 감수해야 했다. 주님의 포도원에는 다양한 사람들이 있기 때문에 어쩌면 당신은 앞으로 더욱 더 많은 비판을 듣게 될지도 모른다.

어느 한 교회를 이끈다는 것은 유명세를 얻기 위함이 아니라 오로지 하나님의 말씀을 가르치기 위함이다. 그러므로 진리를 꺼려하는 이들이 그 와중에 얼마든지 있기 마련이다. 당신이 어느 교회 목회자가 되었다는 것은 주님의 부르심이 있기 때문에 가능한 일이다. 그 수많은 편지

중에 아직도 기억에 남는 것은 어느 한 성도가 나에게 오래 전에 건네준 글이다. 나는 이 편지로 인해 큰 힘을 얻었다.

> 목회자는 완벽한 존재가 아니라, 하나님의 말씀을 가르치기 위해 세움 받은 주의 종이다. 그러므로 그의 강조점은 하나님 자신이 되어야 한다. 메시지가 와전되어서는 안 된다.
> "이곳에 우리가 모인 이유는 하나님을 예배하기 위함입니다."
> 식상한 사회자의 어투이지만, 이것이 핵심이다.
> 메시지의 중심은 하나님이어야지 세상 일이 되어서는 안 된다. 목회자 역시 인간이기 때문에 다른 이들과 똑같이 부족한 점이 있다. 게다가 한 가정의 가장으로서 남편이자 아버지이다. 결코 쉬운 일이 아니다. 목회자라고 하는 신분 자체가 얼마나 힘든 것인지를 망각할 때가 많다.
>
> 목회자는 모두의 시선에 노출되어 있다. 사람들의 입가에 목회자에 대한 비판이 하루도 빠짐없이 오르내린다. 그러나 우리는 하나님을 구하는 데 목적을 두어야지, 목회자를 포함해서 타인을 비판하기 위해 살아서는 안 된다.
> 나는 우리 목사님이 너무나도 자랑스럽다. 그는 단순하고 친절하다. 이 세상에 그 어디에서도 얻을 수 없는 나의 친구이다. 하나님께서 우리 목사님을 사용하시고, 그의 설교를 통해 말씀해 주셔서 감사드린다.
>
> 목사님!
> 목사님의 있는 모습 그대로 꾸밈없이 우리 성도들을 대하셔서 감사드립니다. 하나님께서 목사님과 목사님의 가정을 축복해주시기를 기도드립니다. 오로지 주님만을 바라보는 우리 목사님이 되시기를 바랍니다.

제16장

가족이요? 됐고요…

2014년 8월에 마이애미(Miami)에서 개최된 어느 목회자컨퍼런스에서 있었던 일이다. 그때 강사로 나선 오빌 스윈돌(Orville Swindoll) 목사는 아르헨티나에서 37년 동안 선교활동을 한 베테랑이었다.

"선교사는 온전하고 거룩하며, 책임감 있고 부지런한 가정이 기본이 되지 않으면 모든 것을 잃은 것이나 다름없다."

그러면서 정곡을 찌르는 말을 덧붙였다.

"이 세대의 목회자들이 자녀교육에 실패하면 다음 세대에 가서는 모든 것을 새로 시작해야 할 것이다."

나는 그의 말에 전적으로 동의한다. 가정이 우선이다. 자녀는 돈으로 환산될 수 없는 귀한 존재이다. 우리 자녀들이 하나님을 섬기는 것보다 더 소중한 일은 이 세상에 없을 것이다.

자녀교육이 중요한 이유는, 사역 또한 한 세대에서 다음 세대로 이어지기 때문이다. 기독교 가정에서 태어나 사역 현장에서 자란 나같은 이들은 행운아다.

하나님은 우리와 상관없이 자신의 뜻을 이루어 가신다. 그러나 우리의

게으름으로 인해 다음 세대에서 하나님의 일이 지연되거나 중단된다는 것은 생각만 해도 서글픈 일이다.

1. 부부

2017년 8월 15일은 우리 부부의 36주년 결혼기념일이었다. 그런 것을 보면, 우리는 일종의 소멸 위기의 공룡 세대와도 같다.
대인관계 중 가장 중요한 것은 부부관계이다. 부부는 가정과 사회의 척추와도 같다.
30여 년 동안 같이 살아본 결과, 나의 아내 알리나(Alina)는 잠언 31장에 나타난 현숙한 여인의 모습이라고 자부할 수 있다. 나에게 있어 그녀는 애인이자 친구이며, 간호사인 동시에 셰프이다. 그녀와 함께 있지 않으면 나는 뭔가 늘 부족한 느낌이다.
캘리포니아에서 플로리다 주로 이사를 했을 당시 우리 가족은 많은 불편을 감수해야만 했다. 2년 반 동안 정착을 위해 노력했지만 별 성과를 거두지 못하자 캘리포니아로 돌아가려고 했다. 그러나 캘리포니아에서도 마음의 안정을 찾지 못하자 나는 마이애미로 돌아가기로 작정했다.
그런 와중에 나는 캘리포니아에서 한 달 가량을 혼자 지냈다. 아무 연고도 없이 캘리포니아에 무작정 가족을 데리고 간다는 것이 썩 내키지 않았고, 경제적인 문제도 있어 혼자 여행한 것이었다. 내가 미국 서부에서 정착하려고 애쓰는 동안, 아내는 동부의 친정집 얹혀(?) 살게 되었고, 나 역시 내 여동생 집에서 살고 있었기 때문에 신세로 따지면 별반 다를 것이 없었다.
그 시절 나는 가족의 소중함을 새삼스럽게 깨달았다. 무엇보다 나의 아내가 그리운 때였다. 밀려오는 고독 속에 나는 아내에게 편지를 띄웠다. 아내의 허락을 받았으니 그대로 옮겨보기로 한다.

> 1984년 8월 3일
> 나의 사랑하는 아내 알리나에게
> 이번에는 잊어버리지 않을 거요. 이번 달 15일이면 우리의 13주년 결혼기념일이잖소. 옷을 멋지게 차려 입고 최고급 식당에 같이 가서 저녁식사를 하면서 눈부시게 빛나는 금 팔찌를 선물한 직후 카리브해로 가는 크루즈 여행을 한번 상상해 봤다오.
> 하지만 우리의 현실은 그것과는 반대요. 거울에 비친 내 모습은 면도를 하지 않아 도저히 귀엽게 봐줄 수 없는 얼굴이고, 얼마 안 되는 우리의 가구는 먼지가 수두룩하게 쌓인 창고에 방치되어 있고, 공동소유의 자가용은 폐차 직전이고, 우리가 가진 것이라고는 무소유 그 자체일 뿐이요. 사실 집도 없고, 직장도 없고, 돈도 없는 모습이 우리의 현실이라오.
> 결혼한 지 벌써 13년이나 되었는데, 이 세상의 관점으로 보면 우리는 이미 소멸 위기의 공룡이 아닐까 하는 생각이 드오.
> 당신과 나는 생각하는 것도 어떻게 그리 똑같을 수가 있는지 모르겠소. 잠시의 침묵을 뒤로한 채 서로의 눈치를 보면서 말을 하려고 할 때 같은 말을 동시에 하는 것도 참 신기하기만 했소. 게다가 같은 제3자를 놓고 동시에 생각한 것도 한두 번이 아니잖소.
> 이곳에 있는 내내 나는 당신이 그립소. 가끔은 베개를 위로 삼아 당신이라고 믿으며 힘껏 안아보지만, 잠들면 그만이라는 생각에 실망하곤 한다오. 한밤중에 내가 어디에 있는지를 몰라 잠에서 깨곤 하지요.
> 그런데 당신이 없는 침대는 참 넓기만 하오. 나는 지금 당신의 시선, 친절, 손길, 포옹, 입맞춤… 당신이 해주는 음식, 그리고 당신의 몸이 필요

하다오. 함께 있다는 것이 이토록 중요한 것인지 몰랐소. 당신과 함께 있을 때면 내가 평상심을 되찾고 방향을 제대로 설정하는 것 같소.

지난 13년 동안 우리가 함께 경험했던 일들을 계산기 자판을 두드리며 계산해보았소. 생각해 보니 8번이나 이사를 했더군요. 아들도 2명이나 낳았고요. 산산조각이 난 교회에 들어가서 목회도 같이 해보았고, 그러는 와중에 전쟁이 3번이나 일어났지 않소. 자연유산도 2번이나 경험했소. 자가용도 5번이나 바꾸었구만요. 여행도 10번 갔고, 수련회도 5번 갔네요. 직장도 11번이나 바꾸고, 은행도 5군데에서나 이용을 했군요.

그 동안 나에게 7,800회에 이르는 식사를 차려주시고, 6,760벌에 이르는 옷(속옷 포함)을 빨래해 주었군요. 마트도 1,352번이나 같이 갔고, 뽀뽀도 23,600번이나 했구만요.

단 한 번도 부부 싸움이라는 것을 해본 적이 없고, 어떤 문제를 놓고 언성을 높이는 일도 없었지요.

교회도 1,200번을 함께 갔고, 대선도 2번이나 치렀구만요. 그러는 동안 치약도, 빚도, 가구도, 지인도 공유하면서 지냈고요.

그 동안 우리는 서로를 위해 헌신했소. 아직도 하얀 드레스를 입은 당신의 모습이 내 기억에 남아 있다오. 아내로 맞이하겠느냐는 사회자 로욜라 목사의 질문에 나는 의기양양하게 "예"라고 소리쳤지요. 그리고 지금 비록 우리가 멀리 떨어져 있지만, 당신을 다시 한 번 내 아내로 맞아들이고 싶소. 사랑은 시공간을 초월한다는 것을 알기에 이곳에서 지금 당신을 사랑한다고 외치고 싶다오.

13년 동안 당신과 함께 살아봤지만, 결국 남는 것은 사랑뿐이라오.

결혼식 초대장을 기억할려오?

그때 우리는 아래의 성구를 썼잖소.

"내가 확신하노니 사망이나 생명이나 천사들이나 권세자들이나 현재 일어나 장래 일이나 능력이나 높음이나 깊음이나 다른 어떤 피조물이라도 우리를 우리 주 그리스도 예수 안에 있는 하나님의 사랑에서 끊을 수 없으리라"(롬 8:38-39).
아가서에 나타난 것처럼 많은 물도 우리의 사랑의 불을 끄지 못할 거요.
나는 재산도 자가용도 집도 직장도 돈도 없이 살 수 있어도 당신이 없으면 살 수 없소. 우리 먼저 하나님의 나라와 그의 의를 구하면서 삽시다.
그러면 이 모든 것을 더하신다고 하지 않았소?
다시 만날 때 우리 멋지게 차려 입고 최고급 식당에서 저녁식사를 같이 합시다. 그리고 카리브 행 크루즈도 탑시다. 아, 금 팔지도 잊지 않겠소.
"사랑은 언제까지나 떨어지지 아니하되"(고전 13:8).

남편 알폰소.

2015년 8월이면 34주년 결혼기념일을 맞이하게 되는데, 갑자기 아프리카 명언이 떠오른다.

"빨리 가고 싶거든 혼자 가고, 멀리 가고 싶거든 함께 하라."

2. 부자관계

목회자가 아버지로서 갖는 책임감은 대단하다. 오늘날 교회가 직면하고 있는 문제는 가정을 지도하는 목회자가 없다는 것이다. 실제로 많은 목회자 가정이 이 문제 때문에 파괴되기도 했다.

내 아버지 역시 예외는 아니었다. 사역에 대한 열정 때문에 가정을 소홀히 하시곤 했다. 나는 이 문제를 놓고 아버지와 크게 다툰 적도 있다. 목사도 인간이기에 어쩔 수 없나 보다.

반항심이 많은 청소년 시절에 내가 아무리 방황했다지만, '목사 아들'이라는 딱지(?)를 뗄래야 뗄 수가 없었다.

내가 새벽 늦은 시간에 집에 들어갈 때면 아버지는 항상 불을 켜놓고 나를 기다리고 계셨다. 그런 시절이 지나가고 나니, 아버지는 나의 영웅이자 진정한 친구가 되어주셨다.

3. 아빠, 저기요?

가정 문제 중 가장 큰 문제는 부자 갈등이 아닌가 한다. 역기능 가정에서 자란 이들은 아버지의 부재 속에서 엄청난 정신적 빈곤을 겪는다. 아버지 없이 자란 사람들은 두말할 것도 없지만, 아버지가 살아 있더라도 제 역할을 잘하지 못하면 문제는 있기 마련이다.

결과적으로 좋은 아버지의 모델이 없었기 때문에 본인들도 정작 좋은 아버지가 될 줄 모른다. 그리고 이런 정체성 부재의 갈등은 한 세대에서 다음 세대로 대물림된다.

2014년 10월 30일에 발행된 「월스트리트 저널」(*Wall Street Journal*)에 보면, 이런 제목의 글이 실려 있다.

"래리, 오늘 저녁식사 메뉴는 뭐예요?"

"너 이 녀석, 아빠를 아빠라고 부르지 않을래?"

최근 미국에서는 아빠를 아빠라고 부르지 않고 이름으로 부르는 경향이 거세다. 이런 현상이 나타나는 이유는 미국 사회에서 아버지의 권위 내지 정체성이 사라졌기 때문이다.

우리 문화에서 존칭이 사라지고, "저기요"라고 말하는 것을 상상해보라.

나는 곧바로 마태복음 6장 6-13절에 나타난 산상수훈의 메시지를 찾아봤다. 이 본문에 보면, 부자관계에 올바른 개념이 확립된다. 무엇보다 아버지는 어떠한 존재여야 하는지를 상세하게 설명하고 있다.

6절에 보면, "네 아버지"라고 기록되어 있으며, "하늘에 계신 우리 하나님이여"라고 하지 않고, "하늘에 계신 우리 아버지여"라고 표기되어 있다. 한국 문화에서는 하나님을 가리켜 '당신'이라고 하는 표현이 매우 어색하여 '주님'으로 바꾸어 찬송을 부르는 것처럼, 남미에서도 하나님을 가리켜 같은 2인칭이어도 뚜(tu)라고 하지 않고, 우스뗏(usted)이라고 말하는 이들이 있다.

히브리 문화는 부자 관계를 매우 중요시 여기는 문화이다. 아바(abba)라고 하는 말은 아버지(father)라고 하는 뜻보다는 친근한 아빠(dad, daddy)라고 하는 일상용어이다.

히브리 관습에 따르면, 아버지가 일을 마치고 집에 돌아올 때면 자녀들이 대문에서 "아빠!"라고 부르면서 영접하곤 했다. 이렇듯 아빠는 신뢰, 친근감, 애정을 나타내는 말이다.

예수님은 하나님과 우리 사이에 있던 휘장을 찢으셨다. 십자가를 지심으로 인해 예수님은 하나님과 우리 사이에 있었던 어색함을 깨뜨리셨다. 하나님은 너무나도 거룩하고 온전하셔서 우리와 어울리지 않으신 하나님이 아니라, 십자가로 인해 지성소에 들어가 하나님 아버지께 '아빠'라고 부를 수 있게 되었다.

8절에 보면, 더 많은 교훈을 얻을 수 있다.

1) 그러므로 그들을 본받지 말라(마6:8)

이것이 바로 산상수훈의 핵심 메시지이다. 우리가 세상을 본받는 것이 아니라, 세상이 우리를 본받아야 한다.

2) 구하기 전에 너희에게 있어야 할 것을(마6:8)

아버지는 자녀들이 필요로 하는 것을 충족시켜 주신다.

3) 하나님 너희 아버지께서 아시느니라(마6:8)

아버지는 미리 예상하시고, 계산하시고, 준비하신다.

4. 아버지의 10가지 특징

1) 인격

아버지란, 어느 한 신분이나 지위를 가리키기 전에 한 인격체이다. 아버지도 사람이기에 관계가 먼저 성립되어야 한다. 하나님께서도 인간과의 관계를 확립하기 위해 아버지의 모습으로 자신을 드러내셨다.

하나님을 아버지로 부를 수 있는 이유는 예수님께서 하나님을 지상의 아버지와 연관시켜 소개하셨기 때문이다. 나는 나의 친구인 아버지로부터 하나님을 배웠다. 때로는 야단을 맞은 적도 있지만, 그것은 공의의 표징이었다. 나는 아버지와의 관계를 통해 히브리서 12장 9절이 말하고 있는 모든 영의 아버지와의 관계를 공고히 할 수 있게 되었다.

2) 소속

"우리 아버지여"는 소속을 가리킨다. 하나님은 우리의 아버지이고, 우리는 그의 자녀이다. 우리는 아버지의 부재 시대에 살고 있다. 이 세상에 수많은 아이들이 '아빠'라고 부를 수 있는 기회를 놓치고 말았다.
왜 아버지가 없는 사회가 되어버렸는가?
나는 이 부분에 대해 호기심을 갖고 미국 사회에 왜 아버지가 없는지를 연구해보았다. 미국의 축소판은 디즈니(Disney)이다. 우리가 보통 자녀들에게 들려주는 디즈니 이야기의 주인공들은 아버지가 없다.
이것이 바로 역기능 가정 아닌가?
백설공주도 보면 아버지가 없고, 코끼리 덤보도 아버지가 없고, 밤비도 아버지가 없고, 위니 푸(Winnie Pooh)에도 아버지는 등장하지 않는다.
디즈니사의 관계자들의 실수로 치부하기에는 공통점이 너무나도 많다. 또한 어머니가 없는 이야기들도 많은데, 그 이유는 디즈니의 어머니가 할리우드 근처에 집을 구입한 직후에 사고로 사망했기 때문이다. 디즈니 관계자들에 따르면, 월트(Walt)는 아버지의 사랑을 받지 못한 고아나 다름없었다.
아버지의 존재감은 매우 중요하다.
이런 의미에서 나는 미혼모들을 매우 존경한다. 남편 없이 자녀들을 홀로 키운다는 것은 말처럼 쉬운 일이 아닐 것이다. 내가 이렇게 말하는 데에는 이유가 있다. 다름이 아니라 목회를 하면서 나는 수많은 미혼모들을 상대로 상담을 한 경험이 있는데, 때로는 모자 또는 모녀관계의 갈등을 해소해주는 데 중간역할을 했기 때문이다.

이 문제가 얼마나 심각한지 한번 고찰해보자.

- 청소년 임산부의 71%가 아버지가 없다.
- 가출 청소년의 90%가 아버지가 없는 가정이다.
- 중퇴하는 학생들의 71%가 아버지가 없는 가정이다.

위의 진단은 우리 사회의 끔찍한 현상이 아닐 수 없다. 이 청소년들은 우리가 사회가 도덕에서, 교육 정책에서, 사회 복지에서 실패했다는 결말을 보여준다.

그럼에도 불구하고, 아버지와 함께 한 지붕 밑에서 살고 있다고 해서 아버지의 부재 현상이 없는 것은 아니라는 사실을 명심해야 한다.

이런 역기능 가정의 경우, 아버지는 물질을 공급하는 존재일 뿐이지 인격적인 관계를 맺기에는 부족한 인간에 불과하다.

3) 지위

> 하늘에 계신(마 6:9)

이건 아버지의 영향력 내지 주권을 상징한다. 하나님 아버지는 하늘에서 우리를 바라보시고 보호하시며 축복하신다.

4) 성품

> 이름이 거룩히 여김을 받으시오며(마 6:9).

이는 정체성을 가리킨다.

이름은 무엇을 가리키는가?

이름을 통해 우리는 어느 한 사람의 가정 배경 더 나아가 문화까지 알아차릴 수 있다. 문화, 예술, 종교, 전통, 사회적 지위, 역사와 관련된 이름도 있다. 나의 경우, 게바라 목사의 '아들 목사'로 알려져 있다. 나의 부친은 그만큼 영향력 있는 분이었다. 그 때문에 나는 아버지의 명예를 위해서라도 책임의식을 갖고 살아가야 한다.

5) 권위

나라가 임하시오며(마 6:9).

나라는 곧 능력과 권위를 뜻한다. 아버지에게는 권위가 있고, 자녀들은 그 권위에 복종해야 한다. 그리고 자녀들이 장성하게 되면, 아버지의 권위가 자녀들에게 돌아가게 된다. 아버지가 권위 있는 것은 아버지로서의 역할을 감당하기 때문이다.

6) 뜻

뜻이 하늘에서 이루어진 것 같이(마 6:9).

아버지의 뜻과 의지를 가리킨다.

그러면 우리는 어떻게 하나님 아버지의 뜻을 알 수 있는가?

바로 말씀을 통해서이다. 어느 한 가족에는 여러 생각과 뜻이 있기 마련인데, 결국에는 아버지의 뜻대로 움직이는 것이 건강한 가족의 기본 원칙이다.

7) 공급

오늘 우리에게 일용할 양식을 주시옵고(마 6:9).

아버지는 온 가족 구성원들에게 필요한 것을 공급해주어야 한다. 그런 의미에서 가장이 가족을 버린다는 것은 있을 수 없는 일이다. 이러한 남성은 아버지라고 불릴 자격이 없는 사람이다. 너무나도 무책임하고 비겁한 나머지 현실을 도피하기 위해 가족을 버리는 것이다.

이런 저주를 끊어야 산다. 한 사람의 이기심 때문에 다음 세대가 엄청난 정신적 고통을 감수해야 한다는 것은 불의한 일이다. 아버지의 존재가 중요한 것은 모든 자녀들에게는 아버지를 가질 권리가 있기 때문이다. **우리 자녀들이 필요로 하는 것을 공급할 때에 우리는 아버지로서 말로 표현할 수 없는 만족감을 느낀다.**

물질만능주의 시대에 살고 있는 우리는 부모로서 돈으로만 자녀들의 마음을 살 생각을 하면 안 된다. 불필요한 것을 주고 또 주는 것이 상책이 아니다.

그러나 하늘에 계신 우리 아버지도 시시때때로 우리에게 필요한 것을 공급하는 분이 아닌가?

8) 용서

우리 죄를 용서하여 주시옵고(마 6:9).

용서는 화목의 열쇠이다. 가부장적인 아버지들은 자신의 허물을 감추기 위해 권위를 남용하는 경우가 많다. 내가 독립할 때 나의 아버지는 수십 년 전에 할아버지로부터 들었던 말을 그대로 전달해주었다.

"아들아, 어디를 가든지 이 세 단어를 입에 붙이고 살아라.
'부탁합니다.'
'죄송합니다.'
'감사합니다.'"

얼마나 효과적인 지혜가 담긴 말인지 모른다. 나는 이 조언 하나로 얼마나 많은 이득을 얻었는지 모른다.

나에게 역시 자녀교육에 하자가 없었던 것은 아니다. 언젠가는 잘못 야단치는 바람에 아이들에게 용서를 빌기도 했는데, 생각해 보면 수십 년 전에 우리 아버지도 나에게 똑같이 했었다.

무릎을 꿇고 나에게 용서를 구한 아버지가 자리를 털고 다시 일어서자 얼마나 커보였던지 모른다. 이 때문에 나는 나의 아버지를 더욱 더 존경한다. 그는 믿음의 거인이었으며, 나에게 더 없이 훌륭한 모델이었다.

9) 예방

우리를 시험에 들게 하지 마시옵고(마 6:9).

골로새서 3장 21절에 보면, "아비들아 너희 자녀를 노엽게 하지 말지니 낙심할까 함이라"고 교훈하고 있다. 예방보다 좋은 처방은 없다.

때로는 확고한 삶의 원칙을 세우기 위해서라도 아버지가 양보하면 안 될 때가 있다. 그러면 자녀들이 장성해서라도 쉽게 유혹에 빠지지 않는다.

누구에게나 힘든 청소년 시절에도 아버지는 예방 차원에서 자녀들을 바로 세우기 위해 때로는 징계하는 일도 있을 것이다.

잠언 13장 24절의 말씀은 확실하다.

> 매를 아끼는 자는 그의 자식을 미워함이라 자식을 사랑하는 자는 근실히 징계하느니라(잠 13:24).

이해되지 않는 말인가?

어렸을 때 매를 들지 않으면 나중에 커서 옳은 길로 인도하지 못한다는 이야기이다.

10) 보호

> 악에서 구하시옵소서(마 6:9).

보호란, 그저 몸을 보호한다는 차원을 넘어선다. 약 10세였던 것으로 기억된다. 그때 당시 마드리드 한 도심에서 아버지와 지하철을 타고 다녔을 때 있었던 일이다. 몇 분 간격으로 수많은 사람들이 승차하고 하차하는데, 우리의 차례가 돌아올 무렵 전동차와 승강장 사이가 약 15cm 가량 벌어져 있는 틈에 그만 발을 딛고 말았다. 몇 초 안 되는 사이였지만, 아버지는 내 손을 잡고 힘껏 끌어당기시는 바람에 간신히 살아남을 수 있었다.

얼마 안 있어 교회에서 부당하게 "너는 목사 아들이잖아"라고 하는 불필요한 발언 앞에서 얼굴을 붉히시고 나를 옹호해주셨던 기억이 아직도 생생하다. 청소년 시절 매일같이 새벽 늦은 시간에 귀가하던 나를 끝까지 기다려주실 뿐만 아니라, 두꺼운 이불을 쓰고 나를 위해 기도해주시던 모습이 지금도 떠오른다. 나는 내 발자국 소리가 나지 않기 위해 최선을 다했지만, 소리가 날 때도 아버지는 나를 야단치러 나오지 않으셨다. 아버지의 중보기도 덕분에 내가 하나님께로 돌아올 수 있게 되었고 오늘날 목회자가 되었다.

이 외에도 셀 수 없는 크고 작은 사건으로 나는 아버지께 끝없이 감사해야 한다. 지금 그분의 성을 내가 달고 다닌다는 것 자체가 얼마나 큰 영광인지 모른다. 2013년 6월 16일에 아버지의 날(Father's day)을 생각하며 썼던 글을 여기 옮겨보기로 한다.

> 수많은 상담 끝에 내린 결론이라고 할 수 있는데, 술 중독자인 아버지로부터 시작하여 성적 정체성의 혼란을 가진 아버지들이 많다는 것이다. 자신의 부족함을 덮기 위해 일중독에 걸려 돈을 많이 벌면 자녀들로부터 인정을 받을 것이라는 막연한 기대를 가졌던 아버지들, 그리고 어렸을 때부터 남자가 울면 안 된다는 가부장적인 문화에서 자란 아버지. 이런 점을 미루어 볼 때 우리 사회에 얼마나 많은 진정한 아버지가 부족한가 하는 생각을 하게 된다.
> 어제 비행기를 타고 있는 동안에 아버지의 날에 대해 묵상해 보는 시간을 가졌다. 물론 과거를 회상하면서 아버지를 떠올리지 않을 수가 없었다. 아버지는 굉장한 분이었다. 그런 것을 보면 나는 행운아다.

11) 아버지란?

아버지는 아버지이기 전에 남성이다. 최초의 인간 아담도 책임감 있게 일을 하기 전에는 하와가 허락되지 않았다.

그렇다!

에덴동산에서도 남성은 일을 해야만 했다.

그런데 오늘날의 문제는 순서가 거꾸로 되어 있다. 먼저 여성을 구하고 그 다음에 직장을 구한다. 지금 하나님은 진정한 남성들을 찾고 계신다.

열심히 일하고, 마음껏 투쟁하고, 가정이 필요로 하는 것을 공급하는 아버지가 되라.

훌륭한 아버지가 되라.

자녀들을 돌보고, 기저귀를 갈아주고, 그들과 함께 시간을 보내라.

학교에 등교시켜주고, 같이 놀아주고, 하키 스틱이나 농구공을 갖다 주고, 경기가 있을 때마다 응원해 주라.

생일을 축하해주고, 학교 숙제를 도와주고, 수시로 전화해서 어디에 누구와 함께 있는지를 확인하라.

집에 돌아올 때면 집에 비어 있지 않도록 유의하고, 그들의 친구들과 그들의 부모들을 알아두라.

필요 이상으로 돈을 손에 쥐어주지 말고, 필요할 때는 허락하고, 필요하지 않을 때에는 단호하게 거절하라.

그들이 고통받을 때 함께 울어주고, 가정 안에서 주고받는 사랑과 스킨십과 진솔함을 통해 대인관계에 모델을 보여주라.

당신은 아버지가 되고 싶었는가?

그렇다면, 당신을 환영한다.

그러나 아버지가 된다는 것은 한평생에 걸쳐 유지해야 한다는 것을 잊지 말라.

나는 이 편지를 나의 두 아들 마르코스(Marcos)와 다니엘(Daniel)에게 보낸 적이 있다. 그러나 사실 아버지로 부름받은 우리 모두에게 해당되는 내용이라고 생각한다.

12) 부전자전

집 근처의 어느 한 식당에서 저녁식사를 하고 있던 때였다. 장모님이 아내의 귓가에 대고 "네 둘째 아들은 누가 뭐라고 할까 봐 자기네 아빠를 쏙 빼닮았네"라고 말씀하셨다.

부전자전이라는 말도 있지 않은가?
단순히 생김새가 비슷하다는 말을 넘어서 자녀는 부모의 거울이라는 뜻이다.
이 때문에 부모가 되는 일은 결코 쉬운 일이 아니다. 나는 해리 채핀 (Harry Chapin)이 1974년에 작곡한 "요람 속의 고양이"(cat's in the cradle)의 가사 내용이야말로 아버지들이 귀담아 들어야 할 교훈이라고 판단한다.

며칠 전 아들이 태어났지
별 탈 없이 세상에 나왔지
하지만 나는 비행기 타고 떠나야 했고, 돈 낼 데도 많았다네.
내가 없는 사이 아들은 걸음마를 시작했지.
내가 알아채지 못하는 사이에 말을 배웠지.
아들이 자라면서 "나는 아버지 같은 사람이 될 거예요"라고 말했지.
(후렴)
요람 속의 고양이와 은수저
파란 옷의 남자 아이와 달 위의 남자
"아버지, 언제 집에 오실 거죠?"
하지만 집에 돌아오면 그때 함께 하자꾸나.
며칠 전 아들이 열 살이 되었지.
"공 사주셔서 고마워요, 아빠, 같이 공놀이 해요."
"던지는 법 좀 가르쳐 주세요"라고 말했지.

"오늘은 안 된다."

"오늘은 할 일이 많단다."

아들은 말했지. "괜찮아요."

아들은 걸어 나갔지만 미소를 잃지 않았지.

그리고 말했지.

"나는 아버지 같은 사람이 될 거예요."

며칠 전 아이가 대학에서 다니러 왔지.

다 큰 어른인 것 같아서 이렇게 말해버렸지.

"아들아, 난 네가 참 대견하구나, 여기 좀 앉아볼래?"

아들은 고개를 저었지. 그리고 웃으며 말했다네.

"아버지, 자동차 열쇠나 빌려주세요."

"나중에 뵐게요. 자동차 열쇠 좀 주실래요?"

난 오래 전에 은퇴를 했고, 아들은 멀리 이사를 가버렸지.

며칠 전 아들에게 전화를 했지.

"괜찮다면 한 번 만났으면 좋겠구나."

아들은 말했지.

"저도 그러고 싶어요, 아빠. 근데 시간이 없어요."

"새 직장에서는 바쁘고, 아이들은 독감에 걸렸어요."

"하지만 이렇게 얘기하니 참 좋네요, 아빠."

문득 전화를 끊으면서 이런 생각이 들었지.

아들이 정말 나를 닮았구나.

아들이 나랑 똑같구나.

제17장

양과 양털

1. 황소몰이 투우사인가, 아님 목자인가?

목회 경험이 어느 정도 있는 사람이라면, 일부 거센 성도들 때문에 목회를 하기보다는 황소몰이를 한다는 착각을 불러일으킨다는 말에 동의할 것이다.

직업을 묻는 질문에 나의 부친은 종교인이라고 하지 않고, 양치는 '목자'(pastor)라고 답변하곤 했다. 사람들은 의외의 답변에 놀라곤 했다. 왜냐하면, 시골에 있어야 할 양반이 왜 마드리드와 같은 대도시에 거주하고 있느냐 묻는 눈치였기 때문이다.

게다가 70년대였으니까 그 답변에 대한 충격을 상상해보라.

2. 목사도 사람이다

> 의인을 기념할 때에는 칭찬하거니와...(잠 10:7).

내 부친을 기념할 때마다 자손 대대로 큰 복을 받을 것을 나는 확신한다.

나는 이 지면을 빌려 내 부친을 기념하고자 한다. 나의 삶에 선한 영향을 끼쳤을 뿐만 아니라, 목사도 사람이라는 명제를 남기고 간 믿음의 거인이다.

알폰소 게바라 (부자가 같은 이름을 공유한다)

나는 목회자 자녀이다. 이것이 나의 DNA이다. 나는 나의 부모를 매우 존경한다. 그들에 비하면, 나는 그분들의 신발 끈도 풀 자격이 없는 부족한 사람이다.

나는 아버지가 읽던 성경을 본다. 1968년 쿠바를 빠져나올 때 아버지는 가방과 서류를 도난당하셨다. 물론 그 안에 그의 성경책도 있었다. 이 때문에 스페인으로 이주하자마자 가장 먼저 성경을 새로 마련하셨다. 지금도 생각해 보면, 쿠바에서 우리 가족이 나올 수 있었던 것은 기적 그 자체였다. 나의 아버지는 1980년 4월 13일 주일 예배 때 시편 40편을 읽으셨다.

> 나는 가난하고 궁핍하오나 주께서는 나를 생각하시오니 주는 나의 도움이시요 나를 건지시는 이시라 나의 하나님이여 지체하지 마소서(시편 40:17).

그리고 바로 옆에 이런 메모를 남겨두셨다.

"주님!

지금까지 도와주셨던 것처럼 경제적인 필요성이 있사오니 지체하지 마시고 응답하여 주소서.

예수님의 이름으로 기도드립니다. 아멘."

1980년 4월 15일 또 다시 같은 성경 구절을 읽으시고 이런 메모를 추가하셨다.

"나는 돈이 없어서 하루 종일 굶었다. 그러나 하나님이 주시는 힘으로 버틸 수가 있었다. 시편 40편 17절은 바로 나의 고백이다. 하루 일과를 마치고 집으로 돌아가자마자 따뜻한 국과 어느 자매가 보내준 1천 페세타(peseta)가 담긴 봉투가 있었다."

그 무명의 자매는 다름 아닌 쿠바 출신의 블랑카(Blanca)였다. 스페인에 와서는 카나리아스 섬 출신의 아코스타(Elimiano Acosta)라는 남자를 만나 테레리페(Tenerife) 주의 이콧데로스비노스(Icod de los vinos)라는 작은 마을에서 선교활동을 했다. 아버지가 살아계실 때 그곳에 가서 전도집회를 인도한 적이 있었다. 그러나 시각장애를 앓고 있던 그의 남편은 이미 사망한 상황이었다.

옛 우정을 생각한 것이었을까?

어찌됐든, 블랑카 역시 경제적으로 넉넉하지 않은 상황이었지만, 아버지에게 목회비를 건네준 것이었다. 나는 이런 사실을 전혀 모른 채 지금까지 살아왔다.

60-70년대 당시 웬만한 선교사의 삶은 매우 힘들었다. 최소한 내가 알게 된 선교사님들의 형편은 우리 가족과 매우 흡사했다. 그런가 하면 스페인 사람들도 넘보지 못하는 외제차를 타고, 일반 아파트가 아닌 면적이 넓은 별장에서 사는 선교사들도 있었다.

나는 그들을 비판할 마음이 없다. 내가 보기에는 선교지에서도 그런 삶의 질을 유지할 수 있는 선교사들에게는 선교지 본부에서 충분히 훈련을 받지 못하고 온 죄밖에 없다.

이런 유형의 선교사들은 대개의 경우 오래가지 못했다. 몇 년 안 있어 크나큰 실망을 안은 채 본국으로 귀환하곤 했다. 그런가 하면, 선교를 관광으로 오인하고 여러 지역을 방문하는 데 시간을 보내는 선교사들도 많이 봤다.

추측컨대, 내 부친은 경제적인 빈곤을 한두 번 경험한 것이 아니다. 물론 우리 자녀들에게 이런 이야기를 꺼낸 적은 없으시다.

언어도 문화도 환경도 다른 나라에서 선교사로 살아간다는 것이 얼마나 힘들었을까?

게다가 스페인은 오래된 구교 전통이 있어서 복음에 대해 굉장히 마음이 닫혀있는 민족이다.

내 아버지는 좀 고지식한 방법으로 목회를 하셨다. 온 종일 기도하고, 상담하고, 각 성도의 집을 방문하면서 그들의 실제적인 필요성을 충족시켜주었다. 목회사역과 성도들을 위해 목숨을 바친 케이스이다.

아버지에게는 직접 구입한 옷이 없었다. 미국에 가면 선물로 정장, 그리고 와이셔츠를 받아오곤 하셨다. 구두 굽이 항상 닳아 있었던 이유는 일대일 전도를 하기 위해 직접 뛰셨기 때문이었다. 교회가 위치해 있던 동네 공원에서 전도지를 나누어주고, 일대일 전도를 하곤 하셨다. 나는 이런 아버지의 열정적인 전도를 보면서 자랐다.

스페인과 같은 어려운 환경에서도 아버지는 굴하지 않고, 열심 있는 몇 명의 성도들과 함께 거리를 돌아다니면서 전도에 힘쓰셨다. 내가 보기에는 아버지의 전도의 비결은 사람들과 함께 있었기 때문이라고 생각한다. 아버지는 사람들과 함께 먹고 즐기고 울고 웃는 것을 좋아하는 인간미가 넘치는 목회자였다.

이것이 바로 예수님이 우리에게 가르쳐주신 목회의 모델이 아닌가?

내 부친은 시골 출신이었기 때문에 학력이 뛰어나지는 않으셨다. 그가 가진 것이라고는 쿠바신학교 졸업장이 전부였지만, 설교할 때면 하나님의 능력이 어김없이 나타나곤 했다. 무엇보다 말주변이 뛰어난 분이셨기 때문에 개인 간증이 줄줄이 묻어나오는 하나님의 말씀을 전할 때면 많은 사람들이 그의 주변을 둘러싸곤 했다.

선교본부에서 온 어느 한 강사와 함께 아버지께서 교회 동네에서 천막집회를 처음으로 인도하셨을 때를 기억한다. 그 천막은 약 100여 명이 들어가는 작은 것이었지만, 스페인 기독교 역사에 천막 전도 집회를 최초로 인도한 사람으로 길이 기억되고 있다.

폴 톰슨(Paul Thomson)은 자신이 속한 교단 선교잡지에 이런 글을 실었다. 내가 보기에는 톰슨 선교사는 나의 부친을 누구보다 잘 알고 있었기에 그의 사역에 대해 쓴 글에 과장이 없다는 것을 확신한다. 아래의 글은 1979년 4-6월 「하베스트 투데이」(Harvest Today) 4~5페이지에 수록되었다.

2세기의 교부 저스틴은 전도자(evangelist)들에 대해 학식은 없으나 하나님의 능력이 충만한 탁월한 설교가로 확정 지은 바 있다. 내가 보기에는 저스틴이 이 시대의 알폰소 게바라 선교사를 두고 한 발언인 것 같다. 게바라 선교사는 이 시대의 스페인의 사도이다. 그를 만날 때마다 나는 내면에서 샘솟는 따뜻하고 열린 마음을 감지한다.

게바라 선교사는 스페인 후손치고는 키가 크고, 나이가 52세에도 불구하고 세치가 거의 없으며, 무엇보다 조그마한 콧수염이 특징이다. 그를 잘 알고 있는 어느 한 성도에게 물어보니 "우리 목사님은 항상 웃는 얼굴에 눈썹매가 매우 온화한 사람이에요"라고 서슴없이 답했다. 게바라 선교사처럼 단순하고 순진한 사람이 없다. 그는 "쿠바 지방의 시골 마을 출신이에요. 대가족에서 자란 나는 아홉 형제 중 셋째입니다"라며 자신을 소개한다. 소심한 성격의 농민 가족에서 태어난 그는 21세 하나님의 소명을 받을 때까지 농사와 소를 기르는 것에 대한 문외한이었다고 털어놓는다.

유럽의 대도시에서 사역하는 것이 걱정 없이 사는 시골 농민과 어울리지 않는 것처럼 보일 수는 있으나 그의 설교에서 묻어나는 삶의 지혜는 누구도 당하지 못할 정도로 우수하다. 그에게는 사람들을 끌어모으는 힘이 있으며, 이것이 바로 전도자가 가져야 할 덕목 중의 하나이다.

전도자는 먼저 자기 자신이 변화를 체험한 사람이어야 한다. 신약성경에도 보면, 우레의 아들인 요한이 사랑의 사도로 변화되고, 급한 성격의 소유자 베드로도 균형을 잃지 않는 사도로 변화되었다.

복음에 있어서 변화는 매우 중요하다. 자신이 경험해보지 못한 것을 능력 있게 전한다는 것은 어불성설이다. 쿠바의 시골 환경은 폰 하르낙(Von Harnack)이 1세기에 말한 것과 유사하다.

"그가 둘러싸인 환경은 마귀들로 가득했다. 우상숭배는 물론이고, 온갖 죄악이 살아 움직이는 모든 생물을 지배하고 있었다."

게바라 선교사가 태어난 곳은 바로 이러한 환경이었다.

게다가 마을 의장이 귀신들린 고모였다면 할 말을 다 한 것 아닌가?

바로 이러한 지역에 복음을 전하러 간 사람이 당시 신학생이었던 토마스 벤투라(Tomas Ventura)였다.

"예수의 이름으로 명하노니 그녀에게서 나오라!"

그가 처음으로 던진 말이었다. 당시 11세밖에 되지 않았던 게바라 선교사는 다음과 같이 회상했다.

"얼마나 놀랐는지 몰라요. 그러나 이것이 바로 우리 마을이 변화되기 시작한 시기였어요. 우리 고모는 그때부터 엄청난 전도자가 되셨거든요."

며칠 안 있어 400명의 사람들이 마음을 주께 드려 최초의 교회를 세우게 되었다. 이 사건은 어린이 게바라의 마음에 큰 변화를 주었고, 나중에 그의 메시지의 핵심내용이 되었다.

게바라 선교사에게는 흑백논리가 통한다. 선과 악 사이에 사람들은 고통을 받고 있기 때문에 전도에 있어서 가장 중요한 무기는 기도라고 서슴없이 말한다. 그의 기도형태는 신유에서 축귀에 이르기까지 다양하다. 말주변이 있기 때문이 아니라 그가 내뿜는 하나님의 능력 때문에 우쭐대며 왔던 사람들이 고개를 숙이며 간 적이 한두 번이 아니다. 사도 바울도 지혜의 권하는 말로 하지 아니하고, 오직 성령의 능력과 나타남으로 사역했다고 밝혔다.

확신은 모든 전도자가 가져야 할 덕목이다. 확신은 믿음의 열매이자 희망의 발로이다. 그토록 열매가 많은 지역에서 사역하다가 스페인과 같은 닫힌 곳에 사역하니까 마음이 좀 섭섭하지 않느냐고 조심스럽게 묻자 그는 이렇게 답했다.

나에게 있어 전도는 거룩한 오락과 같은 것이에요. 전도를 하지 않으면 내 영혼이 죽어가기 때문에 꼭 해야만 해요. 전도하지 않으면 살 수가 없어요.
그래도 열매가 없으면 좀 실망스럽지 않을까요?

나의 당황스러운 질문에 잠시 침묵하더니 또 다시 입을 열었다.

전도자는 희망을 먹고 사는 존재입니다. 심으면 거둔다는 하나님의 약속이 있으니 반드시 큰 열매를 거두게 될 것이라고 나는 확신합니다.

그러자 터툴리안(Tertulian)의 확고한 발언이 생각났다.

핍박을 받으면 받을수록 우리는 양적으로 더욱 더 부흥할 것이다.

나는 지금 이 인터뷰를 그의 사무실에서 진행하고 있다. 그의 사무실 안에는 가구도 많지 않고, 우울증이 올 정도로 환경이 서글프며, 온도가 매우 낮다. 내 노트에 그의 글을 한창 필기하고 있을 그때 그는 나의 말을 가로챘다.

폴 선교사님, 우리 산책이나 하지요? 보여드릴게 있어요.

몇 십 블록 떨어진 곳에 거대한 아파트 단지가 우뚝 세워져 있었다. 그곳을 가리키면서 말했다.

어제 저 아파트 사이로 다니면서 전도했어요. 이곳에서만 20만 명 이상이 살고 있대요. 내가 아는 한 예수를 믿는 사람이 한 명도 없어요.

그의 눈가에는 이미 죽어가는 영혼을 향한 긍휼의 마음에서 나오는 눈물이 고여 있었다. 이 사람과 알고 지낸지 벌써 7년이 되었다. 그러는 동안 우리는 수백 개의 문을 두드리며 수많은 영혼에게 우리 주 예수의 복된 소식을 전했다.

나는 그가 공석에서 복음을 전한다는 이유 하나만으로 조롱당한 것을 직접 목격했다. 아마 그의 눈물은 수년 동안 뿌린 복음의 씨앗이 아직까지 싹을 내지 못하는 것에 대한 아쉬움이었을지도 모른다. 그는 영혼을 진정으로 사랑하고 가슴이 따뜻한 사람이다.

3. 나의 어머니 마리아

나의 어머니는 아버지와 나에게 엄청난 영향을 끼치셨다.

"모든 위인 배후에는 위대한 여인이 있다"는 서양 속담이 있다. 나의 모친은 우리 가족의 척추이자 나의 부친의 동기부여였다. 아버지는 매우 소심한 성격인 반면, 어머니는 매우 대담한 여자였다. 쿠바 출신이지만, 원래 리바데오(Ribadeo)라고 하는 아스투리아스(Asturias)와 갈리시아(Galicia) 사이에 있는 스페인의 작은 동네가 모친의 본적이다.

우리 어머니의 할아버지와 할머니가 스페인 사람이니까 원래 우리 가족은 쿠바가 아닌 스페인 출신인 셈이다. 70년대에 방영된 작가 알렉스 할리(Alex Haley)의 "뿌리"(*Raices*)라고 하는 다큐멘터리를 보고 나는 이 부분에 대해 더욱 더 확고한 신념을 가질 수 있게 되었다.

내 모친은 충실한 크리스천일 뿐만 아니라, 애국심이 남다른 여성이었다. 비록 외국에 나가 살게 되었지만, 호세 마르띠(Jose Marti)의 정신 위에 세워진 나라 쿠바를 사랑하는 마음을 심어주셨다.

어머니는 어린 시절 예수님을 영접했고, 성인이 되자마자 신학교에 입학했다. 미국인 선교사들이 운영하던 신학교에서 바로 아버지를 만나게 되었다. 졸업 직후 같은 신학교에서 강의를 하였고, 얼마 안 있어 산 안토니오데로스바뇨즈(San Antonio de los baños)라고 하는 동네에서 교회를 개척하기에 이르렀다.

70년대 중반에 시작된 쿠바혁명 때문에 모든 교회들은 문을 닫게 되었고, 공적인 예배가 불법 행위가 되고 말았다. 바로 그때 많은 목회자들이 감옥에 갇히게 되었는데, 감사하게도 우리 가족은 바로 스페인으로 출국하는 바람에 간신히 살아남게 되었다.

갑작스러운 해외 이주와 그에 따른 환경변화에서 오는 불안정은 어머니의 따뜻한 마음 덕택에 전혀 문제가 되지 않았다.

우리 두 남매에게 성경을 사랑하는 마음을 심어주셨고, 수많은 성경 이야기들을 들려주셨다. 이로 인해 낯선 환경에서 우리는 잘 적응해 나갈 수 있었다. 중남미 사람들이 뿌리를 내리기 어려운 유럽 스페인에서 우리 두 남매는 인생의 나침반을 잃지 않았다.

비록 난민 신세로 입국한 처지였지만, 스페인이라는 나라는 우리 가족을 품어주었고, 아버지의 사역지가 되어버리고 말았다. 어머니는 강한 믿음의 소유자였다. 경제적으로 어려울 때에 선교 본부에서 보내주는 얼마 안 되는 후원금으로 교복을 입혀주었고, 오병이어의 기적을 체험케 해주었다.

아버지의 돕는 배필로서 가족의 중요한 결정을 내려야 할 때 어머니는 아버지의 정신적 버팀목이 되어주셨다. 무엇보다 아직도 기억에 남는 것은 아버지의 설교에 가장 건설적인 비평가였다는 것이다.

어머니는 키가 좀 작은 편이셨기 때문에 아버지의 뒤를 좇아가는 편을 선택하셨다. 아버지가 돌아가실 때까지 어머니는 아버지의 좋은 친구이자 반려자로서 평생을 동행하셨다.

나에게 있어서 나의 부모보다 더 좋은 모델은 없다. 아버지와 어머니는 나에게 있어 탁월한 모델이며 헌신된 주의 종이었다. 그리고 무엇보다 목사도 사람이라는 교훈을 남겨주셨다.

제18장

유일무이한 이들의 특징

나의 부친을 포함한 지난 수십 수백 년간 명백한 차이를 드러낸 유일무이한 이들의 특징은 무엇일까 하는 생각에 잠기곤 한다.

이 질문에 대한 해답은 디모데후서 4장 6절에 나타나 있다.

> 전제와 같이 내가 벌써 부어지고 나의 떠날 시각이 가까웠도다 (딤전 4:6).

전제에 대해 사도 바울처럼 잘 아는 이도 없었을 것이다. 그는 매 맞고 바다에 빠지기도 하고, 옥에 갇히고 침 뱉음을 당한 적도 있었다. 그 중 가장 큰 고통은 주변 지인들로부터 버림받았을 때가 아닌가 하는 생각이다.

> 내가 처음 변명할 때에 나와 함께 한 자가 하나도 없고 다 나를 버렸으나 그들에게 허물을 돌리지 않기를 원하노라(딤후 4:16).

사역을 넘어 인생에서 이 같은 수모를 겪는 것처럼 감당하기 힘든 일은 없었을 것이다.

바울의 사역은 전제와 같은 사역이었다.

그렇다면, 전제란 무엇인가?

전제란 액체로 된 제물을 제단 위에 뿌리는 제사의 한 형태이다. 로마의 문화에 따르면, 신들을 위해 포도주 혹은 값비싼 술을 붓기도 했다.

민수기 15장에 의하면, 전제는 헌신과 희생과 결부되어 있었는데, 다른 제사와는 달리 필수 제사 항목에 없었다. 여기서 희생이라고 하는 것은 값비싼 포도주 약 1/2리터를 붓기 때문이었다. 이처럼 전제는 제물을 땅에 쏟아붓는 제사였다. 전제가 바로 마가복음 14장 3~9절에 나타난 향유 옥합 사건이다.

우리는 바울과 같이 하나님을 사랑하는 마음으로 자기 자신을 땅에 쏟아부은 이들을 알고 있다.

본회퍼(Bonhoeffer)는 당시 마귀적인 나치 정권에 맞서 대항한 독일의 목회자이자 사회운동가였다. 그리스도 예수를 사랑하는 마음으로 그는 자신의 삶을 쏟아부었다.

40년 전에 카나리아(Canarias)섬에서 약 20년 동안 사역하던 어느 한 처녀를 만난 적이 있다. 그녀를 따르는 이들은 10-15명에 불과했다. 이 역시 하나님을 위해 자신을 쏟아부은 케이스이다.

1924년 올림픽 금메달을 딴 스코틀랜드의 어느 한 육상선수의 이야기를 바탕으로 한 "불의 전차"(chariots of fire)를 시청한 적이 있다. 에릭 리델(Eric Liddell)은 고향 중국으로 돌아가 선교사 생활을 재개했다. 그는 자전거를 타며 중국 곳곳에서 복음을 전했다. 1943년 일본군에 의해 체포되어 수감 생활을 했다. 43세에 이른 나이에 뇌종양으로 세상을 떠났다. 죽기 직전 그는 간호사에게 이런 말을 했다고 전해진다.

내려놓으면 살게 되어 있습니다.

그 역시 사랑 때문에 자기 자신을 쏟아 부었다.

감리교의 창시자 존 웨슬리(John Wesley)는 복음을 전하기 위해 말을 타고 40년 동안 402,000km를 달렸다고 한다. 4만 회에 이르는 설교, 400권에 이르는 책, 10개 국어를 구사하는 실력에도 불구하고, 83세를 맞이하던 어느 날 15시간 이상 글을 쓰기 어렵다고 불만을 토로했다고 한다. 이뿐 아니라, 86세의 나이에는 하루에 2회 이상 설교할 수 없는 부분에 매우 실망했다. 당시 영국의 언론은 그를 비판했고, 사람들은 그에게 침을 뱉었다. 그 역시 사랑의 제물이 되어 하나님께 쏟아부은 바 되었다.

코리 텐 붐(Corrie ten Boom)은 나의 영웅이다. 그녀는 네덜란드의 신실한 기독교 가정에서 태어났다. 그의 부친은 시계수리공이었는데, 나치정권 시절 자신의 가정집에서 수많은 유대인들을 돌보았다. 이 사실이 뒤늦게 들통나자 그의 언니 베시(Betsy)는 포로수용소에서 살해당했다. 기적적으로 탈출에 성공한 그녀는 훗날 전 세계를 다니며 복음을 전하면서 생애를 마쳤다. 그녀 역시 전제와 같이 하나님께 부은 바 되었다.

마지막으로, 나의 부친에 대해 이야기를 하고자 한다. 내 나이 20세에 이르기까지 나의 부친 알폰소 게바라(Alfonso Guevara) 목사는 스페인의 복음화를 위해 헌신한 주의 종이었다. 마드리드 아파트 단지를 돌면서 일대일 전도를 하던 기억이 아직도 생생하다. 지역 주민들은 기독교인이라는 이유 하나만으로 문을 열었다가 바로 세게 닫아버리는 등 얼마나 천대하고 푸대접을 하였는지 모른다.

공원에서 설교를 할 때면 사람들이 몰려와 그를 보면서 배꼽을 잡고 비웃기도 했다. 나의 아버지의 일상은 교회에서 설교를 준비하든지 심방을 가든지 둘 중 하나였다. 그러던 어느 날 암에 걸려 세상을 떠나셨다. 알리나(Alina)와 내가 결혼한 지 불과 몇 달이 안 돼서 말이다. 아버지 역시 사랑의 전제가 되어 하나님께 부어졌다.

그러므로 내가 그에게 존귀한 자와 함께 몫을 받게 하며 강한 자와 함께 탈취한 것을 나누게 하리니 이는 그가 자기 영혼을 버려 사망에 이르게 하며 범죄자 중 하나로 헤아림을 받았음이니라 그러나 그가 많은 사람의 죄를 담당하여 범죄자를 위하여 기도하였느니라 (사 53:12).